현대성과 자기보존욕망

현대성과 자기보존욕망

홉즈에서 들뢰즈까지

정미라 지음

한국문화사

머리말

·
·
·
·
·

   '모든 인간은 동등하다'라는 보편적 '동일성'의 이념과 이를 뒷받침하는 '이성'은 17세기 이후 유럽의 근대 사회를 특징짓는 사회적·학문적 원리이다. 오랫동안 유럽 사회를 지배해온 계급적 질서와 종교적 정신으로부터 탈피하고자 하는 시대적 요구가 이러한 근대적 이념을 정당화하였다. 그러나 현대 유럽의 철학적 사유는 이러한 근대적 정신에 대한 비판으로부터 시작된다. 20세기 이후 발생한 다양한 세계사적 사건들, 특히 1·2차 세계대전과 파시즘 등 전체주의의 등장은 근대적 이성에 대한 신뢰에 돌이킬 수 없는 상흔을 남겼으며, 근대적 정신으로부터 벗어나려는 '탈현대성'(Postmodern)이 새로운 시대정신이 되었다. 탈현대를 추구하는 철학자들이 이성에 토대를 둔 동일성의 이념 대신 이성 비판에 매진하고, 차이와 다양성을 철학적 논의의 중심적인 이념으로 제시하는 것은 시대에 대한 그들의 진지한 고민들이 투영된 결과라고 할 수 있다.

   "철학은 자신의 시대를 사유 속에서 포착하는 것"이라는 헤겔의 언표는 언제나 타당하다. 어떠한 현명한 철학자도 자신의 시대를 벗어날 수는 없으며, 철학적으로 치열한 사유는 시대에 대한 합당한 진단을, 그리고 시대의 요구를 담아내는 미래지향적 노력들을 함축하기 마련이다. 철학은 시대정신을 반영한, 그리고 이론적 담론을 매개로 한 가장 실천적인 학문이다. 시대를 고민하지 않는 철학은 공허한 언어적 유희에 그치게 되며, 지적인 허영을 만족시켜줄 수는 있지만, 어떠한 사회적 공감도 이끌어 낼 수 없을 것이다. 현대에도 여전히 논의의 대상이 되는 과거 철학자들의 이론은 이들이 살던 시대의 정신을 가장 잘 담아내고 있을 뿐만 아니라, 그 시대의 절박한 문제들을 해결하고자 하는 노력이 녹아 있는 치열한 철학적 사유의 결과물들이다. 따라서 이들의 이론을 이해하려는 노력은 이들이 대면한 시대적 상황과의 밀접한 연관성 속에서 시도돼야 할 것이다. 이러한 접근을 통해서 과거의 철학적 사유지만 현대에도 여전히 유효한, 생명력 있는 논의들을 만날 수 있을 것이다.

이 책의 주제인 '현대성'과 '자기보존욕망'은 근대 이후 철학적 사유를 관통하고 있는 핵심적인 개념들이다. '현대성'은 이성 중심의 근대적 정신을 상징하며, '탈현대성'을 지향하는 현대의 철학자들에게 철학적 사유의 시작점을 제시한다. 또한 '자기보존욕망'은 이러한 근대적 정신 이면에 작동하고 있는, 사회를 지배하는 핵심적인 원리이다. '자기보존욕망'은 모든 생명체에 내재하는 근원적인 욕망이지만, 전통적인 종교적 이데올로기에서 벗어나 새로운 시장경제체제의 지배하에 놓이게 된 근대의 사회적 상황에서 새롭게 중요해진 의미를 지니게 된다. 근대의 철학적 사유에서 중심적인 지위를 차지하고 있는 '자기보존'은 생물학적인 개별적 생존만을 의미하지 않으며, 인류의 보편적 생존과 더불어 개인의 자기실현과 자기완성이라는 근대적 주체개념을 형성하는 포괄적인 내용을 함축하고 있다.

이 책은 유럽의 근대 이후를 세 시기로 구분해서 각각의 시대적 요구를 철학이라는 학문의 틀 속에 담아낸 대표적인 철학자들의 사유를 다루고 있다. 이 책은 이들의 시대에 대한 고민과 이러한 고민을 해결하려는 다양한 이론적 노력들을 "현대성과 자기보존욕망"이라는 주제를 중심으로

서술하고 있다. 근대 이후 철학적 사유에서 핵심적인 지위를 차지하는 이성과 자기보존욕망에 대한 논의는 시대의 흐름과 함께 다양한 변천과정을 겪는다. 즉 근대 사회에서 희망의 원리로, 찬란한 빛을 발했던 인간의 이성은 시대의 변화와 함께 폭력의 원천으로 비판받게 된다. 또한 포괄적인 의미에서 자기보존을 포함하는 인간의 욕망은 때로는 긍정적인 힘의 원천으로, 때로는 억압해야 할 자연적 기제로 이해된다. 이성과 욕망에 대한 다양한 논의과정을 시대적 상황과의 연관성 속에서 추적하는 가운데 이 책이 다루는 첫 번째 주제는 근대의 철학적 사유 속에 표현된, 미래 사회에 대한 낙관적인 전망들이다. 이러한 낙관적 전망은 인간의 이성적인 주체의식에 토대를 두고 있다. 그러나 희망의 원리이던 이성과 근대적 이념들은 역사의 흐름 속에서 퇴색하게 된다. 이러한 상황의 반영으로서 철학적 사유 속에 표출된 다양한 위기의식들이 두 번째 주제를 구성한다. 마지막으로 1·2차 세계대전을 겪은 이후 철학적 사유를 지배하는 현대적인 절망과 이러한 절망을 극복하기 위한 다양한 철학적 담론이 세 번째 주제를 이룬다.

이 책은 서론을 제외하고 역사적인 시기에 따라 세 개의 장으로 구성되어 있다. 두 번째 장 "현대적 주체와 자기보존욕망"에서는 실천철학적인 관점에서 근대를 대표하는 홉스와 스피노자 그리고 헤겔을 다루고 있다. 이들은 모순적으로 보이는 이성과 욕망 개념을 상호 교차적이고, 중첩적으로 사용하며, 유럽의 근대적 상황에서 야기된 다양한 문제들을 궁극적으로 이성을 통해 해결하고자 시도한다. 세 번째 장 "현대적 기획의 실패와 주체성의 위기"는 마르크스와 니체, 프로이트의 사상을 다루고 있다. 이들은 근대 사회에서 야기된 다양한 문제들에 대한 통찰 속에서 이성을 토대로 한 근대의 낙관주의적 기획이 정당성을 상실했다는 진단으로부터 자신들의 철학적 사유를 전개한다. 마르크스는 근대의 위기를 자본가와 노동자라는 계급 관계의 모순 속에서, 니체는 전통적인 도덕 속에서 발견한다. 프로이트는 자기보존욕망에 의해 쾌락욕망이 억압되어 있는 무의식의 세계를 발견함으로써 이성적인 존재로서의 인간 이해에 근본적 문제를 제기한다. 네 번째 장은 "현대성의 해체와 야만화된 자기보존"이라는 주제로 호르크하이머와 아도르노, 아렌트 그리고 들뢰즈와 가타리의 사상을 다루고 있다. 이들은 20세기에 나타난 다양한 비극적 사건들을 "현대적 야만"으로 이해하며, 이러한 사건들의 궁극적인 원인을 근대적 정신, 즉 이성적 주체에 근거한 '현대성' 속에서 발견함으로써 현대성의 해체를 요구한다.

◎

원래의 의도보다는 많이 부족한 상태로 책을 출판하게 된 것이 아쉬움을 남긴다. 아쉬운 형태로나마 책이 나올 수 있었던 것은 여러 사람들의 도움이 있었기에 가능한 일이었다. 몇 분들께 특히 감사 인사를 전하고 싶다. 우선 다양한 지적 자극과 함께 늘 유쾌한 대화로 학자로서의 일상에 생기를 불어넣어주신 학과 교수님들, 수업에서 나눈 대화를 통해 신선한 영감을 얻게 해준, 그리고 세심하게 원고를 읽고 교정 해준 제자들, 특히 난주, 송이, 영선, 찬혁에게 고마움을 전하고 싶다. 이 책의 출판을 기꺼이 맡아주신 한국문화사의 조정흠 차장님을 비롯한 임직원분들께도 감사의 말씀을 드린다. 끝으로 나로 인해 많은 것들을 인내하면서도 늘 곁에서 진심으로 응원해 준, 그리고 세상에 대해 따스하고 폭넓은 시선을 갖게 해준 정립과 해민에게 사랑과 감사를 보낸다.

◎

이 책은 부분적으로는 이미 학회지에 발표한 논문들을 토대로 수정과 보완을 통해 전체 주제에 적합한 방식으로 재구성되었으며, 부분적으로는 새롭게 작성한 글들로 구성되어 있다.

II.

1. 홉즈: 현대적 주체와 자기보존:

「근대성과 자기보존문제」, 『범한철학』 제61집, 범한철학회, 2011.

2. 스피노자: 자기보존욕망과 자유

「스피노자 철학에 있어서 자기보존욕망과 이성」, 『철학논총』 제78집, 새한철학회, 2014.

3. 헤겔: 욕망과 상호인정문제

「정치사회와 상호승인」, 『철학연구』 제60집, 철학연구회, 2003.

「헤겔에 있어서 국가의 이념」, 『대동철학』 제22집, 대동철학회, 2003.

III.

3. 프로이트: 무의식적 주체와 문명속의 불안

「욕망에서 문명으로」, 『철학탐구』 제53집, 중앙철학연구소, 2019.

IV.

1. 아도르노와 호르크하이머: 주체의 형성과 타자, 그리고 자기보존

「주체의 형성과 타자, 그리고 자기보존」, 『범한철학』 제65집, 범한철학회, 2012.

2. 아렌트: 노동과 자기보존, 그리고 세계소외

「정치적 행위와 자유」, 『철학논총』 제76집, 새한철학회, 2014.

「공적영역의 상실과 현대사회의 위기」, 『철학논총』 제81집, 새한철학회, 2015.

목차

•
•
•
•
•

I. 서론:
현대성과 자기보존욕망

•
•
•
•
•

　현대의 철학적 담론 속에서 "현대성(Modernity)"[1]은 가장 논란이 되는 개념 중의 하나이다. 20세기의 시작과 함께 1차, 2차 세계대전이라는 두 번에 걸친 전쟁의 경험, 특히 나치즘과 파시즘의 등장, 그리고 세계적인 경제공황은 많은 이들에게 정신적인 충격을 안겨 주었다. 특히 이러한 충격은 17세기 이후 유럽에서 진행된 과학의 발전과 함께 인간의 이성에 대한 믿음을 토대로 한 역사적 낙관주의에 돌이킬 수 없는 상처를 입혔다. 미래 사회에 대한 낙관적인 전망은 더 이상 신뢰할 수 없게 되었으며, 핵무기와 환경문제 등 지구를 위협하는 새로운 문제들은 인간의 삶에 치명적인 영향력을 행사하리라는 진단과 함께 미래의 불행을 암시하는 불운한 전조들로 간주된다. 이러한 사회적 상황은 현대를 지배하는 궁극적인 정신, 즉 '현대성'에 대해 근본적인 의문을 제기하게 만든다.

　17세기 이후 과학의 발전과 인간의 이성에 대한 신뢰, 그리고 인간이

---

[1]　'현대'는 Modern을 우리말로 옮긴 것이며 '근대'로 번역되기도 한다. 본 글에서는 17세기 이후 이성 중심적인 시대정신을 의미할 때는 '현대성'으로, 그리고 구체적인 시기나 사건들을 나타낼 때는 '근대'로 서술한다.

세계의 주인이라는 주체의식에 근거한 현대성이 진보와 희망의 상징이었다면, 20세기 이후에 이러한 현대성은 "새로운 종류의 야만"[2]과 역사적 비관주의, 그리고 "폭력성"을 나타내는 대표적인 개념이 되었다. 현대의 대표적인 정치 철학자들, 특히 호르크하이머(M. Horkheimer)와 아도르노(Th. W. Adorno)는 근대 이후에 보편화된 '도구적 이성'을, 들뢰즈(G. Deleuze)를 위시한 탈현대론자들은 근대적 이성에 내재한 권력의 메커니즘과 함께 차이를 억압하는 '동일성의 폭력'을, 그리고 아렌트(H. Arendt)는 경제가 지배적인 가치가 됨으로써 나타난 '정치의 상실'을 비판하며 현대성 자체를 의문시한다.

'현대성'은 17세기 이후 유럽을 대변하는 시대정신이라 할 수 있다. 유럽에서 '현대 혹은 근대(Modern)'라는 개념은 19세기에야 비로소 등장하지만, '현대'가 지칭하는 사회적 현상들은 훨씬 이전인 16세기, 혹은 17세기경에 나타나기 시작한다.[3] 현대는 무엇보다도 그 이전 시대와의 단절을 의미하는 "새로운 시대"로 규정된다. '현대성'을 대변하는 철학자이자 철학사적으로 근대의 말미를 장식하는 헤겔(G. W. F. Hegel)은 자신의 대표적인 저서인 『정신현상학』에서 자신의 시대를 다음과 같이 진단한다.

---

[2] M. Horkheimer / Th. W. Adorno, *Dialektik der Aufklärung* (Frankfurt a. M.: Fischer, 1981), 1쪽.

[3] 뷜쉬는 '현대(Modern)'라는 개념이 이러한 용어가 지칭하는 시대의 "시작 무렵이 아니라, 그 시대가 종말을 고할 무렵에야 등장"했다고 진단한다. '현대' 개념의 등장에 관한 자세한 설명은 뷜쉬 책 참조. W. Welsch, 『우리의 포스트모던적 조건』, 박민수 옮김 (서울: 책세상, 2001), 179쪽 이하. 하버마스는 "신세계의 발견과 르네상스, 종교개혁"을 현대적 사건들로 규정하면서 이러한 사건들이 발생한 "1500년경"을 현대가 시작되는 것으로 이해한다. J. Habermas, 『현대성의 철학적 담론』, 이진우 옮김 (서울: 문예출판사, 1996), 23쪽.

"우리 시대가 탄생의 시대이며 새로운 시기를 향한 과도기라는 사실을 알아차리는 일은 어렵지 않다. 정신은 이제까지 있어 왔던 자신의 실존과 표상의 세계와 단절하였으며, 그러한 것들을 과거에 묻어두려 하고 있다. 즉 정신은 자신을 변화시키려는 작업을 하고 있는 것이다. [...] 현존하고 있는 것을 허물어뜨리려는 경박함이나 권태로움, 그리고 알려지지 않은 것에 대한 불확실한 예감은 무엇인가 다른 것이 다가오고 있다는 징조이다. 전체적인 상을 변화시키지 않은 채로 서서히 진행되는 붕괴는 번개와 같이 단숨에 새로운 세계의 구조를 구축하는 갑작스런 출현을 통해 중단될 것이다."[4]

과거와의 결별과 함께 새로운 시대를 의미하는 헤겔의 시대인 근대 사회는 광범위하게 나타나는 다양한 변화를 함축하고 있다. '근대화' 과정 속에서 표현되는 근대 사회의 특징들은 특히 경제적으로는 자급자족적인 농경사회에서 경쟁에 근거한 시장경제사회로의 변화를, 정치적으로는 봉건영주를 중심으로 한 계급사회의 해체와 함께 모든 인간이 평등한 시민사회[5]의 발생을, 그리고 과학의 발전에 의해 종교적 세계관으로부터 벗어나 인간의 이성을 토대로 세계를 이해하고 구성하려는 합리성을 통해 표현된다. 또한 이러한 변화들은 '우리'라는 공동체 의식의 상실과 더

---

4   G. W. F. Hegel, *Phänomenologie des Geistes,* Werke in zwanzig Bänden Bd. 3 (Frankfurt a. M.: Suhrkamp, 1970), 18쪽 이하.

5   헤겔은 근대의 새로운 경제체제인 시장경제를 "시민사회"라는 개념을 통해 설명한다. '시민'은 새롭게 등장한 계급으로 처음에는 승려계급, 귀족계급과 구별되는 제3계급인 중산계급으로서 상업과 수공업에 종사하는 부르주아지Bourgeoisie를 의미했으나, 계급사회의 해체와 함께 점차적으로 국가의 구성원 모두를 지칭하게 되었으며, 프랑스 혁명 후 "인권선언"을 통해 누구나 동일한 권리를 지닌다는 의미의 평등을 상징하는 대표적인 개념이 된다.

불어 무엇보다도 '나'의 행복과 권리를 중시하는 개인주의의 등장을 초래한다. 이러한 모든 새로운 현상들, 즉 인간의 의식을 포함한 사회 구조의 총체적인 변화와 함께 나타난 '현대성', 즉 근대적 정신은 철학적으로는 주체적 자각에 근거한 "나는 사유한다, 고로 존재한다"[6]라는 데카르트(R. Descartes)의 명제로 요약된다.[7]

　현대적 정신을 명확하게 드러낸 데카르트의 명제는 인간의 존재근거를 오랫동안 유럽을 지배해온 기독교적인 신이 아닌, 오직 인간 자신에게서 발견한다는 점에서 탈종교적 관점을, 그리고 전통적인 세계관으로부터 벗어난 근대적 관점을 함축하고 있다. 그러나 데카르트의 이러한 명제에서 무엇보다도 중요한 것은 인간의 사유를 인간의 존재 근거로 내세웠다는 점이다. 과학의 발전과 함께 진리로 믿었던 모든 것들이 의심스러워진 상황 속에서, 데카르트는 의심할 수 없는 유일한 존재인, 즉 의심하고 있는 자기 자신을 발견한다. 의심하는, 즉 사유하는 활동 속에서 획득하게 된 데카르트의 자기 자신에 대한 확실성은 신 대신에 인간을, 종교적 교리 대신에 이성적 사유를 절대적인 가치로 제시함으로써 새로운 시대의 도래를 암시한다. 특히 데카르트의 명제 속에 표현된 인간의 이성에 대한 무한한 신뢰는 인간으로 하여금 운명에 맡겨 두었던 삶의 불확실성에서 벗어나, 신이나 자연이 자신의 삶을 결정짓는 주인이 아니라 올바르게 판단할 수 있는 이성적 능력을 소유한 자기 자신이 삶의 주인이라는

---

[6]　R. Descartes, 『방법서설·성찰』, 최명관 역 (서울: 서광사, 1983), 30쪽.

[7]　헤겔은 자기 자신에게서 시작하는 사유의 원리를 처음으로 표현한 데카르트를 "근대 철학의 참된 창시자"로 규정한다. 그에 의하면 "새로운 세계의 철학은 [...] 데카르트와 함께" 시작된다. G. W. F. Hegel, *Vorlesungen über die Geschichte der Philosophie III*, Werke in zwanzig Bänden Bd. 20 (Frankfurt a. M.: Suhrkamp, 1971), 120쪽 이하.

주체적인 자각을 가능하게 한다.

　이성적 주체에 대한 데카르트의 선언은 근대를 지배하는 계몽주의적 사유에 의해 구체적으로 계승된다. 오직 인간의 이성에 의해서 세계를 이해하고 구축하려는 계몽주의는 18세기 유럽의 전 사회 영역에 걸쳐 다양하게 나타나는 지적 운동이다. 특히 계몽주의적 사유는 전통적인 관습이나 신적인 권위를 비판하며, 사회의 질서를 오직 이성에 의해서 새롭게 구성하고자 한다. 이러한 계몽주의는 영국의 로크(J. Locke)나 프랑스의 루소(J. J. Rousseau), 그리고 독일의 칸트(I. Kant) 등의 철학적 사유 속에 다양한 형식으로 표현된다. 그들은 자기보존이라는 생명권이나 자유를 자연으로부터 부여받은 인간의 절대적인 권리로 이해하며, 정치적 질서를 가능하게 하는 국가를 인간의 권리를 지키기 위한 수단으로 간주한다.[8] 개별적인 인간에 내재해 있는 이성적 능력을 중시하는 계몽주의 철학자들은 국가를 오직 인간의 이성을 토대로 한 개인들의 사회적 계약에 의해 비로소 형성되는 것으로 이해한다. 이와 함께 그들은 공동체보다는 개인을, 전통적인 권위보다는 이성을 우선시하며, 인간의 이성에 의해 포착되지 않는 어떠한 것도 용납하지 않는다. 모든 것을 오직 인간의 이성에 의해 구축하려는 계몽주의적 사유는 정치적으로는 오래된 질서를 완전히 파괴하고 순수한 사유에 의해 새로운 법과 사회적 제도를 만들어 내고자 하는, 근대의 위대한 사건인 프랑스 혁명 속에서 구체적으로 표현된

---

[8]　이 글의 중심 주제 중의 하나인 인간의 '자기보존욕망'은 일차적으로는 현존상태를 유지하려는 생존욕망을 의미하며, 더 나아가 시간적으로는 미래에까지, 그리고 공간적으로는 타인과의 관계에 있어서 이러한 생존을 확실하게 하기 위해 자신의 힘을 확장시키려는, 궁극적으로는 자기실현을 통해 자기를 완성시키려는 모든 욕망을 포괄하는 개념으로 사용한다.

다.[9] 특히 구체제인 과거와 결별하고 새로운 이성의 시대를 만들어 내고자 하는 프랑스 혁명의 "자유, 평등, 박애"라는 구호는 새로운 시대의 이념인 현대성을, 그리고 이성에 의해 구축될 미래 사회에 대한 희망적 전망을 담지하고 있다.

자기 자신에 대한 절대적인 확실성 속에 있는 주체와 올바른 사유와 판단에 근거해 있는 이성은 현대적 정신을 나타내는 대표적인 기호이다. 이러한 현대적 정신은 한편으로는 전통적 관습과 신적인 권위로부터의 해방을, 그리고 인간의 자유와 권리에 대한 인정을 함축한다는 점에서 역사의 발전을 담보하는 핵심적인 원리로 이해된다. 그러나 데카르트와 계몽주의적 사유에 의해 구체적으로 표현된 이성적 주체의 이념은 궁극적으로 독자적인 개별성의 원리에 의존함으로써 타자와의 관계성을 배제하며, 이와 함께 인간을 타인들과 공동체로부터 분리된 고립된 개인으로 이해하는 원자론적 주체개념에 머무르게 된다. 특히 사유 속에서 자신을 상실하지 않고 자기 동일성을 유지하는 데카르트의 주체는 모든 관계성으로부터 단절된 독백적인 존재로서 외부세계와 단절된 추상적인 자아로 규정된다.

사유를 통해 도달한 데카르트의 고독한 주체는 자신의 삶을 스스로 책임져야 하는 근대의 경제적 주체들, 즉 상업과 수공업에 종사하는 새로운 시민계급 속에서 보다 구체적이고 현실적인 모습으로 나타난다. 자급자족적인 농경사회에서 산업사회, 즉 경쟁에 토대를 둔 자본주의적 시장경제체제로 변화하기 시작한 유럽 근대의 경제구조는 생존을 포괄하는 자

---

[9]   G. W. F. Hegel, *Vorlesungen über die Philosophie der Geschichte*, Werke in zwanzig Bänden Bd. 12 (Frankfurt a. M.: Suhrkamp, 1970) 529쪽 참조.(이하 *Die Philosophie der Geschichte*)

기보존문제가 주체적인 개인의 문제로 부각된다. 주체적 존재인 개인들은 자신의 삶의 주인으로서 자기보존문제를 포함한 모든 문제를 자연이나 신과 같은 외적인 권위에 더 이상 의존하지 않고 스스로 해결해야 하기 때문이다. 따라서 자신에게 절대적 확실성을 부여하는 근대의 데카르트적인 주체의식은 자신의 생명을 유지하고 자신의 힘을 확장하기 위해 자연을 포함한 모든 타자를 배제하고 지배하려는 근대적 시민의식의 추상화된 형태라 할 수 있다.

유럽의 고대사회를 지배했던 농경문화에서는 개인보다는 '우리'라는 공동체 의식이 강했으며, 생존문제를 해결하는 지배적인 생산방식인 농업은 전적으로 자연에 의존하는 형태를 지녔다. 따라서 개인들의 생존문제는 자연적인 위력에 내맡겨지게 되며, 개인들의 삶은 자신들의 노력이나 능력이 아닌, 자연이, 혹은 이러한 자연을 지배하는 절대적인 신이 결정한다는 운명의식이 개인뿐만 아니라 전체 사회를 움직이는 중요한 원리로 작용한다. 고대부터 행해진 자연, 혹은 신을 향한 다양한, 그리고 모두가 함께 참여하는 공동의 제사들은 자신들의 생명과 삶이 자신이 아닌, 자연이나 혹은 자연을 지배하는 신과 같은 외적 권위에 의존해 있다고 하는 농경 중심적인 고대 사회의 시대정신을 반영한다.[10]

---

[10] 고대 그리스의 소포클레스의 비극인 "오이디푸스" 신화는 고대적인 운명의식을 구체적으로 보여준 대표적인 예라 할 수 있다. 오이디푸스는 신탁을 통해 왕인 아버지를 죽이고 어머니와 결혼한다는 저주받은 운명을 지니고 태어난다. 이를 피하려는 왕의 노력과 오이디푸스 자신의 노력들은 결국 실패하게 되며, 궁극적으로 오이디푸스는 신탁대로 자신의 아버지인 왕을 죽이고 어머니와 결혼하게 된다. 이러한 비극은 인간의 삶에 대한 신의 강력한 지배력을 나타낸다는 점에서, 즉 인간의 삶이 인간 자신보다 신에 의존해 있다는 고대적인 운명의식을 상징적으로 보여준 대표적인 작품이라 할 수 있다. Sophocles, 『오이디푸스 왕』, 강대진 옮김 (서울: 민음사, 2009).

또한 유럽 문명의 탄생지인 고대 그리스 사회에서는 경제와 정치가 엄격히 분리되어 있었다. 인간의 자기보존을 위한 활동이 이루어지는 경제적 영역이 여자와 노예들에 의해 수행됨으로써 자유로운 시민들은 자기보존을 위한 육체적인 노동으로부터 해방될 수 있었다. 자기보존을 위한 경제적 행위는 사회의 주변부적인 일이며, 따라서 자유로운 시민들은 자기보존문제와 연관된 사적인 이해관계를 넘어서는 공동체적 관심, 즉 공적인 정치적인 문제에만 전념했다. 계급과 성적인 차별에 근거한, 정치적 영역으로서 공적 영역과 경제적 영역으로서 사적 영역의 엄격한 분리는 고대 그리스 사회를 움직이는 기본적인 원리다.[11] 또한 고대 그리스 사회는 도시국가들로 이루어졌으며, 이들 도시국가들 사이에 행해진 잦은 전쟁이나, 혹은 타 지역들과의 전쟁들은 공동체의 내적인 결속을 강화시켰으며, 따라서 그리스 시민들에게 공동체인 국가는 개인들의 권리보다 우선적인 가치를 지녔다. 국가라는 공동체는 개인들에게 절대적인 의미를 지니며, 따라서 고대 그리스 사회에서 개인의 자기보존이나 자기실현의 문제는 개인의 독자적인 일이 아닌, 국가 공동체의 일로 간주된다.[12] 이와

---

11 아렌트에 의하면 고대 그리스 사회는 "필요와 욕구"의 동인에 의해 이루어지는 "사적 영역"으로서의 가정 영역과 정치적 논의가 주된 행위인 "공적 영역"으로서 폴리스의 영역이 엄격히 분리되어 있었으며, 노예와 여자의 노동에 의존해 있는 사적 영역은 폴리스의 자유의 조건이었다. H. Arendt, 『인간의 조건』, 이진우 · 태종호 옮김 (서울: 한길사, 2009), 76쪽 이하.

12 공동체가 무엇보다 중요했던 고대 그리스 사회에서 공동체와 구분되는 개인의 고유한 권리나 사유는 용납되지 않았으며, 특히 공동체에 반하는 개인의 행위는 비극적인 결말을 지니게 된다. 헤겔은 특히 개인의 고유한 "내면성의 원리"를 추구했던 소크라테스와 소포클레스의 비극 『안티고네』에서 안티고네가 결국 죽음을 맞이하게 된 것은 개인의 고유한 권리를 인정하지 않은 고대 인륜적 사회의 한계로, 따라서 "인륜적인 것 내에서의 비극"으로 규정한다. G. W. F. Hegel, *Über die wissenschaftlichen Behandlungsarten des Naturrechts, Jenaer Schriften*

관련하여 고대 그리스의 대표적인 철학자인 아리스토텔레스(Aristoteles)는 인간의 사회적 존재성을 강조하며, 인간의 삶은 공동체 속의 부분으로서만 가능한 것으로 이해한다.

> "인간은 본질적으로 국가에서 살아야 하는 동물이라는 것이다. [...] 국가란 자연적으로 존재하며, 개인에 앞선다는 것을 이해하게 되었다. 국가는 전체이며 개인은 그 부분에 지나지 않는다. 개인은 고립되어서는 스스로 만족할 수 없으므로 전체 국가에 모두 같이 의존해야 한다. 그리고 국가만이 스스로 만족한 상태를 이룰 수 있다. 타인과 더불어 정치적 공동체의 혜택을 누릴 수 없거나 이미 자족해 있으므로 그럴 필요가 없는 고립된 개인은 국가의 일부가 아니며, 따라서 짐승이거나 신일 것이다."[13]

고대 그리스와 로마 시대를 거쳐 기독교가 공식적인 종교로 인정된 4세기 이후 유럽의 중세는 기독교적인 정체성이 전체 사회를 지배하는 궁극적인 원리로 작용하게 된다. 기독교적인 신이 중심이 되는 중세사회에서 인간의 존재는 신에 의해 에덴동산에서 쫓겨난 죄인으로, 그리고 항상 죄의 유혹 속에 있는 연약한 존재로, 그리고 자기보존을 포함한 인간의 모든 자연적 욕망은 신성한 것과 대립되는 세속적인 것으로 평가절하 된

1801-1807, Werke in zwanzig Bänden Bd. 2 (Frankfurt a. M.: Suhrkamp, 1970), 495쪽.

G. W. F. Hegel, *Grundlinien der Philosophie des Rechts*, Werke in zwanzig Bänden Bd. 7 (Frankfurt a. M.: Suhrkamp, 1970), §166 주해 참조.(이하 *Rechtsphilosophie*)

G. W. F. Hegel, *Die Philosophie der Geschichte*, 329쪽 참조.

[13] Aristoteles, 『정치학』, 손명현 옮김 (서울: 동서문화사, 2007), 262쪽 이하.

다. 또한 기독교적인 신이 인간을 포함한 자연에 절대적인 권한을 지님으로써 인간의 자기보존문제는 인간 자신의 문제가 아닌, 신의 권한에 속한 문제로 이해되었으며, 인간은 자신에게 주어진 삶을 수동적으로 받아들여야 한다는 운명의식이 중세적 세계관을 지배한다. 따라서 유럽의 고대와 중세사회에서 인간의 기본적인 욕망이라 할 수 있는 자기보존문제는 개인적인 차원에서나 사회적인 차원에서 중요한, 보편적인 가치가 될 수 없었다.

유럽의 근대는 바로 이러한 고대적인 것과 중세적인 것으로부터의 결별로부터 시작한다. 이러한 결별은 다양한 영역에서 광범위하게 이루어지지만[14] 사회철학적인 관점에서 볼 때 무엇보다도 중요한 현상으로 드러난 것은 '자기보존'에 대한 관심의 증가라 할 수 있다. 계급사회가 해체되고 종교적 권위가 상실된 사회적 상황에서 근대의 평등한 모든 개인들은 자신이 삶의 주인이라는 주체적 자각과 함께 자기보존문제를 더 이상 주변부적인 일이나 부차적인 일이 아닌, 자신의 삶의 가장 중심적인 문제로 이해하게 된다. 특히 시장경제체제의 확산과 함께 경제 구조의 획기적인 변화는 개인들을 더욱 더 극단적인 방식으로 경쟁에 내몰리게 함으로써 실존적 위기의식을 확장시켰다. 근대의 개인들은 자신의 생존문제를 포함한 자기보존문제를 공동체나 신이 해결해주는 운명적인 것으로 더 이상 받아들이지 않으며, 오직 자신이 떠맡아야 하는 자신의 고유한 문제라는 경제적 주체로서의 자각을 하게 된다. 이와 함께 자기보존문제와 관련

---

[14] 하버마스에 의하면 과거와의 결별을 의미하는 "근대화" 과정은 사회적으로 "자본 형성, 자원의 동원과 아울러 생산력 발전과 노동생산성 증대와 관련이 있으며, 정치적 중앙권력의 관철과 민족의 정체성의 형성과도 연관된다. 정치적 참여권과 도시적 생활형식, 형식적 학교교육의 확산과 관련이 있으며, 가치와 규범의 세속화 등등과 관련이 있다." J. Habermas, 『현대성의 철학적 담론』, 20쪽.

된 개인들의 경제적, 실존적 관심이 근대 사회의 보편적인 문제로 나타나기 시작한다. 개인들은 더 이상 운명공동체로 연결되어 있지 않으며, 각자가 자기 자신만을 확신하는 절대적 주체로서 자기보존을 유일한 목적으로 삼는다. 그 결과 개인과 타인들과의 균열이 발생하게 된다. 타인들은 더 이상 '우리'라는 사회 공동체 속에 함께 하는 존재가 아니며, 자신을 타인들과 구별된 절대적인 존재로 이해하는 이기적 주체인 개인들에게 타인들은 단순한 객체로 전락하게 된다. 또한 경쟁에 토대를 둔 시장경제 체제 속에서 자기보존을 절대적인 목적으로 삼은 근대의 이기적 주체는 타인을 자신으로부터 분리하는 차원을 벗어나, 타인을 배제하고 지배하려는 기제를 필연적으로 함축하게 된다.[15]

오랫동안 유럽사회를 지배해온, 통일적인 종교적 이데올로기에 의해 형성된 개인들의 내적 유대감과 결속감, 그리고 농경사회에서 보편적으로 나타나는 공동체 의식은 분열되기 시작한다. 또한 경쟁에 토대를 둔 새로운 시장경제질서는 이러한 분열을 더욱 더 가속화시키며, 따라서 근대의 주체적 개인들은 자기보존만을 궁극적인 목적으로 삼을 뿐만 아니라 오직 욕망의 충족만을 위해 상호 의존하는 경제적 관계에 의해 지배된다.[16] 내적인 유대감을 상실한 원자적 개체로서 개인들의 주된 관심은 자기보존문제이며, 자기보존이 사회의 중심적인 원리로 작용하는 근대사회에서 공동의 삶이 가능할 수 있는 개인들의 새로운 관계의 구축과 이를

---

15 호르크하이머와 아도르노는 근대적 이성을 타자를 지배하기 위한 도구적 이성으로 이해한다. 그들에 의하면 이성의 타자 지배는 외적 자연에 대한 지배와 타인에 대한 지배, 그리고 자기 자신의 자연에 대한 지배로 표현된다. M. Horkheimer / Th. W. Adorno, 같은 책, 참조.

16 헤겔은 근대에 보편화되기 시작한 시장경제체제를 '시민사회'로, 이러한 시민사회를 "욕망의 체계"로 규정한다. G. W. F. Hegel, *Rechtsphilosophie*, §189.

토대로 한 새로운 정치적 질서를 모색하는 일은 근대 철학이 해결해야 하는 가장 중요한 문제로 나타난다.[17]

근대 사회를 규정짓는 인간의 절대적인 권리에 대한 인정, 그리고 시장 경제체제에 필연적으로 내재된 경쟁 구조 속에서 인간은 중세의 지배적인 이데올로기였던 신에 의한 구원 대신 자신을 스스로 구원해야만 하는 실존적 상황에 직면하게 된다. 또한 자기보존을 포함한 인간의 욕망 자체를 적대시했던 중세적 사유로부터 벗어나 인간의 자기보존욕망은 사회적으로 정당성을 획득하게 된다. 모든 욕망은 죄의 원천이라는 종교적 이데올로기 대신에 인간의 모든 욕망과 욕망의 충족은 인간을 자유롭게 만든다는 경제적 이데올로기가 사회를 지배하게 된다. 특히 시장경제는 자본의 증식을 위해 인간의 욕망을 새롭게 창출해낼 뿐만 아니라 인간의 욕망을 끊임없이 부추기며, 인간의 욕망을 무한대로 확장시킨다. 이러한 욕망의 무한성은 자기보존욕망이 생물학적이며 물질적인 차원을 벗어나 사유에 의해 매개된 정신적인 차원을 모두 포함하며, 따라서 생존이라는 단순한 생물학적 안전만을 의미하는 것이 아닌, 인간이 지닌 모든 역량을 동원한 자기확장, 자기실현을 동시에 함축하고 있는 것에 기인한다. 자기보존에는 '자기'라는 인간의 역량에 대한 논의를 요구하며, 이러한 '자기'를 단순히 생물학적인 차원에서 이해할 때 생존만이 문제가 되지만, '자기'를 사유능력과 함께 정신적인 차원을 포괄하는 것으로 이해할 때 자기보존욕망은 자아의 실현이나 자아의 완성이라는 확장된 개념을 함축하기 때문이다.

---

[17] H. Blumenberg, "Selbsterhaltung und Beharrung", H. Ebeling(Hrsg.), *Subjektivität und Selbsterhaltung* (Frankfurt a. M.: Suhrkamp 1996), 144쪽 참조.

시장경제체제에서 등장한 경제적 주체의 구체적인 모습을 가장 먼저 포착한 홉즈(T. Hobbes)는 "만인에 대한 만인의 투쟁"[18]이라는 자연 상태에 대한 가설을 통해 근대의 이기적 주체가 도달하게 될 극단적인 상황을 묘사한다. 자기보존을 인간의 가장 중요한 권리로 이해한 홉즈는 타자와의 관계성을 상실한 분열된 개인들의 자기보존이 궁극적으로 자기파괴로 귀착될 수 있음을 간파한다. 그는 인간의 자기파괴를 야기하는 지속적인 투쟁 상태를 종식시키기 위해 인간의 이성능력을 끌어들인다. 홉즈가 자기보존문제를 국가라는 절대적인 권력을 지닌 외적인 권위에 의존해서 해결하는데 반해, 칸트는 인간의 실천 이성에 대한 무한한 신뢰를 바탕으로 인간에 내재한 도덕적 이성능력을 통해 근대적 분열을 극복할 수 있는 가능성을 모색한다. 칸트는 모든 인간이 "네 행위의 원칙이 보편적인 법칙이 되게 하라."라는 정언 명령을 수행할 수 있는 인간의 자율적이며, 실천적인 이성능력으로부터 출발하며, 이러한 도덕성이 타인과의 긍정적인 관계성을 창출함으로써 모든 사회적 질서의 토대가 되는 것으로 이해한다.

근대적인 분열적 상황을 극복하려는 홉즈와 칸트의 시도는 근본적으로 인간을 독립적이며 고립된 주체로 이해하는 개인주의적 관점에서 출발한다. 홉즈는 자신의 이론적 논의를 개인의 절대적인 자기보존권리에, 그리고 자기보존을 위해 타인과 계약을 맺는 이기적인 개인의 이성적 능력에 의존한다. 또한 칸트는 도덕적 이성의 주체로서 자율적인 개인을 전제하며, 도덕성의 마지막 심급기관을 개인에 내재하는 양심으로 이해함으로써 개인의 내면적인 주관성을 도덕의 궁극적인 원리로 규정한다. 그러나 자신의 시대를 '분열'의 시대로, 그리고 이러한 분열의 극복을 자신의 철학적 과제로 제시한 헤겔은 타인에 의해 매개되지 않은 "개별자의

---

18   T. Hobbes, *Leviathan* (Frankfurt a. M.: Suhrkamp, 1984), 96쪽.

존재를 최초이자 최고의 존재"[19]로 이해한 홉즈와 칸트의 개인주의적 관점을 비판한다. 그에 의하면 홉즈로부터 시작해서 칸트에서 완결되는 추상적 자기동일성에 근거한 근대적 주체는 고립적인 자기 관계 속에서 타자와의 긍정적 관계를 모두 소진시킨다. 물론 칸트의 도덕적 이성은 타자와의 긍정적 관계를 모색하지만, 이러한 관계는 궁극적으로 자율적인 개인의 주관성에 의존하며, 따라서 진정한 상호적 관계를 불가능하게 한다.

헤겔은 인간의 이성 속에는 이미 '상호인정'이라는 타자에 대한 윤리가 함축되어 있는 것으로 이해한다. 따라서 인간은 홉즈와 칸트가 이해한 것처럼 모든 사회적 관계로부터 단절된, 원자화된 개인, 즉 "실제적인 관계 밖에 있는 추상적인 존재"[20]가 아니다. 헤겔은 한편으로는 인간을 타인과 구별된 독자적인 개인이라는 특수성의 원리 속에서 포착하지만 동시에 인간은 유적 존재이며 그러는 한, 타인과 동일한 존재로 이해되는 보편성의 원리 역시 함축하고 있는 것으로 이해한다. 즉 인간의 주체성은 데카르트처럼 독백적인 사유를 통해 형성되는 것이 아니라 오직 타인에 의해 매개됨으로써만 가능하며, 따라서 인간은 특수성과 보편성의 통일로서, 즉 타인과 구별되는 고유한 존재이자 동시에 타인과 동일한 보편적 존재라는 규정을 통해 존재한다. 그에 의하면 독자적인 '나'와 타인들과의 통일을 매개하는 궁극적인 원리는 이성에 내재한 '상호인정'의 개념이다. 헤겔은 근대적 주체성이 함축하고 있는 개인의 권리와 자유의 인정이 지닌 해방적 요소에도 불구하고, 이러한 주체성의 원리에 함축되어 있는, 홉즈가 "만인에 대한 만인의 투쟁"이라는 자연 상태를 통해 이미 묘사한, 자

---

[19] G. W. F. Hegel, *Über die wissenschaftlichen Behandlunsarten des Naturrechts*, 454쪽.

[20] G. W. F. Hegel, *Vorlesungen über die Geschichte der Philosophie II*, Werke in zwanzig Bänden Bd. 19 (Frankfurt a. M.: Suhrkamp, 1971), 227쪽.

기파괴라는 위험성을 감지한다. 그러나 헤겔은 개인의 절대적인 권리에 근거해 있는 근대를 새로운 "탄생의 시대"로 규정한다. 그는 상호인정의 원리인 이성에 대한 신뢰와 함께 근대적 분열을 극복하며, 역사를 "자유 의식에 있어서 진보"[21]로 이해하는 낙관주의적 전망에 도달한다.[22]

　데카르트의 사유하는 이성적 주체로부터 시작해서 홉즈의 자기보존을 위한 도구적 이성, 칸트의 도덕적·실천적 이성, 그리고 헤겔의 상호인정의 원리 속에 포착된 이성에 이르기까지 유럽의 근대 사회에 있어서 인간의 이성은 세계를 이해하는 데 있어서, 혹은 세계를 새롭게 구축하는 데 있어서 절대적인 권위를 지니게 된다. 또한 이성적 주체로서 인간은 세계의 주인으로 군림하게 되며, 오랫동안 인간에게 공포와 경이를 안겨준, 신성을 지닌 것으로 이해된 자연은 지배의 대상으로, 부의 축척을 위한 단순한 수단으로 전락한다. 근대에 나타난 새로운 문제들, 특히 "소수에게로의 지나친 부의 집중"[23]과 동시에 "엄청난 빈곤"[24], 이와 함께 대다수의 개인들이 겪는 자기보존의 불확실성의 증대, 경쟁과 분열에 의한 공동체의 해체라는 시장경제체제가 야기한 다양한 문제들은 주체적 이성의 위엄을 약화시킬 수 없었다. 이성은 모든 문제를 해결할 수 있는 권능을 지닌 것으로, 따라서 계몽주의를 비롯한 근대의 대부분의 철학자들에게 인간의 이성에 근거한 미래 사회는 밝은 전망을 지닌 것으로, 그리고 문

---

[21]　G. W. F. Hegel, *Die Philosophie der Geschichte*, 32쪽.

[22]　하버마스에 의하면 "헤겔은 현대의 영역 밖에 놓여 있는 과거의 규범적 암시로부터 현대가 분리되는 과정을 철학적 문제로 부상시킨 최초의 철학자이다." 그는 헤겔이 "새로운 시대의 원리"로 제시한 "주체성" 속에서 "현대세계의 우월성과 위기성"을 동시에 설명하는 것으로 이해한다. J. Habermas, 『현대성의 철학적 담론』, 36쪽.

[23]　G. W. F. Hegel, *Rechtsphilosophie*, §244.

[24]　G. W. F. Hegel, 같은 책, §245.

명의 발전은 약속된 것으로 이해되었다.

그러나 이성적 주체에 근거한 현대성이 지닌 진보와 해방에 대한 신뢰는 19세기에 들어서면서 서서히 무너지기 시작한다. 무엇보다도 시장경제체제의 발전은 근대 사회와 함께 나타난 빈부 격차의 문제를 더욱 더 심화시켰으며, 이와 함께 대다수의 인간들은 자기보존의 위협에 직면하게 된다. 특히 시장경제체제가 초래한 생산력의 폭발적인 발전은 오히려 생산자를 억압하는 계기로 변질된다. 또한 모든 인간이 지닌 권리와 자유의 토대로서 인간의 이성능력이 지닌 해방적 성격은 오히려 인간의 고유성과 특수성을 억압하는 기제로 귀착된다. 세계와 역사를 만드는 주체로서 자기 자신에 대한 절대적인 확실성 속에 있었던 인간은 프로이트(S. Freud)의 무의식에 대한 해부와 함께 불확실한 존재로, 따라서 인간의 이성적 능력은 의심스러운 것으로 전락한다. 이러한 변화 속에서 20세기에 발생한 치명적인 사건들, 즉 1·2차 세계대전이라는 두 번에 걸친 전쟁의 경험, 특히 나치즘의 등장은 더 이상 이성적 주체에 의존한 '현대성'이 유효하지 않음을 나타내는 상징적인 사건으로 이해된다.

20세기 이후 철학적으로 지배적인 영향력을 행사한, 포스트모던을 표방하는 탈현대적 철학자들은 17세기 이후 자유와 진보를 나타내는 근대적 이념, 즉 '현대성'이 오히려 억압과 파괴의 원천임을 고발한다. 즉 그들은 올바른 판단을 가능하게 하고 '인간적인 것'을 표현하는 궁극적 원리인 이성을 자연과 타인을 지배하는 도구적 이성으로, 세계의 주인으로 군림하는 이성적 주체를 보편성의 원리에 포착되지 않은 타자를 배제하고 차이를 용인하지 않는 폭력적인 기제로 규정한다. 특히 현대의 대표적인 비판이론가인 호르크하이머와 아도르노는 근대 사회에서 정당한 권리로 인정된 자기보존욕망을, 이성에 의해 매개되어 표출되든, 혹은 직접적인 형식으로 나타나든 현대적 야만의 궁극적인 원인으로 이해하며, 자기보존문제를 이성과 매개시키려는 근대적 기획을 실패한 것으로 진단한다. 이와 함께 그들은 자기보존이 위협받는, 따라서 모든 욕망이 자기보존욕망으로 수렴되는 현대 사회의 정치적, 경제적 구조를 문제삼기보다는, 이성적 주체의 이념에 담지된 이데올로기 비판에 자신들의 비판능력을 소진한다. 그러나 '현대성'을 "미완의 기획"으로 규정한 하버마스(J. Habermas)는 인간의 "의사소통적 행위" 속에 내재해 있는 이성적 기능을 추적함으로써 인간의 이성적 능력을 포기하지 않는다. '현대성'을 상징하는 이성적 주체개념의 정당성과 폭력성에 대한 철학적 논의와 현대의 시장경제체제에서 가장 중심적인 문제로 나타난 자기보존욕망에 대한 담론은 여전히 진행 중이다. 그러나 결국 폭력성과 억압적 성격을 통해 오염된 이성이 자신 속에 내재해 있는 자기교정 능력을 발휘함으로써 밝은 빛 속에 다시 자신을 드러낼 수 있을 것이라는 믿음은 미래 사회에 대한 희망을 포기하지 않는 한, 여전히 의미 있는, 그리고 유효한 일이 될 것이다.

II.
현대적 주체와 자기보존욕망

．
．
．
．
．

홉즈와 스피노자(B. d. Spinoza), 그리고 헤겔은 다양한 변화가 진행되는 근대의 사회적 상황 속에서 이성적인 주체개념을 토대로 자기보존문제를 철학적으로 주제화한 대표적인 철학자들이다. 주체에 대한 이해 방식은 서로 상이하지만, 그들은 인간의 이성에 의존해서 새롭게 세계를 구축하려 한다는 점에서 유사한, 근대적인 관점을 지니고 있다. 홉즈는 공동체의 모든 관계망으로부터 벗어난, 원자화된 이기적 개인들로부터 자신의 이론적 논의를 시작한다. 그에게서 오직 자기보존만을 추구하는 인간의 이기성은 선과 악이라는 윤리적 차원을 벗어난 인간의 고유한 권리이다. 인간을 오직 욕망하는 존재로, 즉 자기보존을 위해 "힘에 대한 끊임없는 욕망"[1]을 지닌 존재로 이해함으로써 자기보존욕망을 철학적으로 정당화한 홉즈는 인간의 이러한 욕망 속에서 타인들에 대한 배타성만을 간취해 낸다. 그에 의하면 자기보존욕망만이 지배하는 자연 상태에서 개인들은 "만인에 대한 만인의 투쟁"이라는 상호 적대적인 관계에 의해 지배된다. 개인들의 적대적인 관계는 절대적인 권위를 지닌 군주의 강제적인

---

[1]   T. Hobbes, *Leviathan* (Frankfurt a. M.: Suhrkamp, 1984), 75쪽.

권력에 의해서만 해소된다. 자연 상태에서 국가로, 그리고 전쟁에서 평화로의 이행을 자기보존욕망이라는 자연적 원리로부터 유추해 낸 홉즈는 이러한 이행이 가능할 수 있는, 절대 군주의 근거를 인간의 이성 능력에서 찾는다. 그에게 있어서 이성은 자기보존욕망을 충족시키기 위해 서로에 대해 적대적인 개인들이 군주에게 모든 권력을 위임하는 상호적인 계약을 맺음으로써 개인들과 절대군주가 지배하는 국가를 매개하는 수단적 의미를 지닌다. 즉 홉즈에게서 이성은 오직 인간의 자기보존욕망을 충족시키기 위한 도구적 성격을 통해 규정된다.

자기보존욕망을 인간의 본질적인 특성으로 이해하고, 이러한 자기보존욕망을 철학의 출발점으로 삼는다는 점에서 스피노자는 홉즈의 인간에 대한 이해를 공유하고 있는 것처럼 보인다. 그러나 스피노자는 인간의 자기보존욕망을 단순히 존재론적으로 접근하는 것을 넘어 윤리적 차원으로 확장시킨다. 그에게서 자기보존욕망은 다른 모든 생물체와 마찬가지로 인간의 실존적 조건일 뿐 아니라 동시에 인간을 다른 생물체와 구별하게 하는 윤리적 토대이다. 스피노자는 자기보존욕망을 절대화시킴으로써 개인들의 관계를 오직 배타성을 통해 규정하는, 이와 함께 이성에 도구성이라는 부차적 지위를 부여한 홉즈와는 달리 인간의 자기보존본성에 이미 타자성이 내재해 있는 것으로, 그리고 이성을 자기보존욕망과 마찬가지로 인간의 본질을 구성하는 것으로 이해한다. 따라서 스피노자에게서 자기보존욕망은 타인에 대한 윤리를 포함하고 있으며, 이성에 따른 참된 자기보존본성은 필연적으로 타인의 자기보존본성과 항상 일치한다는 사실을 함축하고 있다. 그에 의하면 "인간에게는 인간보다 더 유익한 것은 없기 때문에"[2] 이성적인 자기보존노력은 필연적으로 사회적 성격을 지니

---

2   B. d. Spinoza, *Die Ethik* (Wiesbaden: Marix, 2007), 4부 정리18 주석.

게 된다. 스피노자는 인간의 자기보존욕망과 이성의 능력을 서로 밀접하게 연관되어 있는 것으로 이해하며, 진정한 자기보존은 오직 타인에 대한 윤리를 내재하고 있는 이성에 의해 인도될 때만 실현될 수 있음을 강조한다.[3] 그에게서 인간의 욕망은 이성에 의해 억압되어야 하는 부정적인 성격을 지닌 것이 아니다. 오히려 그는 이성에 의해 인도된 자기보존욕망 속에서 "덕과 도의의 기초"[4]뿐 아니라 진정한 자유의 실현을 위한 중요한 단초를 발견하며, 이와 함께 욕망과 이성, 그리고 자유를 상호 매개한다.

시간적으로 근대의 끝자락에 위치해 있는 헤겔은 홉즈의 자연 상태에 관한 이론을, 그리고 스피노자의 이성 개념을 자신의 철학적 토대로 받아들인다. 그러나 인간을 원자적 개체로 이해하는 홉즈와는 달리 헤겔은 인간을 오직 타인에 의해 매개된 공동체적 존재로 이해한다. 그는 홉즈와 유사하게, 자기 자신에 대한 절대적 확실성을 주장하는 인간들 사이의 투쟁이 초래되는 자연 상태를 논리적 가설로 제시한다. 그러나 그는 이러한 자연 상태가 인간의 이성에 내재해 있는 "상호인정"을 통해 벗어날 수 있는 것으로 이해한다. 헤겔에게서 자기 확실성과 연관된 자기보존문제는 스피노자처럼 윤리적인 토대라기보다 실존적 문제이며, 그는 생명이라는 보편적인 개념으로부터 인간의 생물학적인 자기보존욕망을 추론해 낸다. 생명이 늘 타자와의 상호적인 관계를 통해 생성되고 유지되는 것처럼 자기보존욕망 또한 오직 타자를 통해 충족될 수 있다. 따라서 생명으로부터 야기된 자기보존욕망은 필연적으로 상호인정관계를 함축하게 되며, 이러한 상호인정은 생물학적인 자기보존을 넘어 자기완성과 자아실현, 그리

---

[3] 이와 관련하여 강영안은 스피노자 철학을 "홉즈의 경우처럼 단지 '이성을 통한 자기보존'뿐만 아니라 '이성의 자기보존'을 위한 철학"으로 규정한다. 강영안, 『자연과 자유사이』(서울: 문예출판사, 2001), 73쪽.

[4] B. d. Spinoza, 같은 책, 4부 정리18 주석.

고 자유를 가능하게 하는 원리로 작동한다. 헤겔은 인간의 자기보존과 자유의 실현을 오직 인간의 이성적 능력인 상호인정에 의해 가능한 것으로 이해하며, 이와 함께 상호인정 과정 속에서 표현되는 인간의 이성 능력을 자기보존욕망과 마찬가지로 인간의 행위를 추동하는 궁극적인 기제로 이해한다.

1. 홉즈(T. Hobbes): 현대적 주체와 자기보존

1) 근대 사회와 홉즈

과학의 발전과 함께 혁명적인 변화를 겪게 된 서양의 근대 사회는 오랜 기간 동안 유럽사회를 지배해왔던 기독교의 종교적인 의식에서 탈피하는 것으로부터 시작한다. 또한 경제적으로는 농경사회에서 산업사회로의 변화가 시작되고, 사회적으로는 봉건적인 신분제가 해체됨으로써 모든 인간이 자유롭고 평등하다는 정치적 이념이 등장하게 되는 시대이기도 하다. 이러한 사회적 환경 속에서 자기보존의 원리를 철학적으로 정당화시킨 근대의 대표적인 철학자는 홉즈이다. 홉즈는 '자기보존'을 개인들의 절대적인 권리로 인정하며, 새로운 정치질서는 평등한 개인들의 자기보존 권리에 근거해야 한다는 사실을 자신의 정치 철학의 토대로 삼는다.

서양의 고대 사회와 중세 사회는 종교적 사유가 지배했으며, 따라서 인간의 자기보존문제는 인간 자신이 스스로 해결해야 하는 문제라기보다 인간의 삶에 절대적인 영향력을 행사한다고 생각되는 신적인 존재에 의해 결정되는, 운명적인 문제로 이해된다. 고대 그리스 사회의 대표적인 비극작가인 소포클레스의 오이디푸스 신화는 고대인들의 운명론적인 세계관을 구체적으로 보여주는 중요한 사례라 할 수 있다. "아버지를 죽이고 어머니와 결혼한다"는 신탁을 받게 된 오이디푸스는 이러한 운명을 벗어나고자 하는 아버지 라이오스의 노력에도 불구하고 신이 정한 운명에 따라 결국 아버지를 죽이고 어머니와 결혼하는 비극적인 인물로 묘사된다. 오이디푸스 신화는 신의 위대함과 인간의 무력함을, 그리고 인간의 삶이 신적인 존재에 의해 지배되고 있다는 사실을 비극적이며 상징적인 방식으로 서술하고 있다. 또한 서양의 중세는 기독교적인 사회였으며, 기독교는 인간의 세속적인 삶보다는 신에 의한 구원을 궁극적인 가치로 간주함으로써 인간의 자기보존문제를 부차적인 것으로 이해한다. 그리고 신에 대한 사랑이 중요한 의미를 지니는 기독교적인 세계관에 따르면 자기보존을 포함한 인간의 현실적인 삶의 행복과 불행은 궁극적으로는 신의 뜻으로, 즉 운명적인 것으로 규정된다.

서양의 고대와 중세에서 자기보존문제가 인간이 스스로 해결해야 하는 중심적인 문제가 아닌, 신적인 권위에 의존한 운명적인 것으로 이해되었던 것은 종교적인 이유 이외에도 그 당시의 경제적인 삶과도 밀접하게 관련이 있다. 경제생활의 대부분이 농업에 의해 이루어졌던 고대와 중세는 인간의 생존의 많은 부분이 자연에 의존할 수밖에 없었으며, 자연은 인간의 노력과 의지 밖에 존재하는 절대적인 위력으로서 인간의 생존을 지배하는 신적인 존재로 인식되었다. 자연적인 현상에 의해 강수량과 햇빛이 적절하게 유지되어 농업 생산량이 충분하면 인간의 생존 문제는 상대적으로 해결된 것으로, 그러나 흉년이나 자연적인 재해에 의해 농업 생산량이 줄어들어 생존이 불안하게 된다면 이러한 상황은 인간의 힘으로는 어쩔 수 없는, 자연의 위력으로, 혹은 자연을 지배하는 신에 의한 것으로, 따라서 운명적인 것으로 받아들여졌다.

자연과 신에 전적으로 의존했던 고대와 중세와는 달리 서양의 근대는 과학이 발전하고, 농업보다는 상업과 수공업이 중심을 이루는 산업사회로의 전환을 맞이하게 된다. 이와 함께 근대는 인간의 삶의 방식과 함께 세계관의 혁명적인 변화가 이루어진다. 시장경제에 토대를 둔 산업 사회에서는 경쟁이 모든 인간의 관계를 규정하며, 자연에만 의존했던 인간의 생존 문제는 서서히 인간 자신의 능력과 노력에 의해 영향을 받게 된다. 또한 상공업에 종사하는 새로운 시민계층의 등장으로 인해 오랫동안 유럽사회를 지배했던 계급사회가 서서히 해체되며, 모든 인간은 자유롭고 평등하다는 정치적 이념이 인간의 의식을 지배하게 된다. 따라서 서양의 근대는 위계질서에 얽매이지 않은 평등한 개인들이 각자 자신의 삶을 책임지게 되는 사회이며, 경쟁에 토대를 둔 시장경제체제 속에서 자기보존 문제는 개인들에게 무엇보다도 절실한 사회적 욕구로 나타난다.

종교로부터 해방됨으로써, 또한 시장경제의 발전과 함께 가속화된 평등한 개인들의 세속화는 근대의 대표적인 철학자인 홉즈의 자기보존적 자아에서 구체적으로 표현된다. 홉즈는 "자연은 인간을 육체적·정신적 능력에 있어서 평등하게 창조했다."[5]라는 근대적 정신을 자신의 철학 속에 분명하게 명시한다. 그리고 그는 근대의 자연과학적 사유에 영향을 받음으로써 다른 동물과 구별되는 인간의 고유한 독자성을 부정하고, 인간을 모든 다른 생명체와 같이 자기보존을 위해 움직이는 "자동기계(시계처럼 태엽 혹은 톱니바퀴로 스스로 움직이는 기계)"[6]와 같은 존재로 규정한다. 그는 인간이 느끼는 '감각', '상상', '언어', '이성', '의지'등을 외부 대상의 물질적 운동으로 인한 자극에 단순히 반응하는 다양한 운동의 형태들로 이해하며, 이러한 기계적 운동을 가능하게 하는 내적인 동인을 궁극적

---

5   T. Hobbes, *Leviathan* (Frankfurt a. M.: Suhrkamp, 1984), 94쪽.
6   T. Hobbes, 같은 책, 5쪽.

으로 "자기보존욕망" 속에서 발견한다. 즉 그에 의하면 인간은 오직 물질적 생명운동을 행하는 존재일 뿐이며, 이러한 운동은 다른 모든 유기체와 마찬가지로 자기보존욕망에 의해 추동된다.

따라서 고대의 철학자들이 자신의 철학적 사유의 출발점으로 삼았던 '궁극목적'이나 '최고선' 따위는 인간에게 존재하지 않으며, 인간은 오직 자기보존을 위해 외부에 반응하는 기계일 뿐이다. '욕망하는 기계'인 인간은 서로에 대해 어떠한 상호적 관계성도 – 이러한 상호성이 정서의 교류에서 생겨나든, 아니면 이성을 통해 야기되든 – 지니고 있지 않으며, 자기보존만을 목적으로 삼는 원자적 개체이다. 인간의 자기보존권리는 홉즈에 의하면 자연으로부터 부여받은 절대적 권리이며, 따라서 자기보존의 권리에 근거한 인간의 이기성은 따라서 선도 아니며, 악도 아니다. 자기보존은 생물학적인 인간이 추구하는, 그리고 추구해야만 하는 기본적인 권리로서 모든 도덕적 판단을 넘어서 있는 궁극적 가치라 할 수 있다.[7]

홉즈의 정치 철학의 토대가 되는 유물론적이며 배타적인 이기적 인간관은 근대 자연과학의 발전으로부터 어느 정도 영향을 받았지만, 그러나 그 당시의 경제적 삶의 변화와도 밀접하게 연관되어 있다. 근대 이전의 주된 생산 양식이었던 농업은 인간의 삶을 전적으로 자연에 의존하게 하며, 인간들의 상호적인 관계는 농사를 짓는 토지 중심의 공동체를 통해 규정된다. 이러한 공동체는 지역적인 폐쇄성과 혈연적인 친밀성에 의해 구성된다. 또한 농업의 성공과 실패는 철저히 자연 환경적인 요인에 의해

---

[7] 홉즈가 이성에 근거한 자연법을 인간의 자기보존욕망으로부터 추론한 것과 관련하여 스트라우스는 "자연법이 자기보존의 욕망에서 도출되어야 한다면 달리 말해, 자기보존욕망이 모든 정의와 도덕성의 유일한 근원이라면 근본적인 도덕적 사실은 의무가 아니라 권리"로 이해되어야 한다고 설명한다. L. Strauss, *Natural Right and History* (Chicago: Chicago University Press, 1950), 181쪽.

결정되기 때문에 공동체의 구성원들은 자신들의 생존이 자연에 의존해 있는 것으로 이해한다. 전통적인 농경사회에서 개인이 지닌 고유한 역량은 특별한 의미를 부여받지 못하며, 따라서 개인들은 자신들을 오직 공동체에 속해 있는 구성원으로서만 이해한다. 그들은 함께 노동하고, 농사가 잘 되기를 기원하는 제사를 공동으로 지냄으로써 서로의 삶이 밀접하게 연결되어 있다고 생각하며, 따라서 공동 운명체적인 의식을 지니게 된다.

그러나 근대 사회에서 지배적인 생산양식이 된 상업과 수공업은 무엇보다도 개인의 고유한 능력을 요구한다. 개인들은 농경사회에서처럼 더 이상 자연에 의존하지 않으며, 오직 자신의 능력에 의해 상품을 생산하고, 자신들이 생산한 상품들을 타인들에게 소비하게 함으로써 자신의 생존을 도모한다. 상업과 수공업의 발전에 의해 형성된 시장경제 사회에서는 기존에 중요한 의미를 지녔던 공동체의 친밀성이 약화되며, 대신에 개인의 권리가, 그리고 개인들 사이의 경쟁관계가 강화된다. 근대 사회를 특징짓는 이러한 경제적 변화는 서로에게 배타적인, 오직 자신의 생존과 권리에만 관심을 갖는 이기적인 개인을 탄생시키며, 이와 함께 공동체 보다는 개인이 무엇보다 중시되는 개인주의가 사회를 지배하게 된다.

홉즈는 이러한 시대적 상황 속에서 근대 산업사회의 원자화된, 타인과의 관계성을 부정하고 오직 자기보존이라는 자신의 이기적인 목적에만 몰두하는 근대의 세속화된 개인들의 모습을 자신의 정치 철학의 토대로 삼는다. 그는 고대 그리스 사회에서 보편적으로 받아들여졌을 뿐만 아니라, 아리스토텔레스에 의해 정의된 사회적 동물로서의 인간의 본성을 거부한다. 그에 의하면 경험적으로 발견되는 인간들의 상호적인 관계나 친밀성은 인간의 본성에 내재해 있는 특성이라기보다 우연적으로 발생된 것일 뿐이다. 인간은 타인들과 어떠한 내적 유대감도 지니지 않은, 철저히 고립된 존재이며, 다른 생명체와 마찬가지로 오직 자기보존욕망에 의해 추동될 뿐이다. 따라서 자기보존만이 절대적 목적인 인간은 외적으로 자신을 강제하는 제도나 국가가 존재하지 않은 자연 상태에서 타인에게 적대적일 수밖에 없으며, 따라서 자연 상태는 "만인에 대한 만인의 투쟁"[8] 상태가 된다.

홉즈에 의하면 이러한 자연 상태는 어떠한 공권력도 존재하지 않은 원시 상태를 의미한다. 공권력이 존재하지 않은, 자연 상태가 '만인에 대한 만인의 투쟁'이 지배하는 지속적인 전쟁 상태라는 홉즈의 이러한 가정은 인간을 반사회적 존재로 규정할 때만 가능하다. 그러나 인간을 단순히 반사회적 존재로 규정함으로써, 오직 외적인 강제력에 의해서만 국가와 사회라는 공동체가 가능하다는 홉즈의 전제는 인간이 오랜 시간동안 다양한 형태의 공동체를 유지하고 살았다는 경험적이며 역사적인 사실을 부인하는 것이 된다. 인류학적인 연구에서는 인간이 가족을, 그리고 공동체를 형성하는 사회적 존재로 이해하는 것을 훨씬 더 보편적인 현상으로 받아들이기 때문이다.

또한 인간에게 외적으로 강제하는 힘인 다양한 규범과 국가를 구성할 수 있는 능력이 있다면, 이러한 능력은 인간에게 내재한 자율적인 공동체 형성 능력이라 할 수 있을 것이며, 따라서 홉즈가 상정한 자연 상태는 논리적으로도 성립하기 어려운 것이라 할 수 있다. 따라서 공권력이 존재하지 않을 때 야기될 수 있는 혼란스런 상태를 어느 정도 인정한다 할지라도, "만인에 대한 만인의 투쟁"이라는 자연 상태에 대한 홉즈의 서술은 역사적으로나, 논리적으로 타당성을 지닐 수 없는 것으로 보인다. 물론 홉즈는 자연 상태라는 가설적 상황에 의문을 제기하는 사람들에게 "불법을

---

8   T. Hobbes, 같은 책, 96쪽.

행한 사람들을 추적하는 법과 무장한 경찰이 있음을 알고서도 여행을 떠날 때는 무장하고, 여러 사람과 함께 가려고 하며, 잠자리에 들기 전에는 문단속을 하고, 집에 있을 때에도 금고에 자물쇠를 단단히 채워두는"[9] 그 당시의 사회적인 상황을 설명함으로써 자신의 이론의 정당성을 경험적으로 논증한다. 이러한 예시를 통해 알 수 있는 것처럼 그의 가설은 인간의 배타적 본성 때문에 야기될 수 있는 보편적인 상황보다는 오히려 홉즈가 살았던 근대라는 상황, 즉 자본주의적인 시장경제체제라는 특수한 역사적 상황을 전제할 경우 어느 정도 정당화될 수 있는 것으로 보인다. 시장경제체제에서 개인들의 상호적인 관계는 무엇보다도 경쟁에 의해 규정될 뿐 아니라, 개인들은 자기보존을 위해 서로에게 적대적이며, 궁극적으로 경제적인 전쟁 상태에 놓이게 되기 때문이다.

홉즈의 유물론적 세계관과 원자론적 인간관은 한편으로는 과학의 발전과 함께 종교로부터 해방된, 그리고 농경문화로부터 시장경제체제로 변화된 근대적 상황에 의존해 있다. 특히 자연 상태나 자연 상태에서 인간의 모습에 대한 그의 서술은 근대 이전의 종교적이며 공동체적인 보호막으로부터 벗어나 새로운 시장경제체제에서 경쟁에 내몰려진, 그리고 자기보존이 무엇보다도 중요한 현실적 문제가 된 근대적 개인들의 절박한 실존적 상황을 나타낸 것이라 할 수 있다. 물론 그는 자연 상태를 현실로부터 추상화된, 문명화되기 이전의 원시적 상태로부터 도출해내고, 이와 함께 자연 상태에서의 인간의 모습을 인간의 본성으로 일반화하지만, 결국 그가 서술한 자연 상태나 인간의 본성은 생존을 위해 투쟁하는 근대적 개인들과 이러한 개인들로 구성된 근대의 시장경제사회의 현실적이며 구체적인 모습을 투영한 것이다. 이와 관련하여 맥퍼슨은 홉즈가 묘사한

---

9   T. Hobbes, 같은 책, 97쪽.

자연 상태에서의 인간의 모습은 "자연적 인간이 아닌 사회적 인간에 대한 것"으로서 "특수한 문명적 욕구를 가진 인간에 대한 것"이며, 논리적 가설로 설정한 자연 상태는 "17세기 영국 사회와 상당히 부합됨"을 강조한다.[10] 따라서 홉즈는 자신의 시대를 자신의 철학적 사유 속에 가장 잘 담지해내고 있는, 즉 근대적 정신을 가장 잘 대변하는 철학자이며, 그의 정치 철학은 근대 사회에서 야기된 사회적인 문제를 해결하고자 하는 시대적 욕구로부터 출발한 것이라 할 수 있다.

2) 자기보존의 원리와 자연 상태

홉즈는 자신의 대표적인 저서인 『리바이어던』의 주된 목적을 정치공동체의 본성을 밝히는 것에 두고 있다. 정치공동체로서 국가의 권력에 대한 정당화는 홉즈가 살았던 근대 사회의 가장 절실한 시대적 과제 중의 하나라 할 수 있다. 기독교가 지배했던 서양의 중세는 정치적 권력이 종교에 의해, 즉 신적인 권위에 의해 정당화되었으며, 근대는 이러한 신적 권위의 해체로부터 시작하기 때문이다. 홉즈는 국가와 정치 공동체에 대한 전통적인 방식을 두 가지 관점에서 비판한다. 첫 번째는 국가를 인간의 사회적 본성으로부터 유추해내는 것이다. 고대의 대표적인 자연법학자라 할 수 있는 아리스토텔레스는 국가라는 정치 공동체의 필연성을 인간의 사회적, 혹은 정치적 본성 속에서 발견한다. 그에 의하면 정치 공동체로부터 분리된 고립된 개인이란 존재할 수 없으며, 인간은 정치 공동체의 구성원으로서만 자신의 삶을 발전시킬 수 있다. 아리스토텔레스는 인간의 사회적 본성과 관련하여 "타인과 더불어 정치적 공동체의 혜택을 누릴

---

10 C. B. Macpherson, *Die politische Theorie des Besitzindividualismus* (Frankfurt a. M.: Suhrkamp, 1973), 29쪽.

수 없거나 이미 자족해 있으므로 그럴 필요가 없는 고립된 개인은 국가의 일부가 아니며, 따라서 짐승이거나 신"[11]으로 규정한다. 인간은 국가라는 기구의 한 부분품이며, 혼자서는 아무것도 해낼 수 없다. 따라서 인간은 자신보다 먼저 존재하는 국가의 법, 혹은 신의 법을 자연법으로 따라야만 하며, 인간의 권리는 이러한 자연법에 종속되지 않으면 안 된다. 아리스토텔레스에 의하면 국가는 인간의 의지로 만들어 낸 인위적인 창작물이라기보다는 인간의 사회적 본성이 외화된 형태, 즉 사회적 본성이 현실 속에서 구현된 것으로서 인간 존재와 마찬가지로 자연적인 존재라 할 수 있다.

국가와 관련된 홉즈의 두 번째 비판은 정치 공동체를 가능하게 하는 규범의 정당성을 신의 권위에 의존하는 것이다. 제정일치사회였던 대부분의 고대 사회에서 규범을 신적 권위에 의존하는 것은 보편적인 현상이었으며, 모세의 십계명에서도 알 수 있듯이 기독교가 지배했던 유럽의 중세에서 신은 모든 규범을 가능하게 하는 원천이었다. 따라서 교회를 통해, 혹은 교회의 성직자를 통해 전수된, 인간이 지켜야 할 규범은 신의 의지와 동등한 힘을 지닌 것으로서, 규범을 어긴다는 것은 인간에 대해 절대적인 권한을 지니고 있는 신을 거역하는 일이다. 이와 함께 규범을 집행하는 기관인 국가와 국가 권력은 신의 권위를 부여받은, 그리하여 개인에게 지배권을 행사할 수 있는 절대적인 조직체로 군림하게 된다.

그러나 근대 과학의 발전은 신의 권위를 해체시킴으로써 법적 질서와 사회적 규범, 그리고 도덕을 더 이상 신의 권위에 의존할 수 없게 하였다. 또한 인간의 사회적 본성으로부터 규범을 유추해내고자 하는 고대적 사유는 시장경제의 확산과 함께 보편화되기 시작한 근대의 개인주의화 경

---

11   Aristoteles, 『정치학』, 손명현 옮김 (서울: 동서문화사, 2007), 263쪽.

향에 의해 더 이상 당연한 것으로 받아들여지지 않는다. 이러한 근대적 상황에서 홉즈는 국가와 정치 공동체를 이해하는 전통적인 두 가지 관점을 비판하고, 새로운 방식으로 국가를 정당화하고자 한다. 무엇보다도 그는 국가를 오직 인간이 만들어 낸 구성물로 이해함으로써 사회와 국가를 개인에 앞서 존재한 것으로 이해한 고대적 사유나, 규범이나 국가의 정당성을 신적 권위를 통해 부여하려 했던 중세의 종교적 이해방식으로부터 결별한다.

홉즈는 『리바이어던』을 "인간에 대하여"로부터 시작함으로써 국가와 국가 권력의 정당성을 도출하고자 한다. 그는 이미 『시민론』에서 "국가를 구성함에 있어서 인간 본성가운데 어떤 성질이 적합한지, 어떤 성질이 부적합한지 [...] 이해할 필요"[12]를 강조함으로써 국가와 인간 본성과의 밀접한 연관성을 서술하고 있다. 인간의 삶의 방식을 규정하는 정치적 공동체로서 국가는 인간의 본성에 의존해 있으며, 따라서 인간에 대한 이해 방식은 정치적 공동체로서 국가를 정당화하는 중요한 기제로 작용하기 때문이다. 홉즈는 우선적으로 감각과 운동이라는 개념을 통해 인간을 이해한다. 그에게서 감각은 인간이 외부 대상과 관계하는 방식을, 그리고 이러한 외부 대상이 인간에게 어떠한 영향을 미치는지를 보여주는 요소이며, 운동은 인간의 행위의 원인을 규명하는 계기라 할 수 있다. 모든 물체들은 각각 고유한 운동 속에 있으며, 이러한 물체의 운동은 인간을 자극함으로써 인간 내부에 운동을 일으키게 되는데, 이러한 과정을 거쳐 인간은 외부 대상인 물체를 인지하게 된다. 따라서 인간은 오직 감각을 통한 경험에 의해서만 외부 물체와 관계 할 수 있으며, 모든 개념과 사유는 바로 감각기관을 통한 경험에 의해서 가능할 뿐이다.

---

[12]   T. Hobbes, 『시민론』, 이준호 옮김 (서울: 서광사, 2013), 21쪽.

또한 홉즈는 인간을 포함한 모든 생명체가 지속적인 운동 속에 있음을 강조한다. 그러나 이러한 운동은 아리스토텔레스가 제시한 것처럼 가능태에서 현실태로의 질적인 변화를 가능하게 하는 활동이 아니며, 특정한 목적을 향해가는 합목적적인 행위도 아니다. 홉즈에게서 운동이란 모든 생명체가 자신을 지속하기 위해 끊임없이 반복하는 기계적 운동이며, 이러한 운동은 오직 생명의 자기보존을 위해 작동할 뿐이다. 즉 그는 다른 모든 생명체와 마찬가지로 인간에게 있어서 운동을 가능하게 하는 가장 중요한 기제를 자기보존욕망이라는 생물학적 요인으로 이해한다. 홉즈는 생명의 자기보존을 위한 이러한 운동을 생명체를 설명하기 위한 단순한 물리적인 활동을 넘어, 인간의 모든 행위를 해명하는, 그리고 이러한 행위에 근거해 정치적 공동체의 필연성을 설명할 수 있는 심리학적이며, 도덕 철학적인, 궁극적으로는 사회철학적인 의미를 지닌 중요한 개념으로 확장해서 이해한다. 그에 의하면 생물학적인 혈액순환이나, 호흡, 소화뿐만 아니라 인간의 마음이나 욕망과 혐오, 사랑과 미움, 쾌락과 불쾌와 같은 심리적인 정념, 그리고 사회와 국가까지도 자기보존을 위한 운동에 의해 야기되거나, 자기보존을 위한 운동의 결과물일 뿐이다.

　또한 자기보존을 위해 끊임없이 운동하는 존재인 인간은 공동체의 한 부분인 사회적 존재라기보다는 독립적인 개체이며, 각각의 개인들은 타자들과 아무런 연관 없이 독자적으로 움직이는 기계적 존재로서 오직 자신의 고유한 자기보존욕망의 충족만을 절대적인 목적으로 삼는 존재이다. 따라서 자기보존은 모든 생명체와 마찬가지로 인간이 추구하는 궁극적인 가치이며, 그러는 한에 있어서 자연으로부터 부여받은 유일한 권리이다. 즉 자연권이란 "자신의 생명을 유지하기 위해 자기 힘을 뜻대로 사용할 수 있는 각자가 가진 자유이며, 자신의 이성에 따라 가장 적합한 수단이라고 판단되는 모든 일을 할 수 있는 권리를 의미"[13]한다. 따라서 고대인들이 자연법을 영원히 변하지 않는, 인간의 사회적 본성에 근거한 이성적인 법으로 이해한 것과는 달리 홉즈는 자연법을 "인간이 자신의 생명을 파괴하는 행위나 자신의 생명을 유지하는 수단을 박탈하는 행위를 하거나, 또한 생명을 보존하기에 가장 적합하다고 생각되는 행위를 게을리 하는 것을 금지"[14]하는 법으로 이해한다. 즉 그에 의하면 자연권은 오직 인간의 자기보존에 있으며, 자연법은 이러한 자기보존을 위해 모든 행위를 할 수 있는 권한을 지니는 것을 의미한다. 따라서 자기보존을 추구하는 인간의 행위는 타인들과의 관계에서 해야 할 것과 하지 말아야 할 것을 규정하는 도덕과 같은 규범적인 차원을 넘어서 있는, 인간이 지닌 절대적 권리라 할 수 있다.

홉즈에 의하면 인간의 자연권인 자기보존욕망은 필연적으로 개인들의 "새로운 힘에 대한 끊임없는 욕망"[15]으로 나타난다. 인간의 자기보존문제는 어느 한 순간에 해결되는 문제가 아니며, 자기보존을 위협하는 외부적인 요인은 지속적으로 나타날 뿐 아니라, 인간의 욕망 또한 순간적인 자기보존에 대한 만족으로 그치지 않고 미래의 안전까지도 확보하려고하기 때문이다. 지속적으로 힘을 확보하려는 개인들은 서로에 대해 사랑이나 우정과 같은 우호적 관계 보다는 지배하고 배제하려는 배타적 관계를 맺게 되며, 타자와 맺는 그들의 관계는 궁극적으로는 자기보존을 위한 편익이라는 유용성에 의해 지배된다. 홉즈는 이러한 개인들이 모여 사는 "사회의 원천을 사람들이 서로에 대해 기대하는 호의가 아니라, 사람들이 서

---

13 T. Hobbes, *Leviathan*, 99쪽.
14 T. Hobbes, 같은 책, 99쪽.
15 T. Hobbes, 같은 책, 75쪽.

로에 대해 품는 공포"[16]로 규정한다.

홉즈는 이러한 인간관을 토대로 어떠한 공권력도 존재하지 않는 가상의 자연 상태를 추론해 낸다. 홉즈가 설정한 자연 상태란 문명사회에 대비되는 원시적인 역사적 상태를 의미한다기보다는, 인간을 강제하는 법과 제도가 없을 때 서로에 대한 불신과 공포에 의해 지배되는 인간들이 필연적으로 처하게 되는 가설적인 상황이라 할 수 있다. 즉 홉즈에 의하면 인간은 타인에 대한 내적 친밀성이나 우호적인 관계를 지니지 않는, 오직 자기보존만을 절대적 목적으로 삼고 있는 이기적 존재이다. 홉즈는 이러한 이기적 주체들이 자신의 자연적인 권리를 지키기 위해 지속적으로 투쟁을 하게 되는, '만인에 대한 만인의 투쟁'이 지배하는 상태를 자연 상태로 규정한다. 홉즈는 자연 상태에서의 이러한 이기성이나 혹은 타인에 대한 원천적인 적대감을 도덕적인 악으로 간주하지 않는다. 오히려 자기보존이라는 이기성은 인간이 추구해야 할 정당한 권리이며, 이러한 권리는 선악의 이념을 넘어서 있는, 모든 생명체가 추구하는 자연적인 권리이기 때문이다. 따라서 인간의 자기보존욕망과 이러한 욕망을 충족시키려는 모든 행동들은 도덕적인 악도, 혹은 법적인 죄도 아니다.

> "만인의 만인에 대한 투쟁 상황에서는 그 어떤 것도 부당한 것이 될 수 없다. 옳고 그름의 관념, 정의와 불의의 관념은 존재하지 않기 때문이다. 공통 권력이 없는 곳에는 법도 존재하지 않으며 법이 없는 곳에는 불의도 존재하지 않는다. 전쟁에서 요구되는 덕은 오직 폭력과 속임이다. 정의·불의는 인간의 육체나 정신의 어떤 능력에도 속하지 않는다. [...] 또한 그러한 전쟁 상태에서는 소유도, 지배도,

---

16   T. Hobbes, 『시민론』, 40쪽.

'내 것'과 '네 것'의 구별도 존재하지 않는다. 저마다 획득할 수 있는 것만이 자기 것이며, 그것도 자기 것으로 유지 가능한 기간 동안 자기 것이다."[17]

흔히 자기보존을 절대적 권리로 이해하는 홉즈의 이기적 인간관은 동양 사상에서 나타나는, 인간은 본성적으로 악하다는 중국의 사상가인 순자의 성악설과 동일한 차원에서 비교되기도 한다. 그러나 인간의 이기성을 순자의 성악설과 동일시하는 것은 홉즈의 사유에 대한 잘못된 이해에 근거해 있다고 할 수 있다. 홉즈에게 있어서 인간의 이기성이나 자기보존을 위해 행해진 타인의 권리에 대한 훼손은 악이 아닌, 인간이 자연으로부터 부여받은 권리인 것이다. 그는 인간의 본성에 대한 선·악의 개념이나 도덕 문제보다는 개별적인 인간의 권리와 이러한 권리를 지키기 위한 최선의 방법을 제시하고자 한다. 즉 인간을 다른 유기체와 동일하게 자기보존을 위한 운동을 지속하는 것으로 이해한 홉즈는 다른 동물과 구별되는 인간의 형이상학적인 본성을 밝혀내는 것에 대한 관심보다는 오히려 생물학적인 자기보존을 극대화시킬 수 있는 궁극적인 원리를 찾아내는 것을 무엇보다 중요한 자신의 정치 철학적인 과제로 삼는다. 따라서 그는 영원한 투쟁이 지속되는 자연 상태를 종식시킬 수 있는 규범이나 제도를 인간의 악한 본성을 교육시키기 위한 당위적인 것이 아닌, 인간의 자기보존권리를 수호하려는 도구적인 성격을 지닌 것으로 이해한다.

홉즈가 논리적인 가설로 제시한 무규범적인 자연 상태는 자기보존이 가능한 안정된 상태가 아니라, 오히려 자기보존을 위해 지속적으로 투쟁을 하게 되는, 따라서 자연권인 자기보존이 훼손될 위험성에 항상 노출되

---

[17]   T. Hobbes, *Leviathan*, 98쪽.

어 있는 폭력의 장이기도 하다. "만인에 대한 만인의 투쟁"상태인 자연 상태가 자기보존이 절대적인 목적인, 그리고 상호 배타적인 이기적인 주체들의 자기보존 욕망에 의해 야기되었다면, 이러한 자연 상태가 끊임없는 전쟁 상태로 지속 될 수밖에 없는 필연적인 이유를 홉즈는 인간의 평등성 속에서 찾는다. 그에 의하면 서로에게 적대적인 인간들의 육체적·정신적 능력은 궁극적으로 평등하다.

> "자연은 인간을 육체적인 능력에 있어서나 정신 능력에 있어서 평등하게 창조했다. 따라서 남보다 더 강한 육체적 능력을 지닌 사람도 이따금 있고, 두뇌 회전이 남보다 빠른 경우도 더러 있지만, 모든 능력을 종합해보면, 인간들 사이의 능력 차이는 거의 없다. [...] 육체적으로 아무리 약한 사람이라도 음모를 꾸미거나 같은 위험에 처해 있는 약자들끼리 공모하면 아무리 강한 사람도 충분히 쓰러뜨릴 수 있기 때문이다."[18]

능력의 이러한 평등성으로 인해 그들 모두를 위압하는 공통 권력이 없는 자연상태에서 인간은 누구나 자기보존을 위해 자신의 힘을 증대하려고 할 것이며, 이와 함께 모든 수단을 동원하여 타인을 지배하려고 노력할 것이다. 그러나 이러한 상황은 서로 간의 불신을 더욱 더 강화시킬 뿐아니라 어느 누구도 자기보존의 위협으로부터 자유로울 수 없게 만든다.

---

[18] T. Hobbes, 같은 책, 94쪽. 이와 관련해 슬롬프는 자연 상태에서 인간의 평등을 "치명적 평등"으로 규정한다. 왜냐하면 인간의 이러한 평등으로부터 타자에 대해 폭력을 행사하거나 심지어 죽일 수 있는 자연 상태가 가능하기 때문이다. G. Slomp, *Thomas Hobbes and the Political Philosophy of Glory* (New York and London: Macmillan, 2000), 22쪽.

결국 누군가가 약탈할 것이라는 두려움 때문에 인간은 자신의 노동을 통해 무엇인가를 이룰 수도 없으며, 결국 기술의 발전이나 문화의 창출도 불가능할 것이다. 끊임없이 자기보존을 위협하는 것들에 대한 두려움과 공포가, 그리고 자기보존을 확보하기 위한 폭력과 투쟁만이 인간을 지배하게 될 것이다. 만인이 만인에 대한 적이 되는 이러한 상태에서 "인간의 삶은 외롭고, 가난하고, 비참하며, 잔인하고 짧다."[19]

인간의 자기보존욕망과 평등성에 의해 야기된 전쟁 상태로서 자연 상태는 이미 앞에서 서술했듯이 논리적 추론에 근거해 있다. 홉즈 자신도 이러한 자연 상태가 전 세계에 보편적으로 지배했던 때는 없었다고 고백하고 있듯이[20] 이러한 추론이 일반화될 수 있는 가능성에 대해서는 그 자신도 어느 정도 부인하고 있다. 그럼에도 불구하고 그의 정치 철학은 자연 상태에 대한 이러한 추론에 전적으로 의존해 있다. 그리고 이러한 추론을 이끌어 내기 위해 홉즈가 전제한 인간의 무한한 자기보존욕망과 인간의 상호 배타적 성격은 문명인과는 구별되는 자연인, 즉 원시인의 성향을 적나라하게 드러내는 것으로 보인다. 자기보존욕망은 모든 유기체와 공유하는 인간의 가장 자연적인 특성이라 할 수 있기 때문이다. 그리하여 홉즈는 이러한 자연적인 특성으로부터 상호적인 배타성에 의해 규정된 인간의 반사회적인 모습을 도출해 낸다.

그러나 이러한 배타성은 단순한 자기보존욕망이 아닌, 자기보존을 위

---

[19] T. Hobbes, 같은 책, 96쪽.
[20] 홉즈는 자연 상태를 지배하는 "만인에 대한 만인의 투쟁"이라는 전쟁 상황이 "온 세계에 걸쳐 보편적으로 존재했다고 생각하지는 않는다." 그러나 그는 자신의 시대에 국가가 없는 많은 지역들, 그리고 역사적으로 "국가의 통치 아래에서 평화롭게 살다가 내란에 빠진" 상황들을 유추함으로써 강력한 법이 지배하는 국가가 없는 경우, 전쟁 상황이 된다는 것을 당연한 것으로 간주한다. T. Hobbes, 같은 책, 97쪽.

한 '새로운 힘에 대한 끊임없는 욕망'에 의해서이며, 자기보존욕망이 항상 '새로운 힘에 대한 끊임없는 욕망'으로 확장되는지, 이와 함께 이러한 욕망이 인간들 사이의 배타적 관계를 필연적으로 야기하는지는 의문의 여지가 있다. 또한 자연 상태를 추론하는데 필수 불가결한 요소인 반사회적인 인간의 모습이 인간에게 보편적 특성인지도 명확하게 설명하기 어렵다. 경험적인 인간은 이기성과 이타성을 모두 가지고 있으며, 이 두 가지 성격 중에 어떤 것이 더 인간의 본성에 상응하는지는 명확하게 증명할 수 없기 때문이다. 그리고 자기보존욕망만을 고려할 때, 자기보존욕망이 오히려 타인에 대한 배타적 정서를 유발하지 않고, 오히려 협력관계를 만들어내는 상황을 추론해 볼 수 있다. 자연 상태에서 인간이 상호 어떠한 내적인 친밀성을 지니지 않는 고립된 주체로 존재할지라도, 때로는 다른 인간보다도 더 위협적인 자연과의 관계 속에 살았을 것이 분명하며, 자연의 위협에 대항하기 위해 상호 협력적인 관계를 구축할 가능성을 배제할 수 없기 때문이다. 또한 어린애의 성장은 부모를 비롯한 타인의 도움에 의존할 수밖에 없었을 것이라는 사실을 통해 모든 인간관계가 오직 상호적인 배타성에 의해서만 규정된다는 홉즈의 논리는 충분히 반박될 수 있다.

따라서 홉즈가 묘사한 자연 상태는 문명과는 아무런 연관이 없는 원시인이나, 혹은 자연인이 아닌, 오히려 그가 살았던 그 당시의 시민사회, 즉 경쟁에 의존한 시장경제 사회에 나타나는 사회적이고 문명화된 인간들을 전제할 때 정당화될 수 있는 것으로 보인다. 홉즈는 자연 상태를 자신의 시대에 나타난 역사적인 인간의 모습, 즉 단순한 자기보존욕망만을 지닌 것이 아니라, 문명화된 욕망을 지닌 시민사회에서의 인간의 모습으로부터 추론해 낸 것이다. 홉즈가 투쟁의 요인으로 제시한 '경쟁심'과 '불신', 그리고 '명예욕'은 자연 상태에서 나타나는 인간의 모습이라기보다는 문명 상태, 구체적으로는 홉즈가 살았던 근대적 시민사회에서 나타나는 전형적인 모습이기 때문이다. 따라서 시민사회에서 문명화된 욕망을 지닌 인간이 그들을 강제하는 공권력이 존재하지 않을 때 야기될 수 있는 상태가 홉즈가 구체적으로 묘사한 "만인에 대한 만인의 투쟁"으로서 자연 상태인 것이다. 홉즈는 "자연 상태를 설명하기 위해서 사회적으로 획득된 행동이나 욕구는 그대로 둔 채 법만을 제외시켰던 것이다."[21] 즉 그는 한편으로는 시장경제에 의존한 시민사회라는 특정한 역사 속에 나타나는 그 당시의 인간의 모습을 일반화함으로써, 그리고 다른 한편으로는 모든 법적인 제도를 사상함으로써 "만인에 대한 만인의 투쟁"이라는 극단적인 자연 상태를 도출해 낼 수 있었던 것이다. 이러한 사실은 홉즈가 자연 상태의 한계를 구체적으로 묘사한데서도 드러난다. 그에 의하면 자연 상태에서는 "노동에 대한 결과가 불확실하기 때문에 땀 흘려 일한 데 대한 보상이 불투명하며, 토지의 경작이나 항해, 해상무역, 편리한 건축물, 이동을 위한 도구 및 무거운 동물을 운반하는 기계, 지표에 대한 지식, 시간의 계산도 없고, 예술이나 학문도 없으며, 사회도 없다."[22]

홉즈가 공권력이 없는, 자연 상태라는 논리적 가설을 통해 나타내 보이고자 하는 사실은 이러한 자연 상태에서 인간은 자기보존을 위한 지속적인 투쟁이외에는 문명이나 문화의 발전과 관련된 어떠한 노력도 불가능하다는 것이다. 그러나 홉즈에 의하면 이러한 자연 상태가 지닌 치명적인 문제는 무엇보다도 인간의 절대적인 목적인 자기보존조차도 위협받는다는 사실이다. 끊임없이 투쟁만 지속되는 자연 상태에서 누구도 자기보존을 지속한다는 것은 불가능하다. 인간은 자기보존을 위해 새로운 힘에 대

---

[21] C. B. Macpherson, 같은 책, 35쪽.
[22] T. Hobbes, 같은 책, 96쪽.

한 끊임없는 욕망을 지니며, 힘을 축적시키려는 이러한 노력은 서로에 대한 지속적인 폭력 관계를 야기함으로써 결국 자기파괴의 위험을 초래한다. 따라서 자연 상태란 인간에게 원초적인 자기보존욕망이 구체적으로 실현될 수 있는 장이라기보다 오히려 자기보존이 좌절될 수 있다는 두려움과 공포가 지속되는, 그리고 궁극적으로 죽음이라는 자기파괴에 직면해 있는 상태를 의미한다.

3) 자연법과 국가 권력

홉즈에 의하면 인간은 자기보존욕망을 충족시키기 위해 세상에 존재하는 모든 것에 대한 권리를 지니며, 이러한 권리는 인간이 자연으로부터 부여받은 자연권이다. 그러나 자연권이 지배하는 자연 상태는 오히려 자기파괴를 초래하며, 홉즈는 이러한 자연 상태를 벗어나게 하는 기제로서 자연법을 제시한다. 자연법은 욕망과 같은 정념이 아닌, 자기보존을 가능하게 하는 "이성의 계율, 즉 보편적인 원칙"[23]으로서, 인간이 자기보존을 위해 자기 자신에게 부가하는 명령이라 할 수 있다. 이러한 자연법 중 가장 기본이 되는 자연법은 제1의 자연법인 자기보존을 위해 "평화를 추구하고 그것을 따르라"이며, 제2의 자연법인 "자신이 타인에게 허락한 만큼의 자유를 갖는 것으로 만족해야 한다."이다.[24] 이를 위해 개인들은 만물에 대해 지닌 권리인 자연권을 자발적으로 포기하며 타인과의 관계를 맺게 된다. 즉 자연법은 자기보존욕망에 사로잡힌 고립된 개인들로 하여금 고립으로부터 벗어나 타인과의 상호적인 관계를 가능하게 하며, 이와 함께 자연 상태를 벗어나 공권력이 지배하는 사회 상태로 나아가게 하는

---

[23] T. Hobbes, 같은 책, 99쪽.
[24] T. Hobbes, 같은 책, 100쪽.

법칙이라 할 수 있다. 따라서 인간의 자연권이 전쟁을 초래했다면 자연법은 평화를 가능하게 함으로써 자기보존을 현실 속에서 실현시키는 원리이며, 홉즈는 이러한 원리를 인간의 자기보존욕망이라는 생물학적인 필연성으로부터 유추해 낸다.

홉즈에 의하면 이러한 자연법은 상호적인 계약 속에서 구체적으로 실현된다. 그러나 계약을 맺는 개인들은 여전히 서로에 대한 불신 속에 있으며, 누구라도 계약의 파기가 본인에게 더 이롭다고 간주될 경우 계약은 언제든 무효화할 수 있다. 그럴 경우 평화 상태는 중단되며 인간은 다시 전쟁 상태인 자연 상태로 되돌아가게 된다. 따라서 평화 상태를 지속시키기 위해서는 계약 당사자의 계약만으로는 불충분하며, 이러한 계약을 지속시키기 위해 이들을 강제할 수 있는 강한 권력이 요구된다. 홉즈는 이러한 권력을 "공통 권력"으로 규정하며, 개인들은 자신들의 상호적인 계약이 현실적인 효력을 발휘할 수 있도록 이러한 공통 권력에게 자신들의 권리를 양도하고, 복종함으로써 자신들의 계약이 지켜질 수 있도록 한다. 이러한 공통 권력은 개인들이 계약을 통해 자신들의 모든 권한을 "한 사람" 혹은 "하나의 합의체"에 부여함으로써 가능하다. 또한 공통 권력이 어떠한 행위를 하든 개인들은 공통 권력의 행위를 자신의 행위로 인정하고 자신들의 판단을 오직 공통 권력의 판단에 전적으로 맡김으로써 개인들과 공통 권력은 하나의 동일 인격으로 결합하게 된다. 개인들과 공통 권력의 이러한 관계는 개인들과 공통 권력과의 계약에 의해 형성되는 것이 아니고 계약은 개인들과 개인들 사이에 이루어지며, 이러한 계약의 내용은 제 3자인 공통 권력에게 자신들의 권리를 모두 위임하고 공통 권력에게 절대적인 권력을 부여한다는 것이다.

"나는 이 사람 또는 이 합의체에 권위를 부여하여 나를 다스릴 권리를 완전히 양도할 것을 승인한다. 그러나 그것은 그대도 나와 마찬가지로 그대의 권리를 그에게 양도하여 그의 활동에 권위를 부여한다는 조건 아래서이다."[25]

계약을 이행한다는 것은 개인들이 제 3자에게 절대적으로 복종해야 한다는 것이며, 누구도 공통 권력에 저항하는 것은 허용되지 않는다. 누군가 공통 권력의 명령을 어길 경우 무질서가 지배하는 전쟁 상태로 되돌려질 것이기 때문이다. 이와 함께 공통 권력은 개인들에게 절대적인 권력을 행사한다. 그러나 모든 개인들에게 권한을 위임받은 공통 권력의 목적은 개인들을 외부의 공격이나 상호간의 공격으로부터 방어함으로써 그들에게 안전을 보장하고, 그들로 하여금 평화를 유지함으로써 자신들의 노동이 결실을 맺을 수 있도록 하는데 있다.

홉즈에 의하면 절대적인 권력을 지닌 공통 권력인 정치적 권력에 의해서만 전쟁 상태인 자연 상태를 벗어나 평화 상태가 가능하며, 이러한 평화 상태에서 비로소 인간의 자기보존이 구체적으로 실현될 수 있다. 그는 평화를 가능하게 하는 이러한 정치적인 권력을 단순히 윤리적인 요청이나, 인간에게 내재해 있는 사회적 본성, 혹은 외적인 신의 권위라는 추상적인 원리에 의해서가 아니라, 자연으로부터 부여받은 인간의 구체적 권리인 자기보존욕망으로부터 추론해 낸다. 즉 그는 인간의 자연적 권리인 자기보존욕망을 인간이 자기파괴의 상태인 자연 상태를 벗어나, 자신을 보존하기 위한 평화 상태, 즉 정치질서로 편입하는 것을 가능하게 하는 궁극적인 원리로 이해한다. 이와 함께 홉즈는 전쟁 상태를 야기한 자기보

---

[25]　T. Hobbes, 같은 책, 134쪽.

존욕망 속에서 이러한 전쟁 상태를 극복할 수 있는 가능성을 동시에 발견함으로써 자기보존욕망에 내재한 자기파괴라는 모순을 극복한다. 그에게서 자기보존욕망은 전쟁이 지속되는 자연 상태를 초래하는 원천이자, 동시에 이러한 자연 상태를 극복하고 평화를 가능하게 하는 계기를 담지하고 있는 자연적 원리라 할 수 있다.

따라서 계약에 의해 모든 권리를 위임받은 정치적인 권력으로서 국가 권력의 중요한 기능은 오직 인간의 자기보존욕망을 실현시키는 것이며, 인간이 따라야 할 법이나, 국가에 대한 복종은 자기보존이라는 자연적 권리에 의해서만 도출된다.[26] 즉 국가는 고대인이 생각했던 것처럼 더 이상 그 자체로 목적이 아닌, 오직 인간이 자기보존이라는 자연권을 지키기 위해 만든 인위적인 가공물, 즉 "국가라 불리는 인위적인 인간"[27]일 뿐이다. 이와 함께 홉즈는 국가를 개인보다 우선시 하는 국가와 개인의 관계에 대한 전통적인 이해를 전도시킨다. 그에게 가장 중요한 가치는 개인의 자기보존 권리이며, 이러한 권리는 누구도 침해할 수 없는 자연적 권리로서, 국가는 이러한 자연권을 보호하는 수단으로 간주된다.

그러나 홉즈는 개인들이 자발적으로 자신의 권리를 위임한 공통 권력

---

[26] 아렌트는 이와 관련하여 홉즈를 "공익을 사적 이해관계에서 도출하려 시도했고 사적 이익을 위해 국가 공동체 ― 그 토대와 궁극적 목표는 권력의 축적이다 ― 를 생각하고 그 윤곽을 그렸던 위대한 사상가"로 규정한다. 동시에 그녀는 홉즈를 부르주아 계급을 대변하는 철학자로 비판한다. 그러나 홉즈의 자기보존권이 근대 사회 시장경제체제에서 새로 등장한 부르주아계급의 이해를 대변한 측면은 있으나, 그가 모든 인간의 자기보존권을 절대적인 권리로 주장했을 뿐 아니라, 이러한 자연권으로부터 국가를 도출했다는 사실을 통해, 오히려 그는 새로운 시장경제체제에 의해 대다수의 인간이 자기보존이 훼손되고 이와 함께 불안과 공포심을 지니게 된 근대적 상황을, 이와 함께 국가의 정당성을 나타내보이고자 한 것이라 할 수 있다. H. Arendt, 『전체주의의 기원 1』, 이진우 · 박미애 옮김 (서울: 한길사, 2007), 291쪽.

[27] T. Hobbes, 같은 책, 164쪽.

인 주권자를 '지상의 신'으로 간주하며, 이와 함께 주권자의 영원성을 담보할 수 있는 계승 결정권을 주권자의 절대적인 권한으로 이해한다. 주권자에게 계승 결정권이 주어지지 않을 경우 새로 주권자를 선정해야 하며, 이러한 상황은 또 다시 전쟁 상태로 복귀하게 되기 때문이다. 그에 의하면 개인들은 상호적인 계약을 통해 제 3자인 주권자에게 자신들의 권리를 전적으로 양도함으로써 개인들과 주권자는 하나의 인격으로 결합하게 되며, 따라서 개인들의 판단과 행위는 계승 결정권을 포함한 주권자의 모든 행위와 판단에 일치해야 한다. 홉즈에 의하면 이들 사이의 불일치, 즉 주권자와 개인들 사이의 균열은 혼란과 더불어 전쟁 상태의 단초를 제공하게 되며, 궁극적으로 개인들의 자연권이 위협받게 되는 상황을 초래한다. 그러나 주권자와 개인들의 이러한 동일성은 개인들이 주권자에게 전적으로 복종함으로써, 그리고 주권자에게 절대적인 권력을 부여함으로써 구체적으로 실현되며, 따라서 '지상의 신'과 같이 강력한 힘을 지닌 주권자에 의해 지상의 평화와 안전은 비로소 가능해진다. 그에 의하면 "자연적으로 인간의 성향은 강압적 힘에 대한 두려움을 통해 제약되지 않는다면, 누구나 서로 믿지 못하고 두려워한다."[28] 물론 홉즈는 주권자에게 모든 권력을 집중함으로써 개인들이 처하게 되는 위험을 어느 정도 예상하였지만, 그는 자연 상태에서 발생하는 자기파괴의 폭력성을 절대적인 권력을 지닌 주권자에 의해 발생할 수 있는 폭력성보다 훨씬 더 치명적인 것으로 이해함으로써 이러한 위험은 불가피한 것으로 이해한다.

"어떤 사람은 그렇게 무한한 권력을 지닌 자들의 욕망과 변덕스러운 정념에 좌우된다면 국민들이 너무 비참하다는 반론을 제기할지

---

28   T. Hobbes, 『시민론』, 22쪽.

모른다. [...] 하지만 통치형태가 무엇이든 국민을 보호하기에 충분할 정도로 완전하다면 권력은 같은 것이다. [...] 통치형태를 불문하고 일반 국민에게 생길 가능성이 있는 가장 큰 불편도 내란에 따르는 비참함과 끔찍한 재난에 비하면, 또는 법에 대한 복종도 없고 약탈과 복수를 하지 못하도록 그들을 속박하는 강제력도 없는, 즉 지배자가 없이 살아가는 사람들의 분열 상태에 따르는 비참함과 두려움에 의하면 아무것도 아니다."[29]

홉즈는 인간의 배타적인 자기보존욕망과 이로 인한 상호간에 대한 불신, 그리고 전쟁 상태로서의 자연 상태에 대한 가설을 통해 공통 권력인 주권자에게 강력한 권력 및 계승 결정권을 정당화함으로써 개인들과 주권자의 상호적인 관계를 철저히 차단한다. 주권자의 권력은 개인들의 자율적인 판단에 의해 승인된 것일 뿐 아니라 개인들의 힘이 단결된 형태로 나타난 것이기 때문에 개인과 주권자는 완전한 통일 속에 있는 것처럼 보여진다. 그러나 이러한 통일적인 관계는 실제로는 자기보존을 대가로 개인들이 주권자에 대해 일방적으로 복종함으로써 이루어진다. 주권자의 행위나 판단에 대한 개인들의 의견제시나 비판은 철저히 배제되며, 자기보존이라는 자연권 이외에 개인들은 모든 자유와 권리를 상실함으로써, 주권자는 개인들을 완벽하게 지배하는 '리바이어던[30]'과 같은 존재가 된다.

그러나 주권자가 지닌 이러한 강력한 권력은 궁극적으로 개인의 자연

---

29 T. Hobbes, *Leviathan*, 144쪽.
30 리바이어던은 땅위에 있는 모든 것들에 대해 왕 노릇을 하는 구약성서에 나오는 바다의 괴물을 의미한다. 홉즈는 자신의 저서명을 리바이어던으로 함으로써 자신의 저서에서 절대적인 힘을 지닌 군주제를 옹호하고 있음을 암시한다.

권인 자기보존조차 훼손할 수 있는 위험을 함축하게 된다.[31] 홉즈는 자기보존이라는 인간의 자연권으로부터 자연법을 유추해내고, 이를 통해 절대적인 국가 권력을 정당화하지만, 결국 절대적인 권력을 지닌 주권자와 개인들의 비대칭적인 관계는 오히려 인간의 자연권을 훼손하고 자연법을 무력하게 만드는 결과를 초래한다. 개인들과 공통 권력의 통일을 통해 시장경제체제의 상호 배타적인 개인들에 의해 야기되는 근대적 분열을 극복하고 개인의 권리, 즉 자기보존이라는 자연권을 가장 중요한 가치로 정립하고자 했던 홉즈의 시도는 결국 개인을 강제하는 절대적인 국가 권력을 끌어들임으로써 실패하게 된다. 자기보존이라는 인간의 기본적이며 보편적인 권리로부터 출발한 홉즈의 정치이론이 오히려 이러한 권리를 훼손하는 방식으로 귀결되는 역설적 상황은 홉즈가 교육이나 사회적 관계 속에서 스스로 변화할 수 있는 인간의 가능성을 배제하고, 오직 고립적이며, 배타적인 본성을 인간의 불변하는 본성으로 고착화함으로써 야기된 것이라 할 수 있다. 그리고 무엇보다도 홉즈의 정치이론이 지닌 가장 중요한 논리적 결함은 자신의 시대인 시장 경제가 지배하는 시민사회의 고유한 특성인 경쟁적이며, 이기적인 인간의 모습을 탈역사화시키고, 이를 변하지 않은 인간본성으로 이해했다는데 있다.[32]

---

31 케스팅은 홉즈의 정치이론에 내재해 있는 이러한 이중성으로 인해 야기된, 홉즈 정치 철학에 대한 두 가지 상반된 해석 방식을 흰색 홉즈와 검은 색 홉즈로 구분한다. 그에 의하면 흰색 홉즈는 개인의 권리와 계약에 근거한 자유주의적 입장이며, 검은 색 홉즈는 홉즈의 절대 국가에 토대를 둔 국가주의적인, 반자유주의적인 관점이다. W. Kersting, *Thomas Hobbes* (Hamburg: Junius, 1992), 12쪽.

32 맥퍼슨은 강력한 권력을 지닌 통치권에 대한 홉즈의 정치이론을 그 당시 등장한 "소유적 시장사회"라는 시대적 요구에 잘 부응한 것으로 이해한다. 그에 의하면 홉즈는 "소유적 시장사회의 모든 성원을 위한 합리적 의무의 근거를 마련"했다. 또한 그는 "개인이 경쟁사회의 규칙을 뒷받침하기에 충분한 힘을 가진 정치적 권위에

홉즈는 모든 인간의 천부적 평등과 자기보존권리라는 근대적 가치를 대변한 근대의 대표적인, 혹은 최초의 철학자이며, 그런 의미에서 보면 "현대성의 창시자"[33]라 할 수 있다. 또한 그의 정치이론은 자기보존이라는 세속적인 가치로부터 정치적 의무를 연역해내고 통치권을 자유롭고 합리적인 개인들의 계약에 의존함으로써 개인의 권리를 우선시하는 근대적인 특징을 선취하고 있으며, 이와 함께 자유주의의 근본 원리를 함축하고 있다. 그러나 인간에 대한 불신과 그가 지닌 철저한 개인주의적 관점은 그로 하여금 강력한 통치권에 집착하게 하였으며, 결국 그는 인간의 자기보존 권리를 실현할 수 있는 합리적인 정치제도를 추론하는 것에 실패한다.

4) 자기보존과 이성

앞에서 이미 서술한 것처럼 홉즈는 절대적인 국가 권력의 정당성을 인간의 자기보존욕망이라는 생물학적 사실에 근거한 심리적 이기주의로부터 연역해 낸다. 즉 자기보존만이 절대적인 목적인 이기적 인간들은 필연적으로 상호 배타적이며, 따라서 "만인에 대한 만인의 투쟁" 상태에 놓여 있게 된다. 그러나 누구나 생명의 위협을 느끼는 이러한 전쟁 상태 속에서 인간은 자신을 보존하고자 하는 능력, 즉 이성적인 능력에 의해 전쟁 상태를 종식시키는 것이 가능하게 된다. 홉즈에 의하면 이러한 이성 능력은 구체적으로 "서로 협정을 이끌어 낼 수 있는 능력"으로 표현된다. 따라서 자연 상태에서 모든 인간이 지니게 되는 죽음에의 공포라는 정념과 상호간에 협정을 이끌어 낼 수 있는 이성 능력에 의해 인간은 비로소 전쟁

자신의 이익을 위해서 복종할 수 있고 그렇게 해야만 하는 것"이 시대적 요구였음을 강조한다. C. B. Macpherson, 같은 책, 104쪽.

[33] L. Strauss, *what is political Philosophy* (New York and London: The Free Press & Macmillan, 1959), 172쪽.

상태인 자연 상태를 벗어나 규범에 의한 질서가 지배하는 국가 상태를 만들어 낼 수 있게 된다. 따라서 이성은 홉즈에게서 자연 상태를 벗어나 인간의 자기보존을 가능하게 하는 중요한 수단으로 작용한다. 또한 홉즈는 이성을 감성이나 정념과 구별되는 인간의 독자적인 능력이 아닌, 인간을 지배하는 중심적인 원리인 자기보존욕망으로부터 비로소 나타나는 도구적 성격을 지닌 것으로 이해한다. 따라서 그에게서 이성 능력은 인간과 다른 동물과의 근본적 차이를 규정하는 질적인 기제라기보다는 자기보존을 위한 양적인 능력 차이일 뿐이다. 이성에 대한 홉즈의 이러한 사유 방식은 이성을 인간에게만 고유한 본성으로서 이론적, 실천적 능력으로 이해한 근대의 일반적인 철학적 사유와 구별된다.

사유를 존재의 근거로 제시한 데카르트에게 이성은 올바르게 판단할 수 있는 능력을 의미했으며, 로크에게는 지적 활동을 인도하는 능력을 의미했다. 또한 칸트를 위시한 근대 철학은 이성을 "자연 질서 속에서 발생하는 사건이 아니라 자연 질서를 떠나, 그와 전혀 다른 방식으로, 어떤 다른 무엇에 자극되지 않고, 그 자신으로부터 고유하게 발생하는 독특한 사건"[34]으로 이해한다. 그들에게 이성은 인간의 욕망에 종속적인 것이 아니라, 인간의 자연적 욕망으로부터 독립적인, 혹은 욕망에 대립하는 인간의 고유한 능력이다. 이성은 인간의 자연적 욕망을 통제하고, 조절하며 억압하는 능력일 뿐 아니라, 동물과 같은 자연적 존재와 구별되는 인간적 삶을 가능하게 하는 원천이다.

물론 근대의 철학적 사유에서 무엇보다도 중요한 가치로 인정된 인간의 이성적 능력들은 호르크하이머가 지적했듯이 "부르주아에게는 이미 항상 개인의 자기보존과 관련하여 정의되어왔다. [...] 로크의 규정에 의하

---

34 강영안, 『자연과 자유사이』(서울: 문예출판사, 2001), 17쪽.

면 이성은 지적 활동을 인도하는 것이다. 이러한 지적 활동이 어떤 목적에 기여하는 것이든 말이다. 그러나 모든 특정한 목적과의 이러한 분리선언은 이성이 단자들의 자기 이해관심의 마력으로부터 벗어나는 것과는 거리가 아주 먼 이야기이다. 오히려 이성은 단자들의 어떤 임의의 목적에도 더욱 더 기꺼이 봉사하는 절차들을 이룰 뿐이다."[35] 따라서 이성이 어떤 방식으로 이해되든 근대적 이성은 타자를 파악하고 이해하는 인식기능 이외에 인간의 자기보존을 위한 목표지향적인 실천적 행위에 가장 효율적으로 작용하는 도구로 기능하게 된다.

홉즈는 근대적 이성이 지닌 이러한 도구적 성격을 가장 정확하게 포착한 대표적인 근대 철학자라 할 수 있다. 그는 이성을 자기보존이라는 자연적 욕망을 실현시키기 위한 수단으로 이해함으로써 자연적 욕망과 이성을 대립적인 것으로 이해한 근대적 사유의 이분법적 전통에서 벗어난다. 홉즈에게서 이성이란 모든 인간에게 내재해 있는 "일반적 계율"로서 "우리가 생명과 신체를 지니고 있는 한, 이 이성의 명령은 생명과 신체를 한결같이 보존하기 위해 우리가 실행하거나 실행하지 말아야 할 일과 직결되어 있는"[36] 자연법의 원천이다. 이와 함께 그는 자기보존욕망에 내재해 있는 이성의 이러한 도구적 성격 속에서 배타적인 근대적 자아가 타인과 관계하며, 상호계약을 가능하게 하는 실천철학적 원리를 간취해 낸다. 탈현대성을 지향하는 호르크하이머와 아도르노가 근대적 이성이 지닌 도구적 성격 속에서 타자 지배의 원리만을 발견해내는 반면, 홉즈는 오히려 자기보존욕망 속에 내재해 있는 도구적 이성 속에서 타인을 지배하고

---

35   M. Horkheimer, "Vernunft und Selbsterhaltung", H. Ebeling(Hrsg.), *Subjektivität und Selbsterhaltung* (Frankfurt a. M.: Suhrkamp, 1996), 47쪽.
36   T. Hobbes, 『시민론』, 51쪽

자 하는 무한한 욕망을 차단할 수 있는 능력을 발견한다. 그에 의하면 이성은 올바른 것을 알아낼 수 있는 선험적 능력이라기보다는 "추론작용"으로서 "자신이 기득권을 유지하기 위해 다른 사람에 대한 의무를 반드시 이행"[37]해야만 한다는 상호적 관계성을 가능하게 하는 능력이다. 인간은 자신의 행위의 결과에 대해, 즉 자신이 타인에게 손실을 끼쳤을 때, 혹은 타인에게 이익이 되는 행위를 했을 때, 타인이 자신에게 어떤 행위를 하게 될 것인지에 대한 일반적인 추론이 가능하다. 이러한 추론을 통해 그는 무엇이 궁극적으로 자신에게 이익이 되는 행위인지 알 수 있다. 홉즈는 추론할 수 있는 이성 능력 속에서 무엇보다도 타인을 자신과 동일하게 인정함으로써 자기보존을 위해 타인과의 관계를 가능하게 하는 단초를 찾아낸다. 그는 이성의 명령인 자연법을 통해 "남이 너에게 행하기를 원치 않는 일은 너도 남에게 행하지 말라"는 『알렉산더 세부루스전』을 인용함으로써 이성의 궁극적인 내용이 상호적인 인정에 있음을 명확하게 제시한다.[38] 그에 의하면 인간의 자기보존욕망에 근거한 도구적 이성은 인간으로 하여금 자신의 배타성을 극복하고 타인을 자신과 동일하게 인정해야 하며, 이러한 인정관계 속에서 평화 상태가 유지될 수 있는 상호간의 계약이 비로소 가능하게 된다는 사실을 인간에게 명령한다.[39]

---

[37] T. Hobbes, 같은 책, 51쪽.

[38] T. Hobbes, *Leviathan*, 100쪽.

[39] 박창렬은 고대 정치 철학이 자연법으로부터 개인의 권리를 연역한 것과는 달리 홉즈가 자기보존이라는 개인의 자연권으로부터 자연법을 도출한 사실을 "코페르니쿠스적 전환"으로 이해한다. 그에 의하면 "자연권과 자연법을 역전시킨" 홉즈의 '현대성'은 "사회라는 전체에 대한 개인이라는 개별의 우위에서 사회의 목적과는 무관하게 개인들이 자신의 삶을 원하는 대로 계획하고 실행할 수 있다는 자유주의의 근본원리를 강력하게 시사하고 있다". 박창렬, 「근대 자연법사상과 경제적 자유주의」, 『경제학 연구』 Vol 47, No. 3 (한국경제학회, 1999), 363쪽.

홉즈에게서 자기보존욕망은 한편으로는 자기보존이라는 인간의 절대적인 자연권을 통해 타인에 대한 배타성을 드러내지만, 동시에 이러한 자기보존이 궁극적으로 타인에 의존해 있다는 사실에 대한 이성적 추론을 통해 타인과의 관계성을 형성하는 이중성을 지닌다. 물론 인간은 자신의 생명을 보존하기 위해 자신의 외부에 있는 대상을 소모해야 하며, 그러는 한 대상에 대해 부정적인 방식으로 관계한다. 그러나 자연적 대상과는 달리 자신과 동일한 대상인 인간은 쉽게 부정되지 않으며, 따라서 이들의 관계는 서로가 서로를 부정하는 '지속적인 전쟁 상태'에 놓이게 된다. 그러나 이성의 명령인 자연법은 이러한 전쟁 상태를 종식시키고, 자기보존을 위한 계약을 통해 다른 인간과 관계 맺기를 요구한다. 이러한 관계성은 필연적으로 타인을 자신과 동일한 존재로 인정할 것을 요구한다. 물론 개인들에게 자기보존이 궁극적 목적인 한에 있어서 타인에 대한 이러한 인정은 형식적인 것으로 머물지만, 이러한 인정관계는 자연으로부터 부여받은 무한한 욕망의 배타성으로부터 벗어나 개인들을 상호 매개함으로써 인간으로 하여금 고립된 주체로 머무르지 않고 타인과의 관계성을 맺게 하는 중요한 사회적인 원리라 할 수 있다.

그러나 홉즈는 평화 상태의 지속을 궁극적으로 자기보존적 이성에 의해서가 아닌, 외적인 강제력을 지닌 절대적인 국가 권력에 의존함으로써 자기보존욕망에 내재해 있는 이성의 원리를 끝까지 관철시키지 못한다. 그는 자연 상태를 벗어나기 위해 인간의 이성능력으로부터 상호계약을 이끌어내지만 이러한 상호계약은 언제든지 파기될 수 있는 것으로 이해한다. 그에 의하면 자연적인 이성의 명령만으로는 진정한 평화와 질서가 형성되지 않는다. 따라서 그는 이러한 계약의 이행을 강제할 수 있는 필수 불가결한 조건으로 절대적인 국가 권력을 끌어들이며, 결국 이러한 권력 앞에서 이성의 힘은 무력화된다. 물론 절대적인 국가 권력의 필요성 또한 자기보존적인 이성의 명령에 의한 것이라 할 수 있지만, 인간의 평화는 개인의 자율적인 이성보다는 외적인 권위, 즉 강력한 국가 권력에 의존하게 되며, 개인들의 국가 권력에 대한 절대적인 복종 속에서 이성은 더 이상 어떠한 작용도 하지 못한다. 이성의 명령을 통해 상호간에 행해진 계약은 아무런 힘을 발휘할 수 없으며, 이성은 오직 절대 권력에게 자신의 자유를 양도하는 것 속에서 자신의 모든 기능을 소진한다.

자기보존적 본성에 내재해 있는 자율적인 이성 능력과 외적 강제력으로서 절대적인 국가 권력 사이에서 발견되는 논리적 결함에도 불구하고, 홉즈의 이성 개념은 세속적인 자기보존의 원리로부터 유추되었다는 점에서 현실성과 구체성을 함축하고 있는 원리라 할 수 있다. 이러한 이성의 원리는 윤리적으로 중요한 두 가지 관점을 표현하고 있다. 하나의 관점은 홉즈가 '이성이 발견해 낸 계율'로서 제 1의 자연법으로 규정한, 자기보존 욕망에 근거한 평화의 원리이다. 자기보존욕망이라는 인간의 생물학적 사실로부터 추론된 평화의 원리는 한편으로는 누구나 자신을 보존할 권리, 즉 자연권과 이를 위해 평화가 유지되어야 한다는 자연법에 대한 윤리적 요청과 규범적 당위를 동시에 함축하고 있다. 무엇보다도 홉즈의 이러한 자연권과 자연법은 자기보존이 끊임없이 위협당하는, 경쟁에 근거한 근대의 시장경제체제에 비판적 기준을 제공하는 중요한 사회적 원리라 할 수 있다.

또한 홉즈는 자기보존적 이성개념으로부터 "자신이 타인에게 허락한 만큼의 자유를 갖는 것으로 만족해야한다"는 제 2의 자연법을 도출해 낸다. 이러한 자연법은 자신의 권리가 타자에 의존해 있다는 타자 인정의 원리를 드러낸다. 즉 홉즈는 인간의 배타적인 본성으로부터 출발하지만 궁극적으로 인간이 상호 매개 되어 있음을 자기보존적 이성개념을 통해 명확하게 보여준다. 홉즈는 "누구든지 남에게 대접을 받고자 하는 대로 너희도 남을 대접하라"라는 마태복음에 나오는 황금률에 대한 인용을 통해 자기보존을 위한 평화를 지속하기 위해서는 서로를 인정해야 한다는 윤리적 규범을 제시한다.[40]

홉즈는 경쟁에 토대를 둔 시장경제체제 속에서 근대적 주체가 처해 있던 실존적인 위기 상황을 자기보존의 원리를 통해 포착한다. 그는 인간의 자기보존욕망을 모든 행위의 중심적인 원리로 제시함으로써 인간의 이성을 이러한 자기보존욕망으로부터 추론해 낸다. 이성은 홉즈에게서 인간의 자연적 욕망을 단순히 제어하고 통제하는 이론적 · 실천적 능력이 아니라, 오히려 자기보존이라는 인간의 자연적 욕망을 충족시키기 위해 작동하는 도구라 할 수 있다. 또한 홉즈는 이러한 자기보존적 이성 속에서 타자와의 관계를 가능하게 하는 단초를 찾아낸다. 이성의 명령인 홉즈의 자연법은 개인들의 "자기보존 권리"와 이러한 자기보존을 위해 "타자를 인정하라"는 도덕적 규범을 동시에 제시한다. 이러한 도덕적 규범은 단순한 이성의 명령이 아니라 인간의 생물학적인 자기보존욕망과 밀접하게 결부되어 있다는 점에서 구체적인 현실성을 지닌다. 즉 홉즈에게서 자기보존 원리는, 그리고 이러한 원리를 구체적으로 실현하는 이성은 근대적인 개인을 이해하는 중심적인 기호일 뿐 아니라, 배타적인 근대적 자아가 타인들과 매개되는 계약을, 그리고 이러한 계약을 통해 정치 사회를 정초

40　T. Hobbes, 같은 책, 100쪽. 홉즈의 현대성을 자기보존이라는 개인의 권리 속에서 발견하는 박창렬은 계약을 통해 자연권의 개인 간 상호 양도를 "자연권이 사실적 권리가 아닌, 도덕적 권리로의 전환을 의미"하는 것으로 이해한다. 그에 의하면 "권리는 단순한 자유를 의미하는 것이 아니라 타자에게 자신의 권리에 대한 의무를 부과한다는 것이다". 박창렬, 같은 논문, 364쪽.

할 수 있는 토대를 이루는 핵심적인 기제이다.

물론 인간의 모든 사유를 자기보존적 이성으로 환원시키는 홉즈의 논리는 이성 속에서 숭고한 도덕적 이상과 진정한 진리의 가능성을 발견하고자 하는 다양한 비판들로부터 결코 자유로울 수 없다. 그러나 경쟁에 근거한 시장경제체제 속에서 자기보존이 끊임없이 위협당하는 개인들에게 '타인을 존중하라'는 숭고한 도덕적 요구는 추상적일 뿐 아니라 무력할 수밖에 없다. 따라서 절대적인 국가 권력에 대한 홉즈의 정치 철학적 논의의 한계에도 불구하고 인간의 절대적인 자기보존권과, 그리고 이러한 자연권으로부터 추론된 타인들의 인정에 대한 홉즈의 윤리적 요청은 자연권으로서 자기보존의 권리조차 심각하게 훼손되는 근대의 사회적 현실에 대한 비판적인 규범을 제시해 준다.

2. 스피노자(B. d. Spinoza): 자기보존욕망과 자유

1) 신적 실체와 세계

스피노자는 자신의 대표적인 저서인 『에티카』를 "신에 관하여"라는 장과 함께 시작하며, 인간에 관한 다양한 논의들을 신적 실체에 근거 지운다. 그가 『에티카』에서 중요하게 다루는 정신이나 감정, 그리고 지성과 자유는 어느 정도 신적 실체와 밀접하게 관련이 있다. 따라서 오랫동안 유럽을 지배해온 기독교적인 신과 구별되는 신적 실체에 관한 그의 논의는 신의 양태로서 자연물에 내재한 자기보존본성에 대한 논의와 함께 스피노자의 철학적 사유의 토대를 형성하고 있으며, 그의 사유의 현대성을 나타내는 핵심적인 내용을 담지하고 있다. 동시대를 살았던 경험주의자인 홉즈가 자신의 정치 철학을 근대의 세속화된, 오직 자기보존욕망에만 의존해 있는 이기적 개인들로부터 출발했다면, 자기보존욕망을 철학의 중요한 원리로 제시한, 합리주의를 대표하는 철학자로 알려진 스피노자는 자신의 철학적 사유를 신적인 실체에 관한 논의로부터 시작한다. 즉 홉즈의 근대적 사유는 무엇보다도 원자적이며, 고립적인 주체인 인간에 대한 이해 속에서 명확하게 표출된다면, 스피노자의 근대적 정신은 신에 대한 인식 및 종교적 사유 속에 분명하게 드러난다고 할 수 있다.

신에 관한 스피노자의 논의는 그가 살았던 당시 많은 비판과 논란을 야기했다.[41] 이러한 논의는 종교적인 측면에서, 그리고 학문적인 측면에서 논란의 대상이 되었을 뿐 아니라 현실에서 그의 삶을 힘들고 고독하게 만든 궁극적인 원인이기도 했다. 그는 전통적이며 초월적인 인격신을 부인하고 창조설을 거부함으로써 무신론자로 비난을 받았으며, 자신이 속해 있던 유대교로부터 파문을 당하기도 한다. 오랫동안 유럽 사회를 지배해 온 기독교와 기독교의 근간이라 할 수 있는 유대교의 교리는 스피노자에게 더 이상 종교적 신뢰를 주지 못했으며, 그는 근대적 사유방식이라 할 수 있는, 이성에 의해서 매개된 엄밀한 기하학적인 방식으로 신의 문제를 새롭게 정의하고 규명하고자 한다. 그에게서 신은 단순히 신앙의 대상이 아니라 이 세계와 인간의 삶을 해명할 수 있는 핵심적인 원리이며, 『에티카』에서 시도한 신적인 실체에 대한 그의 정의와 엄밀한 해석들은 전통적인 기독교적인 신의 부재에 대한 증명을 함축하고 있다. 따라서 신적 실체에 관한 그의 논의는 기독교가 지배한 유럽의 중세와의 단절을 의미한다.

---

[41] 스피노자의 종교적 사유에 대한 그 당시의 비판들에 관해서는 들뢰즈의 『스피노자의 철학』 참조, G. Deleuze, 『스피노자의 철학』, 박기순 옮김 (서울: 민음사, 1981), 20쪽 이하.

스피노자는 신의 존재를 무엇보다도 자기원인성과 무한성을 통해 규정한다. 그에게서 실체는 "자신만으로 존재하면서 자신에 의해 이해되는 것, 즉 그것을 인식하기 위하여 다른 것의 인식을 필요로 하지 않는 것"[42]으로서 자신이 자신의 존재의 원인이자 동시에 모든 사물들의 원인이며, 어떠한 것으로부터 제한되지 않는 절대적으로 무한한 존재라는 것을 의미한다. 그에 의하면 모든 사물에는 반드시 원인이 있으며, 이러한 사물들의 궁극적 원인으로부터 실체의 존재를 추론해낼 수 있다. 즉 무에서는 아무것도 생겨날 수 없으며, 따라서 세계에 존재하는 다양한 사물들은 그들을 존재하게 하는 궁극적인 원인이 반드시 존재해야 하는데, 이러한 궁극적인 원인으로서 실체는 존재할 수밖에 없다는 것이다. 스피노자는 자기원인으로서 신적 실체를 규정한 다음에 이러한 실체에 무한성을 부여한다. 실체가 유한하다면 실체는 다른 유한한 것들에 의해 제한되거나 대립될 수밖에 없으며, 다른 유한한 것들은 실체와 동일한 본성을 지니게 됨으로써 다수의 실체들이 존재하게 된다. 이와 같은 사실은 모든 사물들의 궁극적인 원인으로서 오직 하나의 실체만이 존재할 수 있다는 실체에 대한 규정에 모순된다. 따라서 실체는 무한하며, 유일할 뿐 아니라 영원한 존재로 정의될 수 있다.

신적인 실체에 대한 스피노자의 이러한 사유는 특별히 새로운 것은 아니다. 고대의 대표적인 철학자인 아리스토텔레스는 모든 존재자의 궁극적 원인으로서 제 1원인에 대해 이야기했으며, 중세의 신학자인 토마스 아퀴나스 또한 기독교적인 신의 존재를 필연성을 지닌 유일하고 영원한 존재자인 제 1원인으로 이해했다. 신적인 실체에 대한 스피노자의 사유의 고유성은 무엇보다도 자기원인성을 지닌 무한한 존재로서 신적인 실

---

[42] B. d. Spinoza, *Die Ethik* (Wiesbaden: Marix, 2007), 1부 정의3.

체가 현존하는 수많은 사물과 맺는 관계 속에서 표현된다. 오랫동안 유럽을 지배했던 전통적인 기독교적인 교리에 의하면 신은 자연을 포함한 이 세계를 창조하였으며, 창조된 피조물들과 완전히 구분되는 초월적인 존재이다. 따라서 신과 이 세계는 창조주와 피조물이라는 비대칭적인 종속관계를 통해 규정된다. 또한 기독교적인 신은 차안인 이 세계와 대립해 있는 피안에 존재하는, 그리고 이 세계로부터 완전히 단절된, 이 세계가 생겨나기 전에 이미 존재했던, 절대적으로 독립적인 존재자이며, 그에 비해 자연과 인간을 포함한 이 세계는 신적인 의지를 통해 생겨난 것으로서 신의 의지에 종속되어 있는 존재이다.

그러나 스피노자는 전통적인 기독교에서처럼 신적인 실체를 이 세계와 이 세계에 존재하는 사물, 즉 자연을 창조한 창조주로서, 그리고 이 세계를 넘어서 있는 초월적 존재로 이해하지 않는다. 그에게 신은 제1원인으로서 모든 사물들을 존재하게 하는 궁극적인 원인이지만, 이 세계에 존재하는 모든 사물들의 "내재적 원인이며, 초월적 원인이 아니다."[43] 스피노자에 의하면 "모든 존재는 신에 내재되어 있다. 그리고 어떤 것도 신이 없이는 존재할 수 없고 생각할 수 없다."[44] 신에 대한 스피노자의 이러한 이해는 모든 존재하는 것은 신적인 실체라는 사실을 의미한다. 즉 "모든 존재가 신에 내재되어 있다"라는 것은 신이 자신의 존재 속에 모든 존재를 이미 지니고 있다는 사실과 함께 모든 존재하는 것들이 신적인 것의 의미를 지니고 있다는 것을 동시에 함축한다. 따라서 신적 실체는 기독교적인 사유에서처럼 이 세계와 독립적으로 존재하지 않으며, 오히려 이 세계에 존재하는 자연 속에서 자신을 드러내는 존재로서 신과 자연은 상호

---

43 B. d. Spinoza, 같은 책, 1부 정리18.
44 B. d. Spinoza, 같은 책, 1부 정리15.

밀접한 연관성을 지니게 된다. 그에 의하면 신적 실체는 무한하며, 이러한 무한성은 자연 속에 존재하는 다양한 양태들을 통해 표현된다. 즉 자연에 존재하는 무한한 개체들은 신적인 실체를 표현하는 신의 무한한 양태라 할 수 있다.

> "신 없이는 그 무엇도 존재하거나 생각될 수 없기에 모든 자연현상은 그것의 본질과 완전함이 확장되는 것에 비례해서 신의 개념을 포함하고 표현한다."[45]

자연과 동일한 존재로 이해되는 스피노자의 신적 실체는 무엇인가를 무한히 산출하는 동력인 능산적 자연과 이를 통해 산출된, 다양한 양태로서 드러난 소산적 자연으로 구분된다. 능산적 자연인 한에 있어서 신적 실체는 순수한 활동이나 역량으로 이해되며, 소산적 자연인 한에 있어서 신적 실체는 자연에 현존하는 다양한 개체들로 설명된다. 스피노자는 신적 실체와 자연과의 이러한 관계를 통해 신의 존재에 인격성을 부여한 전통적인 기독교적 신에 대한 관념을 거부한다. 이와 함께 그는 오랫동안 유럽을 지배했던 창조주로서의 신과 피조물로서의 자연을 엄격히 구분함으로써 신과 자연의 이분법적 논리에 근거해 있는 기독교적 사유로부터 벗어난다. 특히 기독교적인 신의 관념에 대한 스피노자의 비판은 고대 이후 일반화된 목적론적 사유를 거부하는 것에서 구체적으로 표현된다. 목적론적 세계관은 고대 그리스의 철학적 사유에서 아주 보편적으로 나타나며, 중세의 기독교적인 교리에서는 종교의 핵심적인 원리로 작용한다.

---

[45] B. d. Spinoza, *Theoligisch-politischer Traktat* (Hamburg: Felix Meiner, 2012), 4장 70쪽.

고대 그리스의 철학자 아낙사고라스는 누스(Nous, 정신)가 지향하는 방향의 배후에는 반드시 목적이 있다고 했으며, 아리스토텔레스는 모든 사물은 자신에게 가능태로 내재해 있는 완전성을 현실에서 실현하고자 하며, 사물들의 변화는 이러한 목적을 달성하고자 하는 방식으로 전개된다고 보았다. 또한 기독교의 가르침을 목적으로 하는 중세의 스콜라 철학은 세계가 하나님의 목적에 따라 창조되었으며, 모든 일은 하나님의 목적에 따라서 진행되고 있는 것으로 이해하는 목적론적 세계관에 근거해 있다.

스피노자는 『에티카』에서 신이 유일한 실체임을, 그리고 존재하는 모든 사물은 신이 자신을 드러내는 양태임을 증명한 후에, 목적론적 사유의 오류에 대해 지적한다. 그에 의하면 오랫동안 인간의 사유를 지배해온 목적론적 사유는 신적 실체와 자연에 대한 그릇된 이해를 통해 인간으로 하여금 참된 진리에 접근하는 것을 어렵게 만들 뿐 아니라, 그 밖의 많은 윤리적이고 정치적인, 그리고 미적인 문제들, 즉 "선과 악, 공과 죄, 칭찬과 비난, 질서와 혼란, 미와 추"[46]에 대해 편견을 야기한다. 스피노자는 목적론적 사유의 원인을 사물의 원인을 알지 못하는 인간의 무지 속에서, 그리고 모든 사물을 자신의 목적을 위한 수단으로 생각하는 인간 중심주의적인 사고 속에서 발견한다. 그에 의하면 "사람들이 모든 사물을 자기들처럼 목적 때문에 작용한다고 보고, 신 자신이 모든 것을 어떤 일정한 목적으로 확실히 이끌어 간다고 믿는 것"[47]은 편견에 지나지 않는다. 그는 이러한 목적론적 사유를 비판하고 자연의 인과적인 원리를 통해 진리를 접근하려는 근대의 자연과학적인 사고를 받아들임으로써 자연과 세계를 이해할 수 있는 새로운 지평을 제시한다.

---

[46]   B. d. Spinoza, *Die Ethik*, 1부 정리36 부록.
[47]   B. d. Spinoza, 같은 책, 1부 정리36 부록.

인간의 행위는 궁극적으로 목적 지향적이며, 이러한 목적은 무엇보다도 자신의 이익을 추구하고 욕망을 충족시키는 것에 향해 있다. 인간의 욕망 충족은 대부분 자연을 통해 가능하기 때문에 인간은 자연을 독립적인 개체가 아닌, 오직 자신의 목적을 위한 수단으로 간주한다. 따라서 그들은 자연의 존재이유를 목적론적 사고와 결부시키며 자연에는 인간의 욕망 충족이라는 궁극적인 목적이 내재해 있다고 생각하게 된다. 또한 인간은 이러한 자연이 생겨난 원인에 대해 무지하므로 모든 자연을 창조한 궁극적인 제 1원인으로서 신을 상정하게 된다. 그들은 이러한 신에게도 자신에게 익숙한 목적론적 사유를 투사하게 되며, 따라서 신이 어떠한 목적을 지니고 자신을 포함한 모든 자연을 창조하였다고 믿는 것이다.

그러나 스피노자에 의하면 이러한 목적론적 사고는 신의 완전성을 부정하는 모순을 함축하고 있다. 어떤 목적을 가진다는 것은 결핍된 것이 있다는 것을 의미하며, 따라서 신이 목적을 지닌다는 것은 신이 결핍된 존재라는 사실을 인정함으로써 신의 완전성을 부정하는 결과를 초래하게 된다. 그러나 신의 개념 속에는 완전성이 필연적으로 내재해 있기 때문에 목적론적 사유에 함축된, 목적을 수행함으로써 자신의 결핍을 메우고 자신을 완성시키는 신에 관한 관념은 형용모순이라 할 수 있다. 그리고 "신 그 자신의 본성의 완전성 이외에는 신을 외부나 내부로부터 활동하게 하는 어떤 원인도 존재하지 않는다. 신은 오직 자신의 완전성의 힘에 의해서만 동력인이 된다."[48] 따라서 신이 어떤 특정한 외적 목적을 위해 행위한다는 것은 인간에게 일반적으로 나타나는 목적론적 사유를 신의 존재까지 확대해서 적용한 결과일 뿐이다.

스피노자는 인간의 행위가 당연히 목적 지향적이지만 인간의 행위의

---

48 B. d. Spinoza, 같은 책, 1부 정리36 부록.

목적 지향적인 성격을 신과 자연에 투사한 것은 신과 자연을 올바르게 인식하는데 있어 심각한 왜곡을 초래하는 것으로 이해한다. 또한 인간중심주의에 토대를 둔 목적론적 사고는 신과 자연에 대한 인식론적 오류를 넘어 선악에 관한 잘못된 가치판단에 이르게 한다. 목적론적 사고에 의존하는 사람들은 자연을 그 자체로 인정하는 것이 아니라 오직 인간을 위해 존재하는 것으로 이해함으로써, 선악의 개념 또한 인간이 만든 것이 아니라 자연 자체에 내재해 있는 것으로 이해한다. 그들은 인간중심주의적 관점에서 인간에게 유용한 것만을 선으로, 그리고 가치 있는 것으로 판단하며, 자연 속에 발견되는 인간에게 유해한 것들을 악으로 규정한다. 그리고 자연에서 발견되는 이러한 악이 인간의 악과 밀접하게 연관되어 있다고 주장한다. 즉 질병이나 폭풍우 같은 인간에게 해가 되는 자연적 현상을 자연에 내재해 있는 악으로 간주하며, 인간이 죄를 범할 때 이러한 악이 인간에게 가해진다는 것이다.

스피노자는 신과 자연에 대한 인간 중심주의적인 사고를 비판함으로써 신과 신의 양태인 자연에 존재하는 무한한 사물들이 그 자체로 존재할 뿐, 어떠한 목적도 지니고 있지 않다는 사실을 나타내 보이고자 한다. 그에 의하면 신이나 자연에 내재한다고 생각하는 모든 목적인은 인간의 상상물에 불가할 뿐 아니라, 선악의 개념 또한 인간의 표상에 지나지 않는다. "신 또는 자연은 [...] 존재의 필연성과 마찬가지로 활동의 필연성을 지니고 있으며"[49] 따라서 신과 자연은 오직 자신의 필연성에 의해서만 존재하고 운동할 뿐이다. 완전한 존재로서 신은 자신 이외의 어떠한 목적도 가지고 있지 않으며 오직 "자신의 본성의 법칙에 따라서만 활동"[50]한다.

---

[49] B. d. Spinoza, 같은 책, 4부 머리말, 204쪽.
[50] B. d. Spinoza, 같은 책, 1부 정리17 증명.

스피노자는 신과 자연에 대한 이러한 이해를 통해 한편으로는 기독교적인 인격신 개념을, 다른 한편으로는 고대부터 일반화된 자연에 대한 합목적성 개념을 거부한다. 그에 의하면 신과 동일한 것으로서 이해된 자연은 모든 사물이 생겨나게 하는 궁극적 원인일 뿐 아니라 이러한 사물을 현존하게 하는 활동 그 자체이다.[51]

목적론적 사유에 대한 스피노자의 이러한 비판은 전통적인 신에 대한 이해를 극복하려는 시도와 함께 무엇보다도 현존하는 것을 긍정하려는 철학적 사유를 함축하고 있다. 즉 세계를 지배하는 완전한 존재인 신의 활동이 목적 지향적이라면 마지막에 나타나는 궁극적 목적만이 가장 가치 있는 것으로 간주될 수 있을 것이다. 따라서 신의 다양한 양태로서 이러한 목적에 도달하는 과정에서 나타나는, 현존하는 다양한 사물들은 목적을 위한 수단으로서 평가 절하된다. 그러나 현존하는 사물들은 신이 자신을 드러내는 양태이며, 따라서 어떤 목적을 위한 단순한 수단으로 환원되지 않는다. 인간을 포함한 모든 사물은 '신적 실체의 변용'으로서 신이 이들 존재와 활동의 원인인 한에 있어서 존재론적 자립성을 지니고 있지는 않지만, 다른 목적의 수단이 될 수는 없다. 그들은 신이 부여한 목적을, 혹은 자신에게 내재하는 어떤 목적을 실현시키기 위한 수단으로 존재하는 것이 아니라, 신적 실체의 변용으로서 각각 고유한 절대적 가치를 지니고 있다.[52] 스피노자는 신 혹은 자연, 그리고 사물의 활동이나 존재에

---

51 전경갑은 스피노자가 신과 자연을 동일한 차원에서 이해할 뿐 아니라 신과 자연이 어떠한 목적성도 지니지 않은 내적 필연성에 의해 작용하는 것으로 이해하는 측면과 관련하여 "스피노자가 보는 세계는 모두 기계적으로 결정되는 결정론의 세계이며, 따라서 그의 세계관은 유물론적 특성이 뚜렷"한 것으로 이해한다. 전경갑, 『욕망의 통제와 탈주』(서울: 한길사, 2004), 45쪽.

52 현존하는 사물이 각각 절대적 가치를 지니고 있을 뿐 아니라 자기보존을 위해 활동해 가는 과정과 관련하여 네그리는 스피노자에게서 "미완성"이란 언어는 없다고

어떠한 목적성도 인정하지 않음으로써 인간을 포함한 모든 사물의 현존
재성에 대한 절대적 긍정을 표현한다.

2) 자기보존욕망과 이성

인간을 포함한 자연에 존재하는 모든 사물은 신이 자신을 드러내는 양
태로서 그 자체로 절대적인 가치를 지니고 있으며, 스피노자는 이러한 사
물들의 기본적인 본성을 자신을 유지하고 지속하려는 자기보존본성을 지
니는 것으로 이해한다. 이와 함께 그는 모든 사물에 내재한 이러한 자기
보존본성을 인간을 이해하는데 있어서 핵심적인 원리로 삼는다. 그에 의
하면 인간은 다른 사물과 마찬가지로 자기보존본성을 지니며, 이러한 자
기보존본성은 인간의 모든 행위를 규정짓는 궁극적인 원리이다. 인간은
오직 자신의 존재를 지속시키고자 노력하며, 이러한 노력이 그의 삶의 본
질을 형성한다. 따라서 "자기보존노력은 그의 존재에 그저 덧붙여지는 것
이 아니라 그의 현행적 본질과 일체가 되는 것"[53]이다. 그는 어떠한 외적
존재의 목적을 실현하기 위해서, 혹은 자신의 내재적인 목적을 달성하기
위해 존재하는 것이 아니라, 자신의 존재 속에 함축되어 있는 자신을 보
존하고자 하는 노력 속에서 현존할 뿐이다. 즉 인간은 모든 다른 사물들
과 마찬가지로 "그 자신 안에 존재하고 있는 한, 자신의 존재 안에 남아
있으려고"[54] 하며, 그의 존재와 활동은 오직 자신의 현존재를 긍정하려는

강조한다. 그는 모든 사물들이 완성과 개방성의 과정으로, 즉 "항상 완성되고 있으
며, 또한 동시에 항상 열리고 있다"고 이해한다. A. Negri, 『전복적 스피노자』, 이
기웅 옮김 (서울: 그린비, 2007), 165쪽.

[53] A. Matheron, 『스피노자 철학에서 개인과 공동체』, 김문수 · 김은주 옮김 (서울:
그린비, 2008), 39쪽.

[54] B. d. Spinoza, 같은 책, 3부 정리6.

자기보존본성에 의해 규정된다.

인간의 삶과 밀접하게 연관되어 있는 '궁극목적'이나 '최고선'과 같은 전통적인 가치들을 부인하고 인간을 오직 자기보존본성을 지닌 존재로 이해한다는 점에서 스피노자는 인간에 관한 홉즈의 철학적 사유를 공유하고 있는 것으로 보인다. 그러나 홉즈가 자기보존문제를 철저히 생물학적인 차원에서 접근함으로써 단일한 생명운동에만 관심을 갖는다면 스피노자에게서 자기보존은 생물학적인 문제만이 아닌, 인간의 모든 활동을 포괄하는 존재 전체를 의미한다. 또한 홉즈에게서 자기보존은 인간이 추구하는, 그리고 실현하고자 하는 절대적인 목적이며, 따라서 인간의 모든 활동이 오직 생명보존이라는 생물학적인 기능으로 환원되는데 반해, 스피노자에게서 자기보존은 현존재를 지속시키고자 하는 노력 속에서 표출되며, 단순한 생명보존을 넘어서 인간의 모든 활동 속에 표현되는 내재적인 원리라 할 수 있다. 따라서 인간의 자기보존은 자신의 존재를 단순히 지속시키는 수동적인 의미만이 아닌 자신의 존재를 확장하고 발전시키는 능동적인 역량을 동시에 포함하고 있다. 스피노자에 의하면 인간은 모든 다른 사물들과 마찬가지로 신의 양태이며, 그러는 한에 있어서 인간의 자기보존본성은 신의 양태인 인간에게 부가된 필연적인 존재법칙으로서 "신적 본성의 필연성"[55], 즉 신의 속성을 일정하고 한정된 방식으로 표현하는 필연성을 함축하고 있다. 따라서 인간을 오직 독립적인 원자적 개체로 이해한 홉즈가 인간의 자기보존본성이 지닌 모든 역량, 즉 자기보존욕망을 생물학적인 실존 속에서 소진시켰다면, 스피노자에게는 신의 양태인 인간의 자기보존이 자신의 역량을 확장하고 발전시킴으로써 지속적으로 자신의 존재를 실현시키는 활동으로, 따라서 인간의 삶 전체를 포괄하

---

55   B. d. Spinoza, 같은 책, 4부 정리4.

는 것으로 나타난다.

스피노자는 인간의 자기보존본성 속에 자신을 파괴하는 어떤 요소도 존재하지 않는 것으로 이해한다. 그에 의하면 "우리는 사물 자체만을 바라보고 외부로부터의 원인을 고려하지 않는다면, 사물 안에서 그 사물을 부정하는 어떤 것도 발견할 수 없다."[56] 또한 인간의 자기보존본성은 오직 자기보존을 위한 모든 역량을 발휘하는 것을 의미하기 때문에 자기보존본성은 필연적으로 인간의 지적 능력인 이성의 활동을 함축한다. 자기보존욕망을 자신의 정치 철학의 원리로 제시한 홉즈는 자기보존문제를 원자적인 개체인 인간의 자연적인 본능의 관점에서 바라봄으로써 자기보존욕망을 타인을 배제하고, 궁극적으로는 자신조차 파괴하게 되는, 인간의 이성 능력과는 구분되는 자연적인 욕망으로 이해한다. 그는 자기보존본성을 이성에 의해 제어되지 않는 무한한 자연적인 욕망으로 규정하며, 따라서 이성은 궁극적으로 자기파괴의 위험에 처해 있는 이러한 욕망을 억압하는, 자기보존을 위한 단순한 수단적 기능만을 지니게 된다. 그러나 자연적인 욕망과 이성을 서로 다른 층위로 보는 홉즈와는 달리 스피노자는 자기보존욕망을 이성적인 역량과 동일한 차원으로 이해한다. 그에 의하면 이성적활동은 능동적으로 자기보존을 수행하는, 자기보존을 위한 중요한 역량이며, 이성의 역량과 결합된 인간의 자기보존욕망은 자기보존을 확장하는 방식으로 나타남으로써 자기파괴적인 어떠한 요소도 지니지 않는다.

"이성은 자연에 대립되는 것은 아무것도 요구하지 않기 때문에, 이성은 각자가 자기 자신을 사랑하는 것, 자기의 이익, 자기의 참된 이익을 추구하는 것, 그리고 인간을 좀 더 큰 완전성으로 참되게 이

---

56   B. d. Spinoza, 같은 책, 3부 정리4 증명.

끌어가는 모든 것을 욕구하는 것, 일반적으로 말해서 각자가 전력을 다해서 자기의 존재를 있는 힘껏 보존하도록 노력할 것을 요구한다."[57]

이와 함께 스피노자는 인간의 자기보존이 오직 외적인 원인에 의해서만 훼손될 수 있는 것으로 본다. 인간은 자연의 법칙처럼 자신에게 부여된 존재의 법칙에 따라 자신을 유지하고 지속시키고자 하며, 자신의 존재를 위협하는 외적인 원인에 대해 적극적으로 저항하고, 자기보존을 위한 능력을 향상시키기기 위해 노력한다. 이러한 관점에서 살펴볼 때 인간의 자기보존본성은 두 가지 측면을 통해 이해될 수 있다. 한 가지 측면은 인간이 자신의 현존재를 있는 그대로 유지하고자 하는 수동적인 측면이며, 다른 한 가지는 자신을 보존하기위해 적극적으로 노력하는 능동적인 측면이다. 전자는 외부의 원인, 즉 타자에 의해 훼손된 것을 원래의 상태로 복귀시키는 힘이며 후자는 타자와의 관계 속에서 자기보존에 도움이 되는 것을 적극적으로 받아들이고, 자기보존을 손상시키려는 것들에 대해 저항함으로써 자신의 존재를 확장시키는 힘이다.[58]

스피노자는 자신의 존재능력을 강화시키고 확장시키려는 인간의 이러한 능동적인 힘을 "욕망"으로 표현한다. 욕망은 일반적으로 자연적인 본능과 동일한 의미로 사용하지만, 스피노자는 욕망을 자연적인 본능과는

---

[57] B. d. Spinoza, 같은 책, 4부 정리18.

[58] 들뢰즈에 의하면 스피노자의 이러한 자기보존노력은 세 가지 방식, 즉 "기계론적 정의(보존하다, 유지하다, 계속해서 머무르다), 역학적 정의(증가시키다, 장려하다), 변증법적인 것으로 나타나는 정의(대립하는 것에 대립하다, 부정하는 것을 부정하다)"로 이해될 수 있으며, 이러한 정의들은 상호 조화될 수 있다. G. Deleuze, 같은 책, 154쪽.

구별된 것으로서 자기보존노력에 의식이 개입되는 경우로 정의한다. 즉 그에게 욕망은 "의식을 동반하는 본능"이며, 따라서 "주로 인간에만 관계되는 것"[59]이다. 동물을 비롯한 모든 사물도 자기보존노력을 하지만 이러한 노력을 의식하는 것은 오직 인간일 뿐이며, 이러한 의식작용에는 사유의 활동이 포함된다. 스피노자는 "욕망이라는 개념을 인간의 모든 노력·잠재적 충동·의지"로, 따라서 "지적 인식을 하는 우리에게, 스스로 활동하는 우리에게만 관계"하고 있는 것으로 이해한다.[60] 사유를 매개로 한 지적 인식이 가능한 인간은 자기보존노력에 무한정한 시간을 부여함으로써, 일시적인 자기보존이 아닌, 영원히 지속될 수 있는 자기보존을 추구하게 된다.

따라서 인간에게 자기보존노력은 자기보존욕망으로 표출된다. 욕망을 결핍이나 결여로 이해하는 욕망에 대한 전통적인 이해방식과 달리 스피노자에게서 인간의 욕망은 자신을 보존하고자 하는 능동적이고 적극적인 힘이다. 인간의 욕망은 자신에게 부족한 것을 의식하고, 그러한 것을 충족시키려는 소극적인 정조가 아니라, 자기보존을 지속하기 위해 자신의 힘을 증대시키고 강화시키는 적극적인 노력을 통해 표출된다. 스피노자에 의하면 인간은 이러한 자기보존욕망을 통해 자신의 존재성을 확고히 하며 자기존재의 완전성을 추구한다. 그러나 이러한 완전성은 인간이 추구하는 목표나 도달해야하는 목적으로 제시된 것이 아니라, 자기보존욕망에 의해 추동된 인간이 자신의 활동 능력을 증대시키려는 힘 속에 실재하는 것으로 존재할 뿐이다. 스피노자에게 있어서 '완전성'과 '실재성'은 동일한 의미를 지니고 있으며, 모든 사물이 존재하고 활동하는 한 완전하

---

59 B. d. Spinoza, 같은 책, 3부 정리9, 주석.
60 B. d. Spinoza, 같은 책, 3부 정리59, 주석.

다고 할 수 있다. 다만 사물의 활동 능력이 증대하거나 감소하는 것을 더 완전하거나 덜 완전한 것으로 설명할 수 있을 뿐이다.[61]

스피노자가 욕망을 사유를 통해 매개된 의식적 활동으로 규정한 것처럼 자기보존욕망은 연장에 의해 포착된 인간의 신체뿐 아니라 사유의 양태인 정신에도 동일하게 작용한다. 인간은 정신과 신체로 구성되어 있으며, 인간의 자기보존욕망은 정신적 차원과 신체적 차원을 모두 포함한다. 스피노자는 신체와 정신을 서로 다른 실체로 이해한 데카르트와는 달리 신체와 정신을 각각 신적 실체를 드러내는 신의 속성으로서 궁극적으로 동일한 것으로 이해한다. 즉 "정신과 신체는 동일한 것이며 그것이 어느 때는 사유의 속성 밑에서, 어느 때는 연장의 속성 밑에서 파악"될 뿐이다.[62] 그에 의하면 "정신의 본질을 구성하는 최초의 것은 실제 현존하는 신체의 관념이기 때문에, 우리 정신의 출발점이자 가장 중요한 것은 신체의 존재를 긍정하려는 노력"이다.[63]

인간의 자기보존욕망은 따라서 신체 자체를 있는 그대로 지속시키고자 하는 생물학적인 생명보존욕망으로 나타난다. 생물학적인 신체를 보존하려는 인간의 욕망은 자신의 물리적 상태를 그대로 지속시키려는 수동적인 차원을 넘어 신체의 활동 능력을 증대시키고 촉진시키려는 적극

---

[61] 마트롱에 의하면 스피노자에게서 "완전성은 실재성과 동의어이며 실재성은 활동성과 동의어이므로, 활동 역량과 완전성이라는 두 통념은 등가이다". A. Matheron, 같은 책, 86쪽.

[62] 들뢰즈는 스피노자의 신체와 정신에 대한 이해를 라이프니츠로부터 유래한 "평행론"이라는 개념으로 포착한다. 평행론은 "신체와 정신 사이에 인과성의 관계를 부정하는 것 뿐 아니라 둘 사이에 어떤 우월성도 인정하지 않은 것에 있다". 즉 "신체들과 정신들 사이에는 질서의 동일성과 존재의 동일성"이 존재한다. G. Deleuze, 같은 책, 32쪽.

[63] B. d. Spinoza, 같은 책, 3부 정리10 증명.

적인 노력을 함축한다. 스피노자에 의하면 신체의 이러한 노력은 정신에게도 동일에게 나타나며, "우리 신체의 활동 능력을 증대시키거나 감소시키거나 또는 촉진시키거나 억제하는 모든 것의 관념은 우리의 사유 능력을 증대시키거나 감소시키거나 또는 촉진시키거나 억제한다."[64] 스피노자는 신체적 차원에서 나타나는 자기보존욕망이 정신적 차원의 자기보존욕망과 동일하게 나타나는 것으로 이해하며, 이와 함께 정신이 신체에 대해 지배력을 가지고 있다는 관념주의적 관점을 비판한다.[65] 그러나 신체와 정신을 동일한 차원에서 이해하고, 정신이 현존하는 신체로부터 출발한다고 해서 자기보존노력이 단순히 생물학적인 생명보존으로 환원되는 것은 아니다. 오히려 신체를 매개로 한 물리적인 생명보존을 토대로 정신활동이 함께 작용하며, 이와 함께 자기보존은 훨씬 더 확장되는 방식으로 전개되기 때문이다. 또한 스피노자는 참된 인식을 할 수 있는 능력, 즉 이성의 능력을 정신의 기능으로, 진정한 자기보존은 이성에 따른 자기보존, 즉 자기완성을 함축하고 있는 것으로 이해한다. 이성은 인간에게 진정한 자기보존이 무엇인가를 제시해줌으로써 시간에 제한된 단순한 생존추구를 벗어나 자기보존에 "지속성"을, 이와 함께 "무한정한 시간"인 영원성을 부여한다.

스피노자에 의하면 자기보존욕망에 의해 규정되는 인간은 모든 다른 사물과 마찬가지로 자신을 파괴하는 어떠한 부정성도 자신의 존재에 함

---

64 B. d. Spinoza, 같은 책, 3부 정리11.
65 홍영미는 스피노자에게서 자기보존노력이 생명보존차원을 넘어 "가치 지향적"이라고 규정한다. 그리고 인간의 자기보존노력이 무엇보다도 정신적 의미에서 "자아실현"을 목표로 하고 있다고 주장한다. 그러나 이러한 견해는 스피노자의 자기보존노력을 지나치게 관념적으로 이해한 것으로 보인다. 스피노자에 의하면 신체와 정신은 각각 신의 양태로서 동일한 차원에 있는 것이기 때문이다. 홍영미, 「스피노자의 코나투스 이론」, 『철학연구』 Vol. 73 (철학연구회 2006), 38쪽 이하 참조.

축하고 있지 않다. 그러나 "자연의 일부분"인 인간은 다른 사물들과 다양한 관계 속에 있으며, 이러한 사물들로부터 영향을 받는다. 즉 "인간이 자기의 존재를 지속하려고 하는 힘에는 한계가 있으며, 외적인 원인의 힘에 의하여 무한히 압도된다".[66] 인간에게 자신의 활동 능력을 감소시키는 "슬픔"이나[67], 자신을 파괴하는 극단적인 형태인 죽음이 불가피하다면, 그것은 이러한 부정적 요인이 인간에게 내재해 있기 때문이 아니라, 인간이 필연적으로 외부에 열려있기 때문이며, 다른 사물들에 의한 "외적 원인" 때문이다. 이러한 외적 원인으로 인해 인간은 자신의 활동 능력을 감소시키는 슬픈 감정이나 격정에 사로잡히게 되는데, 스피노자는 이러한 감정이나 격정을 제어할 수 있는 힘을 이성 능력에서 찾는다.[68]

---

[66] B. d. Spinoza, 같은 책, 4부 정리3.

[67] 스피노자는 인간의 기본적인 감정을 "기쁨과 슬픔, 그리고 욕망"으로 규정한다. 기쁨은 "인간이 보다 작은 완전성에서 보다 큰 완전성으로 이행하는 것"이며 슬픔은 "보다 큰 완전성에서 보다 작은 완전성으로 이행하는 것"이다. 그에 의하면 다른 모든 감정들은 이러한 세 가지 감정으로부터 파생된 것이다. B. d. Spinoza, 같은 책, 3부, 정리10, 주석. 박기순은 스피노자가 인간의 본성을 인간의 이러한 기본적인 감정들에 의해 설명한다는 사실을 토대로 스피노자의 인간학을 "감정들의 자연학"으로 규정한다. 박기순, 「스피노자의 인간 본성개념」, 『근대철학』 (서양근대철학회: 2012), 85쪽.

[68] 김원철은 인간의 정서에 관한 논의를 스피노자 윤리학의 핵심적인 문제로 파악함으로써 스피노자의 윤리학을 도덕성과 동기의 관계를 무엇보다도 중요시한 "도덕 심리학"으로 설명하고자 한다. 김원철, 「스피노자의 도덕 심리학」, 『철학연구』 제 49집 (고려대학교 철학연구소, 2014). 스피노자의 인간의 정서에 관한 논의를 개인의 도덕 심리학적인 관점에서 이해하는 김원철과는 달리 라이터는 사회철학적인 관점에서 설명한다. 그에 의하면 스피노자의 인간 정서에 대한 이론은 "심리학적이며, 우주론적이고, 인식론적이며 정치적인 요소를 함축"하고 있을 뿐 아니라 궁극적으로 "자유로운 사회에 관한 제약 조건을 제시"하려는 시도이다. K. Reitter, *Prozesse der Befreiung: Marx, Spinoza, und die Bedingungen eines freien Gemeinwesens* (Münster: Westfälisches Dampfboot, 2011), 270쪽.

스피노자에게서 이성은 인간에게 누구나 자신의 이익을 따를 것을 명령함으로써 궁극적으로 인간의 진정한 자기보존을 가능하게 하는 인간의 고유한 능력이다. 이성을 인간의 자연적 욕망과 대립하는 것으로 이해하는 이성에 관한 전통적인 사고방식과는 달리 스피노자는 이성을 자기보존이라는 인간의 욕망을 실현시키는 궁극적인 힘으로 간주한다. 그에 의하면 이성은 인간의 본성이며, 따라서 인간의 자연적 본성인 자기보존노력에 상응한다. 홉즈가 이성을 인간의 자기보존을 위한 단순한 수단으로 이해함으로써 이성을 자기보존욕망에 부가적인 기능으로 이해하였다면 스피노자에게서 이성은 인간의 자기보존에 본질적인 것이다.[69] 스피노자는 이러한 이성을 무엇보다도 '타당한 인식'을 할 수 있는 인간 정신의 고유한 능력으로 규정한다. 그에 의하면 타당한 인식이란 사물을 참되게 파악하는 것을 의미하며, 사물을 우연적이 아니라 필연적인 것으로 고찰하는 것이다. 따라서 이성적인 인식이란 어떤 사물에 대해 혹은 어떤 사건에 대해, 그러한 사물이 존재하는 혹은 그러한 사건이 존재하는 궁극적인 원인을 이해하는 것이며, 궁극적 원인인 '신의 영원한 본성' 속에서 사물을 고찰하는 것이다. 모든 사물은 신의 양태로서 신의 본질을 포함하고 있으며, 이러한 사물에 대한 타당한 인식은 오직 사물에 대한 '신의 영원한 상'과의 연관 속에서 고찰할 때 비로소 가능하다.

신의 본성 속에서 사물을 고찰할 때 비로소 이성의 타당한 인식이 가능하다는 스피노자의 논의는 추상적이며 관념적으로 보여 질 수 있다. 그러

---

69 불루멘베르크는 스피노자의 이성적인 자기보존원리를 이성 속에서 자연적인 자기보존욕망을 억압하는 전통적인 이성개념과 구분하여 스피노자의 이성적인 자기보존원리를 "새로운 합리성의 원리"로 규정한다. H. Blumenberg, "Selbsterhaltung und Beharrung", H. Ebeling(Hrsg.), *Subjektivität und Selbsterhaltung* (Frankfurt a. M.: Suhrkamp, 1996), 146쪽.

나 이성의 인식과 관련해 하나의 예를 들면 겨울의 혹독한 추위를 우연적인 현상으로만 본다면 우리를 괴롭히는 추위가 이해가 안 될 뿐 아니라, 언제 이러한 추위가 불쑥 찾아들지에 대한 불안한 감정만을 지니게 되며, 그로 인해 우리의 자기보존능력은 감소하고 약화된다. 그러나 추위는 결국 따스한 봄을 잉태시키며, 이러한 추위와 함께 해충이 사라짐으로써 해충으로 인한 피해와 질병을 줄일 수 있다는 사실을 자연의 필연적 이치, 즉 신의 영원한 본성 속에서 고찰한다면 추위는 더 이상 우리에게 고통스러운 것으로만 여겨지지 않을 것이다. 그리고 가을이 지나면 필연적으로 겨울이 온다는 사실은 우리로 하여금 추위를 대비하게 함으로써 현실적으로 추위로 인한 고통을 감소시킬 수 있다. 이성은 인간으로 하여금 자연의 필연성에 대한 인식을 통해 고통으로부터 벗어나는 것을 가능하게 해주며, 이와 함께 자기보존능력을 증진시킬 수 있게 한다.

또한 가까운 사람의 갑작스런 죽음은 우리를 슬픔에 몰아넣을 수 있다. 이러한 죽음이 한 개인에게만 찾아온 우연한 것으로 받아들여진다면 가까운 사람의 죽음을 경험한 개인은 이러한 죽음을 이해할 수 없으며, 그로부터 야기된 고통과 슬픔은 그러한 개인의 자기보존능력을 감소시키고 약화시킬 것이다. 그러나 이러한 죽음을 모든 인간이 겪게 되는 필연적인 자연의 이치, 즉 신의 영원한 본성 속에서 고찰한다면 죽음으로 인한 고통은 감소될 것이다. 스피노자에 의하면 인간의 정신은 이성의 타당한 인식을 통해 올바른 관념을 지닐 때 능동적으로 작용하며, 이에 반해 타당하지 않은 관념을 가지는 경우, 타자에 의해 작용을 받음으로써 수동적으로 된다. 자기보존을 훼손하는 슬픔이나 고통은 정신이 수동일 때이며, 정신이 능동으로 작용할 때는 기쁨이나 사랑을 통해 자기보존의 힘이 증진되며 확대된다. 따라서 인간은 '타당한 인식' 능력인 이성에 의해 인도될 때 정신의 수동에 의해 야기되는 부정적 감정을 제어할 수 있으며, 이와 함께 자기보존의 힘은 더욱 더 강화되고 확대된다.

3) 윤리적 덕과 자유

스피노자는 인간의 자기보존욕망에 존재론적 정당성을 부여할 뿐 아니라 이러한 욕망을 윤리적 규범의 토대로 삼는다. 스피노자는 자기보존욕망을 모든 다른 생물체와 마찬가지로 인간의 실존적 조건으로 규정하며, 그의 윤리학적 사유를 이러한 자기보존욕망으로부터 시작한다. 그에 의하면 자기보존은 인간존재의 절대적 가치이자 유일한 목적이다. 따라서 인간에게 필연적으로 내재해 있는 자기보존노력은 스피노자에게서 인간을 이해하는 유일한 법칙일 뿐 아니라 가치판단과 더불어 윤리학의 토대를 이루는 중심원리라 할 수 있다. 물론 스피노자는 이러한 자기보존을 인간이 미래에 도달해야할 궁극적 목표로 제시하거나 인간이 추구해야 할 가치로 설정하지는 않는다. 자기보존은 '신적 본성의 필연성'에 의해 야기되는 원리로서, 인간을 포함한 모든 사물에 내재하는 필연적인 존재법칙이기 때문이다. 이러한 자기보존은 인간의 현재 상태를 나타내는 기제이며, 인간의 자기보존노력은 이러한 현재 상태를 유지하거나 확장하려는 힘으로 표현된다. 따라서 인간의 궁극적 존재법칙인 스피노자의 자기보존 원리는 무엇보다도 인간의 현존재성에 대한 강한 긍정을 나타낼 뿐 아니라 그 자체로 절대적인 가치를 함축하고 있다.

스피노자는 인간의 본질을 구성하는 이러한 자기보존으로부터 윤리적인 선을 유추해 낸다. 그에 의하면 사물은 자신의 필연성에 따라 활동할 뿐이며, 그 자체로 선이나 혹은 악으로 규정할 수 없다. 사물에 대한 선과 악의 개념은 오직 인간과의 연관성 속에서만 설명할 수 있으며, 이와 함께 스피노자는 "인간의 본성의 전형에 접근하는데 수단이 되는 것"을 선으로, "그러한 전형에 일치하는 데 방해가 되는 것"[70]을 악으로 정의한다. 자기보존이라는 자신의 본성에 합당하게 행위하는 것은 선이며, 자신의 본성에 역행해서 행위하는 것은 악이라 할 수 있다. 즉 인간에게 유익하며 자기보존을 촉진시키는 것은 선이며, 인간에게 유해한 것으로서 인간의 자기보존을 훼손하는 것은 악이다. 스피노자는 자기보존노력을 선악을 판단할 수 있는 유일한 토대로 삼음으로써 인간이 추구해야 할 진정한 덕을 인간의 자기보존노력 속에서 찾는다. 따라서 인간은 자기보존이라는 인간의 본성 외부에 있는 법칙에 복종함으로써 유덕해질 수 있는 것이 아니다. 오직 자신의 이익을 따르며, 이를 통해 자기보존을 확장하고 촉진시킴으로써 자신의 본성에 충실할 때 인간은 비로소 유덕해질 수 있다.

> "자기 자신을 보존하려는 노력은 덕의 으뜸이자 유일한 기초이다. 왜냐하면 이 원리보다 우선하는 다른 어떠한 원리도 생각할 수 없으며, 그리고 이 원리 없이는 어떠한 덕도 생각할 수 없기 때문이다."[71]

자기보존노력은 덕의 토대를 이루고 있기 때문에 유덕하기 위해서 인간은 자기보존 역량을 증진시켜야 한다. 이를 통해 인간은 윤리적 선을, 즉 덕을 실현하게 된다. 그러나 인간은 오직 이성에 의해서만 자기보존역량을 확대하고 촉진시킬 수 있으며, 이와 함께 완전성을 실현할 수 있기

---

[70] B. d. Spinoza, 같은 책, 4부 머리말, 245쪽.

[71] B. d. Spinoza, 같은 책, 4부 정리22 보충. 델보스는 인간의 덕행을 오직 자기보존노력에서 찾는 스피노자의 윤리학이 "훗날 니체가 강조할 문구에 따라 '선악을 넘어서' 구성"되어야 하는 것으로 이해한다. V. Delbos / M. Blondel, 『스피노자와 도덕의 문제』, 이근세 옮김 (서울: 선학사, 2006), 61쪽.

때문에 덕은 필연적으로 "타당한 인식능력"인 이성에 의해 매개되지 않으면 안 된다. 즉 스피노자에게 있어서 덕에 따라 행위 한다는 것은 궁극적으로 이성적으로 행위한다는 것을 의미한다. 스피노자에 의하면 이성에 따른 인간의 자기보존욕망은 인간에게 유익한 선을 행하고 인간의 자기보존을 훼손하는 악을 회피하게 함으로써 인간으로 하여금 유덕한 행위를 가능하게 한다.[72] 따라서 "덕에 따라 행위 하는 것은 이성의 지도에 따라서 자기의 이익을 추구하는 것을 기초로 행위하고 생활하며 자신의 존재를 보존하는 것에 지나지 않는다."[73]

인간의 자기보존노력으로부터 덕을 유추하는 스피노자의 덕에 관한 이러한 개인주의적 논의는 타인에 대한 윤리를 전혀 함축하고 있지 않은 것으로 보인다. 일반적으로 윤리가 타인과의 관계에 대한 의무나 규범적 당위를 제시하는 것에 반해 스피노자의 덕에 관한 윤리학은 오직 자기보존을 위한 개인의 역량 증진만을 요구한다. 그러나 개인의 차원에만 머물러 있는 자기보존노력에 근거한 덕은 이성을 매개로 한 지적 인식이 개입될 때, 개인적인 차원을 벗어나 타인으로 확대된다. "우리의 이익을 추구하는 이성은 인간이 서로 결합할 것을 가르쳐"[74]주며 이성의 이러한 지적 인식을 통해 인간은 고립적인 자기보존을 벗어나 자신과 동일한 타인과 함께 자기보존을 추구할 때 자기보존역량을 증진시킬 수 있음을 알게 된

---

72 타당한 인식인 이성에 의해 매개된 자기보존노력을 윤리적 규범으로 제시한 스피노자의 윤리학적 논의와 관련해서 코플스톤은 "도덕적 진보는 지적인 진보와 병행하는 것, 또는 지적인 진보의 한 측면"임을 강조한다. F. Copleston, 『합리론』, 김성호 옮김 (서울: 서광사, 2004), 391쪽. 또한 들뢰즈는 스피노자의 윤리학이 이성적 능력에 따른 자기보존노력에 근거해 있다는 사실을 통해 스피노자의 윤리학을 "의무론에 상반되는 능력이론"으로 규정한다. G. Deleuze, 같은 책, 158쪽.
73 B. d. Spinoza, 같은 책, 4부 정리24.
74 B. d. Spinoza, 같은 책, 4부 정리37 주석1.

다. 자기보존본성을 지닌 인간은 외부환경에 늘 노출되어 있으며, 이러한 외부환경에 의해 자기보존역량이 감소되기도 하고 증대되기도 한다. 그런 의미에서 타인은 개인의 자기보존노력에 가장 중요한 영향을 미치는 존재라 할 수 있다. 그러나 스피노자는 이러한 타인과의 관계에 대해 개인들에게 의무를 부과하거나 규범을 제시하지 않는다. 오히려 각자가 자기보존역량을 증진할 것만을 요구한다. 각각의 개인들이 모두 이성적인 인식에 근거해 자기보존노력을 하는 것이 덕이며, 각각의 개인들이 모두 자기보존역량을 증진시킨다면 이들 모두는 서로에게 덕을 행하는 것이 되며, 결과적으로 서로가 서로에게 자기보존역량을 증진하는데 도움이 되는 존재가 된다. 결국 인간 개개인의 자기보존노력이 궁극적으로는 타인의 자기보존역량을 증진시키는 결과를 초래하게 되는 것이다. 또한 올바른 인식을 지닌 이성적인 인간은 타인을 자신과 동일한 자기보존노력을 하는 존재로 이해함으로써 타인에 대한 배타성이 아닌 자신과 동질성을 지닌 존재로 인식하며, 각자의 자기보존노력이 서로의 자기보존을 증진시킨다는 사실에 대한 올바른 관념을 지닌다. 즉 "이성의 지도를 받는 모든 사람은 자기를 위해 욕구하는 선을 타인을 위해서도 욕구"[75]하게 된다. 이와 함께 스피노자는 이성적 인식을 근거로 한 개인의 자기보존노력이 어떻게 타인에 대한 윤리로 확장되며, 따라서 윤리적인 선이 될 수 있는지를 분명하게 보여준다.

> "저마다의 인간이 자기에게 유익한 것을 가장 많이 추구할 때 인간은 서로에게 가장 유익하다. 왜냐하면 각자가 자기의 이익을 추구하면 할수록, 그리고 자신의 보존을 위해 노력하면 할수록 그는 그

---

[75]   B. d. Spinoza, 같은 책, 4부 정리73 주석.

만큼 유덕하며 또는 자기의 본성의 법칙에 따라 행동하는 능력, 말하자면 이성의 지도에 따라서 생활하는 능력이 그만큼 크다. 그런데 인간은 이성의 지도에 따라서 생활할 때 본성에 있어 일치한다. 그러므로 인간이 각자의 이익을 가장 많이 추구할 때, 인간은 서로 간에 가장 유익할 것이다."[76]

스피노자는 자기보존능력을 증진시킴으로써 윤리적인 덕을 가능하게 하는 이성을 인간을 자유롭게 하는 원천으로 규정한다. 그에게서 자유란 단순히 외적인 강제가 없이 행동할 수 있는 것을 의미하지 않는다. 일반적으로 자유는 아무런 외적인 원인 없이 자율적으로 행위 할 때, 혹은 행위의 원인이 유일하게 자기 자신에게 있을 때를 의미한다. 그러나 스피노자는 외적인 원인 없이 행위 하거나 혹은 모든 행위의 원인을 오직 인간 자신의 의지로 환원하는 자유에 대한 일반적인 정의가 지닌 오류를 지적하며, 자유에 대한 이와 같은 사유는 행위의 원인에 대한 무지 때문인 것으로 비판한다. 인간은 자신들이 어떤 행위를 하고자 하는 의지와 충동을 지니고 있지만 이러한 의지와 충동의 원인에 대해서는 생각하지 않는다. 따라서 외적인 방해 없이 하는 모든 행위를 자유로운 행위로, 때로는 인간의 자유로운 의지에 따른 행위로 규정한다.

　"젖먹이가 젖을 원하는 것을 자유라고 생각하며, 화가 난 소년이 복수하려는 행위, 겁 많은 아이가 도망치려는 행위, 이들 모두를 자유의지에 의한 것이라고 믿는다. 또한 술 취한 사람이 나중에 술이 깨어 취중에 했던 자신의 말에 대해 후회할지라도 그 당시에는 정신

---

[76]　B. d. Spinoza, 같은 책, 4부 정리35 보충2.

의 자유로운 행동에 의한 것이라고 믿는다. 마찬가지로 정신착란자나 수다쟁이, 아이들, 그리고 이외에 이와 유사한 많은 사람들의 행동도 정신의 자유로운 결정에 의한 것이라고 믿는다."[77]

위의 예시에 나오는 것처럼 사람들의 행위가 외부로부터 강요되지 않고 자발적으로 행한 것이라고 생각할 때 이들의 행위가 자유로운 것이라고 생각한다. 이들의 행위의 원인이 그들 자신에게 있다고 판단하기 때문이다. 그러나 이들의 행위는, 젖먹이는 배고픔이라는, 복수는 분노라는, 도망은 공포라는, 그리고 술 취한 사람은 술이라는, 특정한 원인에 의한 것이며, 이들의 행위를 자유로운 것으로 판단하는 사람들은 이러한 원인을 인식하지 못할 뿐이다. 자유롭다고 생각된 그들의 행위는 사실은 특정한 원인에 의해 강제된 것일 뿐이며, 그들이 이러한 원인들로부터 자유로울 수 없는 한 그들의 행위는 궁극적으로 자유에 의한 것이라 할 수 없다.

스피노자는 스토아학파나 데카르트에게 나타나는 의지의 자유에 관한 논의를 반박함으로써 의지의 자유에 함축된 오류를 구체적으로 보여준다. 그들에 의하면 의지는 어떠한 원인도 가지지 않은 절대적인 것이거나, 혹은 의지는 사유에 의해 매개된 정신적인 것으로서 신체에 대한 정신의 자립성을, 혹은 신체에 대한 정신의 능동성을 지녔기 때문에 자유롭다. 그러나 스피노자는 이러한 주장이 제1원인이라 할 수 있는 신적 실체를 부정하고 인간을 이러한 신적 실체, 즉 자연의 질서를 넘어서는 절대적인 존재로 규정하는 잘못을 범하고 있다고 본다. 이러한 주장은 "자연안에 내재하고 있는 인간을 국가 안의 국가처럼 이해하는 듯 보인다."[78]

---

[77] B. d. Spinoza, 같은 책, 3부 정리2 증명.
[78] B. d. Spinoza, 같은 책, 3부 머리말 1쪽.

그에 의하면 인간은 신, 즉 자연이 자신을 드러내는 양태일 뿐이며, 그러는 한 인간의 모든 행위는 궁극적인 원인인 신으로 소급되어 진다. 그에 의하면 "정신 속에는 절대적인 의지, 즉 자유의지가 존재할 수 없다. 오히려 정신은 이것저것을 의도하게끔 하는 원인에 의해 결정되고, 이 원인은 또 다른 원인에 의해 결정되며, 다시 이것은 다른 원인에 의해 결정된다."[79] 또한 신의 양태로서 정신과 신체는 동일한 것이며 단지 어느 때는 사유의 속성 밑에서, 어느 때는 연장의 속성 밑에서 파악될 뿐이다. 따라서 정신이 신체를 지배한다는 생각은 신체의 알려지지 않은 기능들을 정신의 활동으로 착각함으로써, 그리고 인간의 사유기능을 절대화함으로써 야기되는 오류다.

스피노자에 의하면 자유란 "자신 이외에 어떤 사람도 따르지 않고, 자신이 인생에 있어서 가장 중요하다고 인식하는 것, 따라서 자신이 원하는 것만을 행하는 것"[80]이다. 즉 자유는 철저히 이성적 인식에 뒷받침되어야 하며, 이러한 인식을 바탕으로 외부의 영향을 받지 않고 행위 하는 것을 의미한다. 그러나 인간은 자연의 한 부분인 한에 있어서 필연적으로 외부의 영향을 받을 수밖에 없다. 특히 우리의 신체는 외부에 노출되어 있으며, 따라서 외부의 영향에 의해 신체의 활동이 증진되기도 하고 감소되기도 한다. 이러한 신체의 변화에 대한 관념을 스피노자는 감정으로 규정하며, 이러한 감정을 인간의 정신이 완전히 제압할 수 없기 때문에 이로부터 인간의 예속이 발생하는 것으로 이해한다. 즉 "감정에 지배를 받는 사람은 자기의 권리 아래 있는 것이 아니라, 운명의 권리 아래 있으며 스스로 보다 좋은 것을 알면서도 보다 나쁜 것을 따르도록 종종 강제될 만큼

---

[79] B. d. Spinoza, 같은 책, 2부 정리48.
[80] B. d. Spinoza, 같은 책, 4부 정리66 주석.

운명의 힘에 사로잡혀 있다."[81]

이러한 감정에 지배되지 않은 자유인이 되기 위해서 인간은 감정을 이성을 통해 명확하게 인식해야 한다. 스피노자는 외부로부터 영향을 받은 감정을 수동적인 감정으로, 그리고 이러한 감정을 이성에 의해 아직 명확한 인식과정을 거치지 않은 상태이기 때문에 "혼란된 감정"으로 규정한다. 그리고 이러한 혼란스런 감정이 인간을 지배함으로써 인간을 감정의 노예로 만드는 것으로 이해한다. 그러나 인간은 "타당한 인식"을 할 수 있는 이성능력이 있으며, 이성을 통해 감정을 명확히 인식함으로써 자유롭게 되는데 "우리가 감정을 보다 더 잘 인식함에 따라서 그만큼 감정은 우리의 지배 아래 있게" 되기 때문이다.

> "각자는 자기와 자기의 감정을 비록 절대적이지는 않더라도 적어도 부분적으로 명확하게 인식하는 힘을 가지며, 따라서 그들 감정으로부터 영향을 덜 받는 힘을 갖는다. 그러므로 우리들이 특히 노력해야 할 것은 각각의 감정을 명확하게 인식하고 정신이 감정을 떠나서 명확하게 지각하고, 그리고 자신이 전적으로 만족하는 사유를 하게 하는 것이다. 즉 감정 자체를 외부 원인의 사유로부터 분리하여 참된 사유와 결합하는 것이다."[82]

스피노자에 의하면 "우리가 감정에 대해 명확한 관념을 형성하자마자 고통으로서 감정은 더 이상 고통이기를 멈추게"[83] 되며, 따라서 이러한 감

---

81 B. d. Spinoza, 같은 책, 4부 머리말 183쪽.
82 B. d. Spinoza, 같은 책, 5부 정리4 주석.
83 B. d. Spinoza, 같은 책, 5부 정리3.

정을 벗어나 이성을 따를 때 인간은 비로소 자신의 삶의 주인이 되는 진정한 자유를 획득할 수 있다. 특히 그는 이성에 의한 타당한 인식을 사물의 필연성에 대한 인식으로 이해한다. 모든 사물에는 원인이 있으며, 이러한 원인들에 의해 존재와 작용이 연결되어 있다. 따라서 원인을 정확하게 인식한다는 것은 사물의 필연성을 인식한다는 것이며, 필연성에 대한 이러한 인식은 이성에 의해 매개된 정신으로 하여금 감정에 대한 지배력을 높이며, 감정으로부터 덜 영향을 받게 함으로써 감정에서 오는 예속으로부터 우리를 자유롭게 한다. 또한 필연성에 대한 인식은 궁극적 원인에 대한 인식을 함축하며, 이는 궁극적 원인으로서 신에 대한 사랑을 함축한다. 따라서 이성은 진정한 자기보존에 근거한 덕의 원리이자 동시에 인간의 자유를 가능하게 하는 실천적 기제라 할 수 있다. 스피노자는 인간에게 무엇보다도 타당한 인식능력인 이성의 힘을 지닐 것을 요구하며, 이러한 이성을 통해 자기보존을 확장시키고 촉진시킬 수 있는 덕을 지닐 수 있기를, 그리고 이와 함께 유덕한 행위에 근거한 행복과 자유가 실현될 수 있기를 요구한다.

4) 정치적 삶과 이성

스피노자는 인간의 자기보존노력과 이성적인 행위, 그리고 도덕적인 덕과 자유를 동일한 차원에서 이해하며 이와 함께 자기보존에 토대를 둔 개인주의적 윤리로부터 출발해서 보편적 윤리의 가능성을 제시한다. 그에 의하면 인간의 이성적인 자기보존은 필연적으로 타인의 자기보존과 밀접하게 연관되어 있다. 즉 인간의 자기보존욕망에는 타인을 배제하는 어떤 기제도 함축하고 있지 않으며, 따라서 각각의 개인들이 자기보존을 위해 최선을 다할 때 그는 동시에 타인의 자기보존을 위해 최선을 다하게 되며, 궁극적으로 공동의 이익을 추구하게 된다.

> "인간에게는 인간만큼 유익한 것은 없다. 나는 인간이 자기 존재를
> 유지하기 위해서는 모든 인간이 모든 점에서 일치하는 것, 즉 모든 인
> 간의 정신과 신체가 하나가 되어서 마치 하나의 정신, 하나의 신체를
> 구성하여 모든 사람이 다 함께 가능한 한, 자신의 존재를 보존하려고
> 노력하고, 모든 사람이 다함께 모두의 공통된 이익을 추구하는 일, 그
> 러한 일 이상으로 가치 있는 것은 아무것도 바랄 수 없다."[84]

인간의 자기보존문제를 실천철학의 원리로 제시한 홉즈가 자기보존욕망 속에서 오직 타인에 대한 배타성만을 간취해냄으로써 타인과의 관계를 국가라는 외적 강제성에 의해 새롭게 구성하는 것과 달리 스피노자는 인간의 자기보존본성에 이미 타자성이 내재해 있음을 강조한다. 즉 스피노자에게서 자기보존이라는 윤리적 규범은 인간의 자기 자신에 대한 내적 윤리 뿐 아니라 동시에 타인에 대한 윤리를 포함하고 있으며, 이성에 따른 참된 자기보존본성은 필연적으로 타인의 자기보존본성과 항상 일치한다는 사실을 함축하고 있다. 인간에게 자기보존노력은 절대적인 본성이지만 자기보존역량은 타인과 함께 할 때 더욱 더 증대되기 때문이다. 그러나 스피노자에게서 자기보존역량의 이러한 공동성은 이성을 전제했을 때만 비로소 가능하다. 그리고 스피노자 스스로 "인간이 이성의 지도에 따라 생활하는 것은 참으로 드물다."라고 고백하듯이 인간의 자기보존노력은 항상 이성에 의해 인도되는 것은 아니며, 자기보존본성은 오직 개인적인 차원에서 나타나기 때문에 타인을 배제할 수 있는 기제를 동시에 함축하고 있다.

---

84   B. d. Spinoza, 같은 책, 4부 정리18 주석.

스피노자는 『에티카』에서 덕을 따르며, 자유롭고 행복한 삶이 어떻게 가능한지를 이성에 인도된 자기보존능력을 통해 서술한 다음에 현실 속에 나타나는 인간의 구체적인 모습과 함께 국가에 기초를 둔 정치적인 삶의 필연성을 강조한다. 그는 홉즈와 마찬가지로 인간의 자연권을 자기보존노력 속에서 발견한다. 그러나 홉즈가 자연 상태에서만 자유를 포함한 자연권이 가능하며, 자기보존을 위해 인위적으로 형성된 국가에서 이러한 자연권을 포기해야 하는 것으로 이해하는 것과는 달리 스피노자는 자연권을 자연 상태나 국가에서나 동일하게 인간이 추구하는 절대적인 권리로 이해한다. 홉즈는 자기보존욕망과 이러한 욕망을 가능하게 하는, 도구로서 이성을 분리시키며, 도구적 이성에 의해 체결된 계약의 결과인 국가에 절대적인 권력을 부여한다. 국가는 계약을 체결한 개인들과는 독립적으로 존재하며, 국가는 개인에게는 공포라는 감정을 야기함으로써, 그리고 절대적인 권력을 통해서만 유지될 수 있다. 따라서 인간의 이성은 오직 자연 상태로부터 벗어나 국가로 이행하기 위한 계약체결에만 작용할 뿐, 국가 내에서는 오직 국가 권력에 대한 복종만 용인되며, 인간의 이성은 더 이상 아무런 역할을 하지 못한다.

그러나 스피노자에게서 이성은 진정한 자기보존을 가능하게 하는, 그리고 인간의 자기보존욕망에 내재해 있는 핵심적인 기제이다. 따라서 이성은 자연 상태나 국가에서 다양한 방식으로 인간의 자기보존에 영향력을 행사하며, 때로는 무력하게 나타나기도 하고, 때로는 불충분하게, 그리고 때로는 인간의 자유가 완전히 실현될 수 있도록 충분히 발현되기도 한다. 또한 스피노자는 홉즈와 마찬가지로 어떠한 규범도 존재하지 않은 자연 상태를, 그리고 계약을 언급하지만, 홉즈와 달리 이러한 자연 상태를 비참하게 인식하거나 혹은 개인들의 계약이 국가의 형성에 절대적인 영향력을 행사하는 것으로 이해하지는 않는다. 홉즈가 배타적인 인간의 자기보존이라는 자연권으로부터 출발해서 이러한 자연권만 존재하는 자연 상태로부터 계약으로 그리고 궁극적으로 자연법이 자연권을 대신하는 국가로의 이행을 인간의 자기보존을 위한 필연적인 과정으로 서술한데 비해 스피노자에게서 자연 상태와 계약은 이러한 명확한 과정에 대한 기술 없이 모호하게 언급될 뿐이다.[85] 또한 그는 '자기보존'이라는 자연권을 오직 "인간이 공동 권리를 가지고 살며 일구어 놓을 땅을 서로 같이 지니고, 자기를 지켜 모든 사람들이 폭력을 배제하면서 모든 사람들의 공동 의지에 따라 생활할 수 있을 때에만"[86], 즉 "공동의 권리를 가지고 모든 사람들이 하나의 정신으로 인도되는" 국가에서만 가능한 것으로 이해함으로써 자연 상태에서 배타적인 자연권을 "오히려 공상 속에만 존재"[87]하는 것으로 규정한다. 그에게 자연 상태나 이러한 자연 상태에서의 상호 배타적인 인간관계는 국가 형성에 절대적인 계기라기보다 추측할 수 있는 하나의 계기일 뿐이다. 스피노자에게서 인간의 자기보존노력은 오히려 상호적인 긍정적 관계를 전제하며, 그러한 관계가 국가를 형성하는 기초를 이룬다고 할 수 있다. 자연 상태의 상호 배타적인 인간들에게 자연권이란 불가능하며, 자기보존에 근거해 있는 자연권은 타인과의 긍정적인 관계와 함께 시작될 뿐 아니라 타인과 함께 할 때 확장될 수 있다.

---

[85] 마트롱에 의하면 스피노자에게서 "국가의 발생은 독립성에서 의존성으로의 이행이 아니라 자연 상태의 동요하는 상호 의존에서 견고해진 상호 의존으로의 이행이며, 정치사회는 바로 이처럼 견고해진 상호 의존으로 정의될 수 있다." 즉 마크롱은 자연 상태에서 국가의 이행을 "자연 상태에서 인간 상호간의 정념적 삶의 전개 결과 출현하는 협동의 기미 – 집단적 규율의 기미 – 국가의 탄생 – 집단적 규율의 강화 – 협동의 강화"로 이해한다. A. Matheron, 같은 책, 466쪽.

[86] B. d. Spinoza, *Politischer Traktat* (Hamburg: Felix Meiner, 2010), 2장 §15.

[87] B. d. Spinoza, 같은 책, 2장 §15.

"여기 두 사람이 서로 뜻을 같이하고 힘을 합친다면, 이 두 사람은 그들이 혼자인 경우보다 더 많은 일을 할 수 있다. 따라서 두 사람은 함께 더 많은 권리를 자연에 대해서 갖게 된다. 이처럼 점점 많은 사람들이 친밀 관계를 이루게 됨에 따라 더 많은 권리를 모든 사람들이 갖게 한다."[88]

　　스피노자는 신의 양태로서 모든 생명체에 공동으로 존재하는 자기보존노력이 인간에게는 이성을 매개로 나타난다. 이성은 때로 무력하기도 하지만 그러나 궁극적으로 이성은 인간에게 "자기 자신에게만 복종하는 고독 속에서보다는 오히려 공동의 결정에 따라서 생활하는 국가 속에서 좀 더 자유롭다."는 사실을 알게 해주며, 인간은 "이성의 명령에 따라 자기의 존재를 보존하려고 노력하는 한 [...] [...] 공동생활과 공동 이익을 고려하고, 따라서 국가의 공동 결정에 따라서 생활하기를 원한다."[89] 따라서 국가는 인간의 자기보존을 위해 이성의 매개로 나타난 결과이며, 그러는 한에 있어서 국가는 인간에게 낯선 제도라기보다 자기보존을 추구하는 이성적인 인간의 본성에 필연적으로 내재해 있는 자연권, 즉 다수자의 힘에 의한 자연권이라 할 수 있다. 스피노자는 모든 인간이 이성의 지도에만 따를 경우 국가의 존재는 무의미해질 것으로 이해한다. 그러나 그 자신이 『에티카』의 마지막에 "모든 고귀한 것은 드물고도 어렵다"[90]라고 고백하듯이 인간이 이성의 명령에만 따라 사는 것은 "드물고 어려우며", 모든 인간이 전적으로 이성의 지도에만 인도되는 것은 현실적으로는 불가

88　B. d. Spinoza, 같은 책, 2장 §13.
89　B. d. Spinoza, *Die Ethik*, 4부 정리73 증명.
90　B. d. Spinoza, 같은 책, 5부 주석.

능한 일일지도 모른다. 현실 속에서 어떤 인간은 좀 더 이성적으로 행위하기도 하며, 어떤 인간은 정념에 더 많이 지배를 받기도 한다. 그리고 대다수의 인간은 때로는 이성적으로, 때로는 정념에 휩쓸려서 존재하며 그러는 한에 있어서 국가는 어떠한 상황에서도 인간의 자기보존을 가능하게 하는 최상의 정치적 기구라 할 수 있다. 그에게 국가의 목적은 인간의 자기보존을 위해 강력한 권력과 함께 인간을 지배하는 데 있는 것이 아니라, 단순한 생물학적인 자기보존을 넘어 진정한 자기보존을 위해 이성적 능력을 증진시키는 데 있다.

> "국가의 궁극적인 목적은 공포에 의해 지배하거나 인간을 억누르고 복종을 강요하는 것이 아니라, 그와는 정반대로 모든 사람을 공포에서 벗어나 가능한 한 안전하게 살 수 있도록 해야 한다는 데 있다. 다시 말해서, 자기 자신은 물론 타인에게 해를 끼치지 않으면서 자신이 존재하고 활동할 수 있는 자연권을 강화해 주는 것이 국가의 설립 목표라 할 수 있다. 그러므로 국가의 목적은 인간을 이성적 존재에서 야수나 꼭두각시로 개조하는 것이 아니라, 자신의 정신적 신체적 능력을 안전하게 발전시키고 그들의 이성을 제한 없이 사용하도록 하는 데 있다."[91]

즉 국가는 개인들의 공동권리에 토대를 두고 있으며, 따라서 개인들은 국가의 법에 복종해야 한다. 그러나 이러한 복종은 국가가 개인들의 자기보존권리를 훼손하지 않을 뿐만 아니라 오히려 이성적인 능력을 함양하게 함으로써 이러한 권리를 증진시킨다는 것을 전제한다. 개인들은 공포

---

[91]   B. d. Spinoza, *Theoligisch-politischer Traktat*, 308쪽.

때문에 국가에 복종하는 것이 아니라, 자신들의 자기보존노력이 국가의 목적과 일치하기 때문에 복종하는 것이다. 국가의 힘은 바로 이러한 국가 안에 살아가는 개인들의 평화와 안전에, 그리고 인간이 화합하여 생활하고 그들의 권리가 유지되는 것에 토대를 두고 있다. 이러한 국가는 이성에 따라 이성으로 인도될 때, 즉 국가의 법이 건전한 이성에 기반 해 있을 뿐 아니라 이러한 법이 가장 잘 지켜질 때 가능하다. 스피노자는 모든 사람이 전체적으로 권력을 행사할 수 있는 민주주의 정치체제에서 이러한 이성적인 국가의 모습을 발견하며, 따라서 민주국가를 단순히 생물학적인 생명 뿐 아니라 이성에 따라 개인들이 자기보존노력을 증진시키고, 궁극적으로 개인들을 자유롭게 하는 최상의 정치형태로 이해한다. 그는 정치적 삶과 국가의 목적을 개인의 자기보존으로, 국가를 오직 개인들의 합의에 근거해 있는 것으로 이해한다는 점에서 홉즈의 계약론적 관점을 공유하지만, 그러나 국가의 지배형태가 개인들을 강제하는 권력이 아닌, 오히려 개인들의 자기보존노력과 합치하는 민주적 형태를 제시함으로써, 그리고 인간의 이성을 이러한 모든 것을 가능하게 하는 궁극적인 원리로 제시함으로써 홉즈적인 국가의 이해와 완전히 결별한다. 이와 함께 스피노자는 개인의 권리에 기초한 근대 국가의 형성에 이론적 기초를 마련하며, 그의 철학적 사유는 개인의 권리와 자유, 그리고 이성을 중시하는 현대성을, 현대적 정신을 구체적으로 표현하고 있다.

3. 헤겔(G. W. F. Hegel): 욕망과 상호인정문제

1) 자기의식과 욕망

현대성이 중세적인 종교적 가치를 거부하고 철저히 인간의 이성과 자유에 근거해 인간과 세계, 사회를 새롭게 해석하는, 그리고 이러한 이론적 토대와 함께 미래에 대한 낙관주의 관점이 지배하는 철학적 사유를 의미한다면, 헤겔은 이러한 현대적 정신을 대변하는, 그러나 이론적인 측면에서나 시기적인 측면에서 끝자락에 위치해 있는 철학자라 할 수 있다. 또한 그는 현대적 이념을 체계적으로 완성함으로써 탈현대를 지향하는 20세기 이후 현대의 철학적 담론 속에서 비판의 정점에 있는 대표적인 근대의 철학자이기도 하다. 그는 개인들의 자기보존욕망에 근거해 정치사회의 형성을 설명하는 홉즈의 정치이론을 받아들임으로써 자기보존을 위한 인간의 자연적 욕망을 중요시하고, 이러한 욕망에 의해 적대적인 투쟁이 야기되는 자연 상태를 자신의 정치 철학의 이론적 토대로 삼는다. 그러나 그는 홉즈처럼 규범이나 제도가 존재하지 않은 자연 상태가 서로에 대한 불신과 적대감으로 인해 투쟁이 지속되는 '만인에 의한 만인의 투쟁' 상태로, 그리고 자연 상태가 오직 상호적인 계약을 통해 강력한 권력을 끌어들임으로써, 즉 외적인 권위에 의존함으로써 비로소 종식될 수 있는 것으로 이해하지 않는다. 헤겔은 스피노자와 마찬가지로 인간에 내재해 있는 이성적 요소를 신뢰하며, 이러한 이성의 원리를 구체적으로 '상호인정'이라는 개념 속에서 발견한다. 그에 의하면 자연 상태에서 야기된 투쟁은 인간에 내재해 있는 상호인정 능력을 통해 중단되며, 정치사회의 형성과 발전은 이러한 상호인정의 원리에 근거해 있다.

헤겔은 유럽의 근대사회에 지배적인, 특히 홉즈를 비롯한 사회 계약론자들에게 뚜렷이 나타나는 개인주의적 관점을 비판하며, 개인이 필연적으로 타인에 의해 매개되어 있는 사회적 존재라는 사실로부터 정치사회의 필연성을 유추해 낸다. 그러나 그는 고대 철학자인 아리스토텔레스처럼 사회적 존재인 인간의 특성을 자연으로부터 부여된 당연한 것으로 받아들이지는 않으며, 인간의 사회적 특성을 가능하게 하는, 인간의 구체적인 능력을 나타내보이고자 한다. 헤겔은 이러한 능력을 피히테로부터 받아들인 '상호인정' 개념 속에서 발견하며, 이러한 상호인정을 개인과 타인을 매개하는, 인간에 내재해 있는 이성적인 능력으로, 따라서 정치사회를 가능하게 하는 궁극적인 원리로 이해한다.[92] 상호인정은 헤겔 철학에 있어서 각각의 개인들이 독립되어 있으면서 동시에 타인에 의해 매개된 존재라는 사실을 확인시켜주는 핵심적인 기제이다. 헤겔은 상호인정 개념을 통해 근대의 성과물이라 할 수 있는 자율적인 개인들을 긍정하면서, 동시에 개인들을 타인으로부터 철저히 단절된 원자화된 존재로 환원시키지 않고, 개인들의 관계를 사회적 관계망 속에 밀접하게 연결하는 데 성공한다. 그에게서 개인의 정체성은 고립적인 개인들이 독자적으로 형성할 수 있는 것이 아니라, 오직 타인과의 관계 속에서 가능하며, 상호인정은 이러한 관계들을 만들어 내는 인간의 고유한 능력이라 할 수 있다.

헤겔이 젊은 시절 『철학비판저널』에 발표한 논문이자, 사후에 출판된 『인륜성의 체계』에서 처음 등장한 상호인정 개념은 민족의 윤리적 삶의 총체성인 '인륜성' 속에서 개인들의 통합의 원리로 등장한다. 그리고 마찬가지로 사후에 출판된 『예나시대의 체계 기획』에서는 상호 배타적인 개인들의 투쟁을 종식시키는 중요한 계기로 나타난다. 이러한 상호인정 개념은 헤겔이 자신의 철학적 사유를 독자적으로 구축하려는 첫 시도인

---

[92] 핀카드는 헤겔에게 있어서 '상호인정' 개념이 정신적으로 많은 영향을 받은 "셸링과 횔더린의 견해에 맞서는 자신의 고유의 견해를 완성하려는 노력 속에서 핵심적인 역할을 한 것"으로 이해한다. 핀카드에 의하면 이러한 "'인정' 개념은 헤겔에게 이원론적이지 않으면서도 환원주의적이지 않은 방식으로 정신과 자연의 관계를 설명하는 길을 제시"해준다. T. Pinkard, *Hegel*, 전대호 · 태경섭 옮김 (서울: 이제이북스, 2006), 227쪽 이하.

『정신현상학』에서 서로 적대적인 개인들을 매개하며 정치사회를 가능하게 하는 핵심적인 요소로 표현된다. 또한 상호인정은 생물학적인 생명보존 뿐만 아니라 개인들의 상호적인 관계를 규정하는 모든 사회적 제도와 규범들에 영향력을 행사함으로써 보편적인 합의를 이끌어내는 것을 가능하게 한다. 헤겔은 이러한 상호인정 개념을 통해 자신의 철학 체계 내에서 주관과 객관을, 자아와 타자를, 특수성과 보편성을 통일시키며, 이와 함께 진정한 자유의 실현을 위한 토대를 마련한다.

상호인정 문제를 구체적으로 서술하고 있는 『정신현상학』은 헤겔이 젊은 시절부터 가지고 있었던 철학적 사유, 즉 인식론과 정치 철학 그리고 역사 철학과 종교 철학 등을 포괄적으로 다루고 있다. 따라서 『정신현상학』은 자신의 전 생애를 거쳐 행해진 다양한 철학적 논의에 이론적인 단초를 제공하고 있는 헤겔의 대표적인 저서라고 할 수 있다. 헤겔은 『정신현상학』을 통해 인간에 내재해 있는 상호인정 능력이 자연 상태에서 벗어나 정치사회로의 이행을 어떻게 가능하게 하는지를, 그리고 인간의 제도 속에 상호인정의 요소들이 어떠한 방식으로 스며들어 있는지를 드러내고자 한다. 헤겔은 특히 자기 자신에 대한 절대적인 확실성을 지닌 '자기의식'의 발전 과정을 서술한 '자기의식'장에서 "나는 나"라는 고립된 자기의식이 상호인정 과정을 거쳐 자신을 인정하는 타인을 인정함으로써 상호적인 인정에 도달하고, 이와 함께 정치 사회의 토대가 되는 '우리'라는 보편적 의식이 형성되는 과정을 나타내보이고 있다. 즉 개별적이며 배타적인 자기의식은 상호인정을 매개로 "우리인 나, 그리고 나인 우리"[93]라는 보편적 의식으로 고양되며, 이를 통해 '나'와 '우리'의 통일에 근거한 정

---

[93] G. W. F. Hegel, *Phänomenolgie des Geistes,* Werke in zwanzig Bänden. Bd. 3 (Frankfurt a. M.: Suhrkamp, 1970), 145쪽.(이하 *Phänomenolgie*)

치 사회 속에서 개인들의 자유가 비로소 실현된다.

『정신현상학』은 근대 철학적 사유에서 중요한 의미를 지니고 있는 '자기의식'으로부터 시작한다. 헤겔에 의하면 자기의식은 "자기 자신에 대한 지"[94]로서 자기 자신에 대한 확실성의 의식이며, 자신을 진리의 기준으로 인식하는 의식을 의미한다. 즉 "다른 대상들에 대한 모든 의식의 실재 속에 자기의식이 존재한다; 나는 대상을 나의 것으로 알며, (대상은 나의 표상이다) 그리하여 나는 그 속에서 나에 관하여 안다."[95] 이러한 자기의식은 모든 진리를 인식하는 주체인 자아로 환원시킴으로써 자신의 절대성을 확립하는, 근대적 정신을 대변하는 데카르트적 자아라 할 수 있다. 데카르트는 명확하지 않는 모든 것들을 부인하는 방법론적 회의를 통해 의심하고 있는 자기 자신은 더 이상 부인할 수 없다는 결론에 도달하며, 결국 의심할 수 없는 유일한 존재인, 자기 자신에 대한 확실성에 도달한다. "나는 의심한다. 고로 존재한다."라는 데카르트의 선언은 인간 존재의 근거가 더 이상 인간 외부에 있는 신이 아닌, 의심하는, 즉 사유하는 인간 자신이라는 것을 의미할 뿐 아니라, 사유가 모든 진리의 기준이 되었다는 것을 나타낸다. 이와 함께 데카르트는 오랫동안 유럽을 지배했던 중세적 가치로부터 벗어나 무엇보다도 인간이 중심이 되는, 즉 사유하는 인간의 능력만이 유일한 진리의 기준이라는 근대적 가치를 대변하는 대표적인 철학자가 된다.

헤겔은 데카르트에 의해 선언된, 자기 자신에 대한 확실성인 주체의식을 오랜 역사 동안 공동체 속에서 상실된 개인의 회복이자, 동시에 신적

---

94 G. W. F. Hegel, 같은 책, 138쪽.

95 G. W. F. Hegel, *Enzyklopädie der philosophischen Wissenschaften III*, Werke in zwanzig Bänden. Bd. 10 (Frankfurt a. M.: Suhrkamp, 1970), § 424.(이하 *Enzyklopädie III*).

권위로부터 인간의 회복이라는 의미에서, 그리고 인간의 자기 자신에 대한 자각이라는 점에서 유럽의 근대 사회가 획득한 중요한 성과물로 인정한다. 그러나 동시에 그는 '나는 나'라는 순수한 주관 속에만 머물러 있는 데카르트적인 자기의식이 지닌 추상성을 지적한다. 그에 의하면 자기 자신의 확실성에만 의존하는 자기의식은 "나는 나라는 움직임이 없는 동어반복."[96] 속에서 어떠한 대상성과 객관성도 지니지 못하며 완전한 고립 속에 존재한다. 데카르트의 이러한 유아론적인 자기의식은 오직 자기보존욕망에만 사로 잡혀있는 홉즈의 배타적이며 원자론적인 자아에서 구체적으로 표현된다. 자기보존욕망에 의해서만 추동된 홉즈의 반사회적인 자아가 결국 자연 상태에서 자기파괴로 귀결되며, 이와 함께 자아의 자기보존이라는 원초적 욕망이 실현 불가능하게 되는 것처럼, 자아의 확실성에만 의존하는 데카르트의 자기의식은 자신의 주관적인 세계를 벗어나지 못함으로써 객관성과 현실성을 결여한다. 헤겔은 근대적 자기의식이 가진 독백적 성격을 비판하고 무엇보다도 자기의식은 다른 자기의식에 의해 매개될 때, 즉 타인으로부터 인정될 때 진정한 확실성을 지닐 수 있다는 것을 드러내고자 한다. 그에 의하면 자기의식은 "오직 인정된 것"[97]으로만 존재하기 때문이다.

헤겔은 인간이 자기 자신에 대한 확실성을 의식하게 된 첫 번째 계기를 홉즈와 마찬가지로 욕망으로 규정한다. 인간의 본질을 사유하는 존재로 이해함으로써 인간의 현존재에 대한 확실성을 사유 속에서 포착했던 데카르트와는 달리 헤겔은 인간의 욕망 속에서 자신의 존재에 대한 확실성을, 즉 대상과 구별되는 자신의 존재의 고유성을 의식하게 된다. 데카

96　G. W. F. Hegel, *Phänomenolgie*, 138쪽.
97　G. W. F. Hegel, 같은 책, 145쪽.

르트가 이야기하는 것처럼 인간은 사유하는 과정 중에 자기 자신 속에 머무르지만 사유 자체는 항상 무엇인가에 대한 것이기 때문에 인간은 사유하는 과정 중에는 사유하는 자기 자신이 아닌 사유의 대상에 향해져있는 것이다. 대상이 없는 사유는 불가능하기 때문이다. 그러나 배고픔을 느껴 무엇인가 먹고 싶다면 우리는 그 순간 이러한 욕망을 가진 자기 자신을 의식할 수밖에 없다. 욕망은 항상 '나'의 것으로 나타나며 욕망을 표현하기 위해서는 '나'라는 단어를 사용하지 않으면 안 된다. 대상에 대한 사유 속에서 대상에 흡수되었던 의식은 내적인 욕망이 생기는 순간 대상과 구분되는 자기 자신을 상기하게 된다. 인간은 욕망을 통해 비로소 자기 자신의 존재성에 대한 의식을, 즉 자기의식을 갖게 되는 것이다.

헤겔이 자기의식적인 근대적 주체를 사유가 아닌 욕망하는 존재로 이해하는 것은 홉즈의 정치사회 이론으로부터 영향을 받은 것이기도 하지만, 다른 한편으로는 변화된 근대 사회에 대한 이해로부터 야기된 것이라 할 수 있다. 유럽의 근대 사회는 과학의 발전과 함께 인간의 이성 능력이 무엇보다 중요한 가치를 지니게 되지만, 동시에 인간의 욕망도 새로운 의미를 지니게 된다. 근대 사회는 인간의 욕망에 적대적이었던 중세의 종교적 시각으로부터 벗어나며, 인간의 욕망을 전제하는 시장경제체제가 지배하게 된다. 시장경제체제는 인간의 욕망을 매개로 욕망의 대상이 되는 상품을 생산하고, 욕망의 대상이 되는 타인의 상품을 사는 행위를 통해 작동한다. 따라서 이러한 시장경제의 발전은 무엇보다도 인간의 욕망에 의존해 있다. 또한 농경에 토대를 둔 전통적인 경제 공동체의 해체로 인해 각각의 개인들은 자기보존을 스스로 책임져야 하는 실존적 상황에 놓여 있게 된다. 따라서 욕망의 충족과 자기보존문제는 사회적으로, 그리고 정치적으로 근대 사회를 움직이는 중요한 기제로 작용한다.

헤겔은 인간의 욕망을 생명의 자기보존 원리에 의해 정당화하며, 자신의 존재에 대한 절대적인 확실성, 즉 자기의식은 이러한 생물학적 욕망에 의존해 있는 것으로 이해한다. 그에 의하면 이러한 욕망은 "사유를 통해 규정됨이 없이 그 자신이 만족을 얻을 수 있는 외적 대상에 향해져 있는 한 동물의 욕망에 지나지 않는다."[98] 모든 생명체가 자신의 생명을 유지하고자 하는 한 인간의 자기보존욕망은 정당하며, 이러한 욕망을 통해 인간은 자신이 타자와 구별되는 절대적이며 고유한 존재임을 의식한다. 그러나 욕망은 동시에 자신이 타자에 의존되어 있음을 자각하게 하는 계기이기도 하다. 욕망은 필연적으로 자신의 타자인 외부세계, 즉 외적인 대상에 의해서만 충족 될 수 있기 때문이다. 따라서 자기 자신에 대한 확실성 속에 있는 욕망하는 자기의식은 "나는 나"라는 고립적인 의식을 벗어나 욕망의 대상인 외부세계를 필요로 하는, 자기 자신에 대한 결핍의 의식이기도 하다.

헤겔에 의하면 욕망으로서의 자기의식은 결국 자신에 대한 절대적인 확실성에 대한 의식이면서 동시에 욕망의 충족을 위해 끊임없이 외적인 대상을 추구하는 결핍 상태의 의식인, 모순적인 의식이라 할 수 있다. 그러나 단순한 "존재가 아니라 절대적인 활동"[99]인 자기의식은 욕망하는 대상을 흡수함으로써, 자신의 욕망을 충족시키며, 이와 함께 자신의 결핍상황을 지양함으로써 자기 자신에 대한 확실성과 외부 대상에 대한 의존성에서 야기되는 모순을 극복한다. 따라서 자신에 대한 절대적인 확실성 속에 있는 욕망으로서의 자기의식은 자신의 외부에 존재하는 대상을 더 이상 자신과 아무런 상관이 없는 존재로서가 아니라 오히려 자신의 것으로,

---

98   G. W. F. Hegel, *Enzyklopädie III*, §426 추가.
99   G. W. F. Hegel, 같은 책, §427 추가.

자신을 위해 존재하는 것으로 이해한다. 즉 자기의식에게 대상은 자신의 욕망을 충족하기 위해 흡수하지 않으면 안 되는 "부정적인 성격"을 지니게 되며, 자기의식은 욕망의 대상을 자기 내부로 흡수함으로써 자기 확실성에 도달한다.

헤겔은 욕망의 충족을 통해 얻게 된 자기의식의 자기 확실성을 "자기감정(Selbstgefühl)"으로 규정함으로써 단순한 욕망에 의해 의식하게 된 "나는 나"라는 고립적인 자기의식의 추상적인 동일성과 구별한다. 대상의 매개를 통해 획득된 "자기감정"속에서 자기의식은 자신에 대한 확실성의 독백적인 성격을 지양하고 비로소 대상성을 지니게 되기 때문이다. 그러나 욕망의 충족을 통해 획득한 자기감정은 새로운 욕망의 등장과 함께 바로 사라지기 때문에[100] 자기감정에 의한 자기의식의 확실성은 순간에 지나지 않는다. "무한으로 진행"[101]되는 욕망 속에서 자기의식은 결코 진정한 만족을 얻을 수 없으며 그러는 한 욕망으로서의 자기의식은 욕망하는 자아와 충족된 자기감정으로서의 자아 사이를 오가는 불안한 존재로 전락하게 된다. 욕망을 통해 획득한 자기 자신에 대한 확실성은 이러한 불안함 속에서 상실되며, 자기의식은 욕망 속에서의 획득한 자기 자신에 대한 확실성이 불완전한 것임을 깨닫게 된다.

"욕망과 욕망의 충족 속에서 도달한 자기 자신에 대한 확실성은

---

[100] 무한히 반복되는 욕망과 그러한 욕망충족의 순간적인 성격과 관련하여 테일러는 다음과 같이 서술한다. "욕망의 끝은 인간의 마지막을 의미하는 것일 것이다. 실제로 욕망은 결코 완전하지 않으며 항상 새로운 욕망들이 생겨난다. 따라서 이러한 단계에서 인간의 삶은 낯선 것에 직면해 있는 삶과 무에 직면해 있는 삶 사이의 교체 속에 있다. 즉 낯선 것이 섭취될 때 무에 직면해 있는 삶이 시작된다." C. Taylor, *Hegel* (Frankfurt a. M.: Suhrkamp, 1983), 208쪽.
[101] G. W. F. Hegel, 같은 책, §428 추가.

대상에 의해 제한된다. 왜냐하면 확실성은 이러한 타자의 지양을 통해 존재하기 때문이다; 이러한 지양이 있기 위해서는 이러한 타자가 있어야만 한다. 따라서 자기의식은 대상에 대한 자신의 부정적인 관계를 통해서는 대상을 지양할 수 없다. 오히려 자기의식은 욕망과 마찬가지로 대상을 다시 만들어 낸다."[102]

외부에 존재하는 대상을 자신의 욕망을 충족하기 위한 수단으로 간주하고 이러한 대상을 소모함으로써 자신의 확실성에 도달했던 욕망으로서의 자기의식은 결국 자신이 대상에 의존해 있으며 욕망과 욕망의 충족을 통해 획득한 자신의 확실성은 추상적일 뿐임을 경험한다. 또한 대상을 부정함으로써 자신의 확실성을 획득하는 욕망으로서의 자기의식은 대상에 대한 자신의 부정적인 관계를 통해 소멸되지 않는 대상, 즉 욕망하는 존재인 또 다른 자기의식을 마주하게 된다.

욕망하는 자기의식에게 모든 외적인 대상은 – 그러한 대상이 직접적으로 욕망을 만족시켜주는 자연적 대상이든, 혹은 자신과 마찬가지로 욕망하는 다른 자기의식이든 간에 – "부정적인 성격"을 지닌 것일 뿐이다. 다른 자기의식도 마찬가지로 외적인 대상을 부정적인 것으로만 이해하며 따라서 자기의식들은 서로에게 적대적일 수밖에 없다. 즉 헤겔에 의하면 인간의 욕망은 일차적으로 자기 자신에 대한 확실성을 의식하게 하는 중요한 계기이지만 동시에 다른 자기의식인 타인과 적대관계를 야기하는 요인이기도 하다. 결국 헤겔은 홉즈와 마찬가지로 규범이 존재하지 않은 자연 상태에서 욕망하는 개인들의 관계를 상호 배타적 관계로 규정하며, 이들 사이의 투쟁이 불가피하다는 사실을 생물학적인 자기보존욕망으로

---

[102] G. W. F. Hegel, *Phänomenologie*, 143쪽.

부터 추론해 낸다.

2) 상호인정운동과 정치사회의 원리

헤겔에 의하면 자기 자신에 대한 절대적인 확실성 속에서 타자와 부정적인 방식으로만 관계하는 욕망으로서 자기의식들의 관계는 서로에 대해 적대적일 수밖에 없다. 따라서 이들의 만남은 투쟁을 촉발하는데, 이러한 투쟁 속에서 각각의 자기의식은 생명의 보존을 위해서는 다른 자기의식의 죽음을 겨냥할 수밖에 없으며, 그러는 한 자신도 생명을 걸어야만 한다는 사실을 깨닫는다. 자기의식의 욕망은 바로 모든 생명체가 지닌 자신을 보존하려는 충동으로부터 촉발되며, 이러한 자기보존욕망은 필연적으로 "생사를 건 투쟁"을 야기하게 된다. 이러한 투쟁 속에서 자기의식은 자신의 생명조차도 부정하지 않으면 안 되며, 결국 자신의 생명을 보존하려는 자연적인 욕망조차 극복하지 않으면 안 된다. 즉 '생사를 건 투쟁' 속에서 각각의 자기의식은 필연적으로 자신의 죽음을 마주해야 한다는 사실을 인식하게 된다. 헤겔에 의하면 투쟁에 필연적으로 수반되는 이러한 자기부정은 '나는 나'라는 절대적인 자기 확실성 속에 있는 욕망하는 자기의식이 처하게 되는 당연한 귀결이라 할 수 있다. 헤겔은 투쟁에 대한 분석을 통해 타자에 반한 절대적인 자기주장은 결국 자기부정으로 변할 수밖에 없음을 보여준다.

> "이러한 표현(자기의식이 투쟁 속에서 행하는: 필자의 주)은 이중적인 행위이다: 타자를 향한 행위이며 나에 관한 행위. 그러한 행위가 타자를 향한 행위인 한에 있어서 누구나 타자의 죽음을 노린다. 그러나 그러한 행위 속에 또한 두 번째 나에 관한 행위가 현존한다; 왜냐

하면 타자를 겨냥한 행위는 자신의 고유한 생명을 거는 것을 함축하고 있기 때문이다.”[103]

자기의식의 이러한 투쟁은 자연적인 욕망에 의해 매개될 뿐 아니라 투쟁의 결과가 자연 상태를 극복하는 데 있다는 점에서 '만인에 대한 만인의 투쟁'인 홉즈의 자연 상태에서의 투쟁과 유사성을 지니고 있다.[104] 홉즈는 자연 상태를 강력한 외부 권력의 강제적인 힘이 개입하기 전까지는 어느 누구도 생명에 대한 안전을 확보할 수 없는 영원한 투쟁과 죽음의 위협이 지배하는 상태로 묘사한다. 개인들을 강제하는 외적인 권력은 개인들의 자유로운 자기제한의 행위인 계약을 통해 만들어지며, 개인들은 이러한 권력에 자신들의 모든 권한을 위임함으로써 비로소 투쟁은 종식된다. 그에게서 투쟁은 항상 새로운 투쟁을 산출시킴으로써 영원히 지속될 수밖에 없는 부정적인 의미만을 지닐 뿐이며, 이러한 투쟁은 오직 외적인 권위에 의해서만 종결될 수 있을 뿐이다. 즉 홉즈는 개인들을 배타적인 자기보존욕망에만 사로잡힌 존재로 이해한다. 따라서 그에게는 개인의 생존권과 자유권이 상호 모순 속에 있게 되며, 결국 그는 자연 상태에서 야기될 수 있는 투쟁의 문제를 생존권을 위해서 자유권을 포기해야만 하는 방식으로 해결한다.

그러나 헤겔에 있어서 자기의식들의 투쟁은 단순히 부정적인 의미만을 지니지 않는다. 오히려 투쟁은 자기의식들로 하여금 죽음을 처음으로

---

103 G. W. F. Hegel, 같은 책, 148쪽.

104 이와 관련하여 리체르트는 헤겔의 투쟁이 “홉즈적인 만인에 대한 만인의 투쟁상황에 대한 숙고”로 규정한다. 이러한 투쟁과 함께 헤겔은 “〈순수한 인정〉을 외부로부터 끌어들임이 없이 힘과 폭력을 주제로 삼는다”. J. Ritsert, *Systemtheoretische Ansätze in der Soziologie* (Frankfurt a. M.: Suhrkamp, 1991), 104쪽.

경험하게 함으로써 모든 것을 무화시킬 수 있는 죽음이라는 절대적인 힘을 깨닫게 할 뿐 아니라 모든 존재의 유한성을 자각하게 하는 중요한 계기이다.

> "이러한 의식은 말하자면 이러 저러한 불안을, 혹은 이러 저러한 순간의 불안이 아니라 그의 전 존재에 대한 불안을 갖게 되었다; 왜냐하면 의식은 절대적 주인인 죽음의 공포를 느낀 것이다. 공포 속에서 의식은 내적으로 해체되었을 뿐 아니라 철저히 자신 속에서 전율하고, 모든 고정적인 것이 그 속에서 동요되었다. 이러한 순수한 일반적 운동, 모든 지속적인 것의 절대적인 유동화는 그러나 자기의식의 단순한 본질이며, 이러한 의식에 내재해 있는 절대적인 부정성이다."[105]

"생사를 건 투쟁" 속에서 자기의식은 어떠한 것도 영원히 지속될 수 없는 죽음의 절대적 위력을 경험하며 자신의 본질이 사실은 자신의 존재를 무화시킬 수 있는 죽음이라는 부정성 속에 있음을 알게 된다. 죽음의 공포에 사로잡힌 자기의식은 타자에 반한 자기보존이 결국 자기해체로 될 것이라는 공포 속에서 타자에 대해 더 이상 자신을 주장하지 않고 자신을 "타자를 위한 존재"[106]로 정립한다. 즉 한 자기의식은 죽음의 공포로 인해 죽임을 당하기 전에 다른 자기의식에게 자신을 굴복시키며, 이와 함께 자신의 생명을 지키고자 한다. 반면에 자신의 자연적인 생명에 얽메이지 않는 자기의식이 존재할 수 있는데, 이러한 자기의식은 죽음에의 공포로

---

[105] G. W. F. Hegel, 같은 책, 153쪽.
[106] G. W. F. Hegel, *Enzyklopädie III*, §431 추가.

부터 자유로울 수 있으며, 다른 자기의식의 복종은 자신의 삶에 대한 절대적 확실성을 훼손하지 않기 때문에 복종한 자로부터 구태여 생명을 빼앗을 필요가 없어진다. 그리하여 헤겔에 있어서 생사를 건 투쟁은 홉즈가 추론했던 것과는 다른 결론, 즉 두 자기의식 모두의 생존으로 종결된다.

홉즈의 투쟁이 외부로부터 개인들을 강제하는 강력한 힘에 의해 종식되었던 것과는 달리 헤겔의 투쟁은 모든 것을 무화시킬 수 있는 절대적 위력을 지닌 죽음에의 선취를 통해 개인들의 관계가 새롭게 정립됨으로써 종결된다. 즉 죽음의 공포 때문에 타자에게 복종함으로써 자신의 존재의 확실성을 포기하는 자와, 자신에게 전적으로 복종하는 존재에 의해 자신의 생명 뿐 아니라 자신의 존재 자체를 인정받게 됨으로써 자신에 대한 확실성을 획득하는 자로 나누어진다. 이와 함께 모두가 자기 자신에 대한 절대적인 확실성을 주장하는 자연 상태는 극복되고, 인정받는 자와 인정하는 자라는 비대칭적인 관계, 즉 주인과 노예의 관계가 형성된다.[107]

헤겔은 주인과 노예관계라는 비대칭적인 상호인정 관계를 지배와 피지배에 기반한 최초의 정치사회로 규정한다. 헤겔은 각각의 개인들이 투쟁하는 자연 상태라는 논리적 가설을 통해 인간의 본성에 내재해 있는 상호인정의 계기를 드러내보인다. 이와 함께 그는 자연 상태보다는 사회 상태가 인간의 삶에 더 본질적이라는 사실을 보여준다. 즉 인간은 외적인 권위나 위력에 의해서가 아니라 자신에게 내재한 이성적 능력인 상호인

---

107 짚이나 코제브는 공통적으로 투쟁의 동기가 삶의 보존이 아닌 인정받고자 하는 욕망에서 기인함을 강조한다. 따라서 그들은 자기의식의 투쟁을 무엇보다도 명예를 (Ehre) 얻기 위한 투쟁으로 이해한다. 그러나 헤겔에게 있어서 명예를 위한 인정관계의 형성은 생존을 위한 투쟁의 결과로 비로소 야기되어진다. A. Kojève, *Hegel* (Frankfurt a. M.: Suhrkamp, 1975), 57쪽 이하, L. Siep, "Zur Dialektik der Anerkennung bei Hegel", H. Kimmerle, W. Lefèvre, R. W. Meyer (Hrsg.), *Hegel-Jahrbuch* (Köln: Pahl-Rugenstein, 1974).

정 운동을 통해 타인과의 관계를 설정하고, 이와 함께 스스로 규범을 만들어냄으로써 정치적 질서를 창출해내기 때문이다.

그러나 비대칭적인 인정관계에 의존한 최초의 정치사회는 불완전할 뿐 아니라 모순적이다. 인간은 누구나 자신의 존재의 확실성을 획득하고, 이와 함께 동등하게 인정받고 싶은 욕망이 있으며, 정치사회는 이러한 상호인정에 의존해 있기 때문이다. 또한 참된 인정이란 자신이 자기 자신과 동일한 존재로 인정하는 다른 존재로부터 인정받을 때, 즉 상호적인 인정을 통해서만 가능하다. 그러나 최초의 정치사회인 비대칭적인 인정관계에서 인정받는 존재로서 주인은 자신을 인정하는 노예가 자립적인 타자가 아닌 "비본질적인 것으로서 부정적인 성격을 지닌 것으로 보여지는 대상"[108]일 뿐이다. 주인과 노예의 비대칭적인 인정은 "주인이 타자에 대해 행하는 것을 자기 자신에게도 행하며, 노예가 자기 자신에 대해 행하는 것을 타자에 대해서도 마찬가지로 행한다"[109]는 인정의 고유한 요소를 지니고 있지 않다. 따라서 최초의 정치사회를 가능하게 하는 이러한 비대칭적인 인정관계는 자기의식이 자신에 대한 참된 확실성을 획득하는 과정 속에 나타나는 하나의 계기, 즉 지양되지 않으면 안 되는 계기일 뿐이다.

주인과 노예는 그들 관계의 비대칭성에도 불구하고 여전히 각자가 자기보존을 위해 욕망하는 존재라는 보편적인 요소를 지니고 있다. 이러한 "욕망의 보편성"[110]은 "자립성"과 "비자립성"의 양 극단으로 나누어진 주인과 노예의 관계를 매개하며 따라서 이 둘의 비대칭적인 인정관계는 욕망의 대상으로서 사물에 대한 그들의 관계를 통해 구체적으로 규정된다.

---

[108] G. W. F. Hegel, *Phänomenolgie*, 148쪽.
[109] G. W. F. Hegel, 같은 책, 152쪽.
[110] G. W. F. Hegel, *Enzyklopädie III*, §434.

정치적인 관점에서 보면 이 두 자기의식의 관계는 지배와 종속의 관계이지만 이러한 주종관계는 이들 관계의 형식적 측면을 나타낼 뿐이다. 내용적인 측면에서 보면 이 둘의 관계는 사물에 대한 그들의 관계를 통해, 즉 주인은 단순히 향유하는 자로서, 노예는 노동하는 자로서의 역할을 통해 특징 지워진다. 노예는 죽음에 대한 공포로 인해 주인에게 절대적으로 복종하게 되며, 따라서 주인의 욕망을 충족하기 위해 노동하는 자로 전락한다. 즉 노예는 자신의 노동을 통해 주인의 욕망이 외적인 장애 없이 만족될 수 있도록 사물을 향유할 수 있는 형태로 변화시킨다. 투쟁 속에서 죽음의 위협을 감수함으로써 자신의 우월성을 드러냈던 주인은 노예에 의해 향유 할 수 있도록 준비된 사물을 순수하게 즐길 뿐이며, 이와 함께 순수한 자기만족에 도달한다. 헤겔은 향유와 노동에 의해 규정되는 주인과 노예의 관계 속에서 그들의 비대칭적인 인정관계가 변화되는 중요한 계기를 발견한다.

헤겔은 노동에 매개되지 않은 채, 욕망의 충족 속에서 얻게 되는 향유를 단순한 "소모(Verschwinden)"로 이해한다. 주인은 단지 소모하기만 할 뿐, 어떠한 것도 스스로 만들어 낼 수 없다. 주인은 욕망의 충족을 위해 결국 노예에게 의존하게 되며, 이러한 의존 속에서 투쟁을 통해 획득했던 자립성과 확실성을 서서히 상실하게 된다. 그에 비해 노예는 주인의 욕망을 충족시키기 위해 외부에 있는 사물과 끊임없이 관계하며 노동한다. 또한 노예는 노동의 과정 속에서 자신의 자연적 욕망을 극복하지 않으면 안된다. 투쟁의 결과로 주인이 얻게 된, 어떠한 외적인 장애 없이 욕망의 충족을 통해 획득하게 된 자기감정인 향유가 단순한 소모로서 "대상적인 면과 지속"[111]을 결여하고 있는데 반해 노동은 "억제된 욕망이자 저지된 소

---

[111] G. W. F. Hegel, *Phänomenolgie*, 153쪽.

모"[112]로서 대상에 새로운 형태를 부여하며 이를 통해 대상을 창조한다. 새로이 창조된 대상은 노예에게 더 이상 낯선 존재가 아니라 바로 노예 자신이 만들어 낸, 자기 자신의 외화를 통해 자신의 고유한 의미를 외부 대상에 실현시킨 것이다. 따라서 새롭게 만들어진 대상 속에서 노예는 자기 자신을 다시 발견하게 된다. 노예의 노동은 자신을 위해서가 아닌 오직 주인을 위해서일 뿐 아니라 자발적인 행위가 아닌 강요된 행위라는 점에서 소외된 행위라고 할 수 있다. 그러나 노예는 자신이 만들어 낸 이러한 노동의 산물 속에서 대상성과 지속성을 지니게 된다. 생물학적인 생명은 결국 언젠가 사라지지만, 노동을 통해 대상에 부여한 노예의 내면성은 노예가 죽은 후에도 계속해서 남아있기 때문이다. 노예는 자신의 노동을 통해 만들어 낸 대상의 지속성과 함께 투쟁 과정 속에서 경험했던 자신을 무화시킬 수 있는 죽음의 공포를, 그리고 자신의 유한성을 서서히 극복한다.

헤겔은 이러한 노예의 노동을 "형성(Bildung)"이라는 개념을 통해 설명한다. '형성'은 노예의 노동이 지닌 성격을 아주 잘 드러낸다고 할 수 있는데 헤겔에 의하면 노예의 노동은 단순히 외적인 대상을 만들(형성할) 뿐 아니라 동시에 자기 자신을 만들어 내는(도야하는) 활동이기 때문이다.[113] 노동의 과정은 대상을 바로 소모하려는 자신의 직접적인 욕망을 억

---

112 G. W. F. Hegel, 같은 책, 153쪽.

113 Bildung(형성)는 인간이 단순히 자연적인 존재가 아니라 자신의 삶의 조건을 스스로 만드는 정신적인 존재로 이해하는 헤겔 철학에 있어서 중요한 개념이며, 이러한 개념은 인간의 외적인 사물과의 관계 속에서 서술될 때는 사물을 있는 그대로 놓아두는 것이 아니라 사유를 매개로 자신이 원하는 방향대로 만들어 낸다는 점에서 '형성'으로, 인간의 내적인 측면과 관계될 때는 '도야', 그리고 인간에게 보편적으로 요구되는 자연적인 요소의 극복과 관련될 때는 '교양'으로 번역된다. 대상을 만들어 내고 인간자신을 도야하는 노동의 이러한 성격과 관련하여 마르크스는 "헤겔의

제하는 과정이다. 따라서 직접적인 욕망을 억제해야하는 이러한 노동을 통해 노예는 자신을 비자립적인 의식으로 변화시킨, 그리하여 자신의 "굴레"이기도 한 자연적인 생명에 대한 집착을 극복하게 된다. 또한 주인이 단순히 욕망하는 존재로 머물러 있음으로써 여전히 자신의 이기성에 사로잡혀 있는데 반해 노예는 자기 자신의 욕망이 아니라 타자인 주인의 욕망을 만족시키기 위해 노동함으로써 자신의 이기성을 극복하게 된다. 또한 향유만 하는 주인이 노예에게 의존하게 됨으로써 서서히 자신의 자립성을 상실하게 되는데 반해 노예는 노동을 통해 욕망의 대상을 스스로 만들어 냄으로써 오히려 자립성을 획득하게 된다. 노예가 획득하게 되는 자립성은 '나는 나'라는 자신에 대한 절대적인 자기 확실성이 아닌 타자에 의해 매개된, 즉 주인과 외부 대상에 매개된 자립성이다. 이와 함께 헤겔은 "자립적인 의식의 진리는 노예적인 의식"[114]으로 규정한다. 타자를 부정함으로써만 가능한 주인의 자기 자신에 대한 확실성이 추상적인 성격을 지닌 것과는 달리 노예의 자립성은 노동을 통해 대상 세계를 인정하고, 새롭게 가공함으로써 비로소 가능하게 된다.

헤겔은 주인과 노예의 관계에 대한 서술을 통해 자신에 대한 절대적 확실성 속에서 모든 타자를 부정하는 주인이 아닌, 타자를 인정할 줄 아는, 그리고 노동을 통해 대상을 만들어내고 자신을 형성하는 노예 속에서 "나인 우리와 우리인 나"라는 상호인정에 근거한 보편적인 의식의 발전 가능성을 발견한다. 절대적인 위력으로서 죽음을 경험하고, 주인에 대한

현상학의 위대함"을 "노동의 본질을 파악하고 대상적이고, 참된, 현실적인 인간을 그의 고유한 노동의 결과로 이해했다"는 데서 발견한다. K. Marx, *Ökonomisch-philosophische Manuskripte aus dem Jahre 1844*, Marx/Engels Werke, Ergänzungsband, Schriften bis 1844, Erster Teil (Berlin: Dietz, 1973), 574쪽.

[114] G. W. F. Hegel, 같은 책, 152쪽.

공포와 노동을 통해 보편적인 의식으로 고양된 노예는 타자와의 부정적인 관계가 아닌, 자신과 동일한 존재로 인정한 타자에 의해 인정받음으로써 비로소 자기 자신에 대한 확실성을 지니게 되는 존재이다.

> "보편적 자기의식은 타자 속에서 자기 자신에 대해 긍정적으로 아는 것이다. 그들 각자는 자유로운 개별성으로서 절대적인 자립성을 갖지만, 각자의 직접성과 욕망을 부정함으로써, 자신을 타자와 구별하지 않고 각자가 보편적 자기의식이면서 객관적이다. 또한 각각의 자기의식은 자신이 타자를 인정하고 타자가 자유롭다는 것을 아는 한 자유로운 타자 속에서 자신이 인정되고 있다는 것을 아는 것처럼 상호성으로서의 실질적인 보편성을 갖는다."[115]

헤겔에 의하면 보편적 의식으로 고양되는 노예는 타인과 부정적으로만 관계하는 주인보다 우월한 의식이다. 또한 노예는 기존의 지배와 피지배에 의존한 사회질서를 변화시키는, 비대칭적인 인정관계에 의한 불평등한 사회가 아닌 대칭적인 인정관계를 통해 모두가 자유로울 수 있는 평등한 정치 사회를 가능하게 하는 새로운 주체이다. 노예는 더 이상 노예가 아닌 근대의 평등의 이념을 구현한 시민이며 보편적인 의식으로 고양된 존재로서, 타인을 부정함으로서가 아니라 타인을 자신과 동일한 존재로 인정함으로써 비로소 자신에 대한 확실성을 지니게 된다. 각각의 자기의식적인 개인들은 주인과 노예라는 양극으로 나누어지지 않고 "그들 각자가 타자에게 중심(Mitte)을 이루는데 이를 통해 각자는 자기 자신과 매개되고 결

---

[115] G. W. F. Hegel, *Enzyklopädie III*, §436.

합"[116]함으로써 자기 자신에 대한 참된 확실성을 갖게 되며, 따라서 "노예가 자유롭게 됨으로써 비로소 주인도 또한 완전히 자유롭게 된다."[117]

헤겔은 자기의식이 주인과 노예관계를 벗어나 상대방을 자기 자신과 동일한 존재로서 인정함으로써 실현되는 평등한 인정관계를 주인과 노예의 상호적인 투쟁이 아닌, 주인과 노예에 내재해 있는 역설의 가능성 속에서 발견한다. 즉 주인과 노예관계에서 헤겔이 보여주는 역설은 자기의식이 자신과 동일한 존재로 인정한 다른 자기의식에 의해 인정받을 때, 비로소 참된 자기 확실성과 자립성을 획득할 수 있다는 것이다. 헤겔에 의하면 주인은 주인성을 극복하고 노예는 노예성을 극복함으로써 "상호 대립하는, 그 자체로 존재하는 서로 다른 자기의식들의 완전한 자유와 자립성 속에서 우리인 나와 나인 우리라는 자기의식의 통일"[118]이 비로소 가능해진다. 따라서 주인과 노예로 분열되었던 자기의식은 서로를 자립적인 존재로 인정함으로써 비로소 "보편적 자기의식"이라는 상호 통일된 관계로 정립된다. 각각의 이러한 자립성은 주인과 노예의 상호적인 관계에 의해서 획득되는 것이 아니고, 주인과 노예의 특성 속에 이미 논리적으로 내재해 있다. 즉 비자립적인 의식인 노예가 자립적인 의식인 주인과의 투쟁을 통해서 인정을 획득할 수 있는 것이 아니다. 노예는 투쟁 과정 속에서 획득한 '죽음에의 선취'와 '노동'의 계기 속에 함축된 자기 도야를 비롯한 다양한 계기들을 통해 자신을 노예로 만들었던 자연성을 극복하고 자립성을 획득함으로써, 그리고 주인은 비자립적인 노예의 인정에 의존해 있는 자립성이 지닌 추상적 성격을 극복함으로써 상호 동일성에 기반한 평등한 인정

---

116 G. W. F. Hegel, *Phänomenologie*, 147쪽.
117 G. W. F. Hegel, *Enzyklopädie III*, §436 추가.
118 G. W. F. Hegel, *Phänomenologie*, 145쪽.

관계가 가능하게 된다. 따라서 각각의 자기의식이 획득한 자립성은 서로를 자신과 동일한 개별적 존재로 인정함으로써 각각의 자립성이 서로에게 의존해 있다는 인식을 통해 가능하며, 이와 함께 주인과 노예의 비대칭적이며 분열적인 관계는 극복되고, '우리'라는 보편적 의식을 토대로 한 통일적 관계가 형성된다.[119] 헤겔은 이러한 보편적 의식을 '나는 나'라는 자신에 대한 절대적 확실성 속에 있는 추상적인 데카르트적인 자기의식이 자신의 모순을 지양하면서 궁극적으로 도착하게 되는 종착점으로, "오직 인정된 것으로만 존재하는" 자기의식의 진리로 이해한다.

3) 이성과 자유

헤겔은 '자기의식'의 발전과정에 대한 서술을 통해 유럽의 근대 사회에서 지배적인 이념이 된 '나는 나'라는 자기 자신에 대한 절대적 확실성이 지닌 개인주의적 사유의 추상성을 비판한다. 이와 함께 그는 인간의 생물학적인 자기보존을 포함한 자신에 대한 확실성은 오직 타인에 의해 인정될 때 가능한 것으로 이해한다. 그에 의하면 각각의 개인들은 타인에 의해 철저히 매개되어 있으며, 이러한 매개 과정은 오직 인간에 내재해 있는 인정의 원리에 의해서 가능하다. 그는 자기의식이 대칭적인 인정관계를 통해 "나인 우리와 우리인 나"라는 보편적인 자기의식으로 고양되는 것을 "이성"개념으로 규정한다. 즉 그에 의하면 "보편적 자기의식으로 불렸던 것은 실제로는 이성의 개념"[120]이다. 즉 인간의 자기보존은 상호인정에 근거한 보편적 자기의식인 이성적 능력에 의해 실현되며, 자기보존

---

[119] 자기의식의 발전 과정에 대한 상세한 논의는 정미라 논문 「정치사회와 상호승인」, 참고할 것, 정미라, 「정치사회와 상호승인」, 『철학연구』 제60집 (철학연구회, 2003), 77쪽 이하.

[120] Hegel, G. W. F, *Enzyklopädie III*, §437 추가.

이 가능한 정치사회는 이러한 이성의 힘에 근거해 있다. 헤겔은 이와 함께 상호인정 과정 속에서 표현되는 인간의 이성 능력을 자기보존욕망과 마찬가지로 인간의 행위를 추동하는 궁극적인 기제로 이해한다. 헤겔이 『정신현상학』의 '자기의식'장에서 상호인정에 근거한 보편적 자기의식을 자기의식의 진리로 서술한 다음 바로 '이성' 장으로 넘어가는 것은 바로 자기의식의 진리인 보편적인 자기의식이 이성이라는 것을 의미한다. 따라서 이성은 헤겔에 있어서 상호인정의 원리에 근거해 타인을 자신과 동일한 존재로 인정하는, 배타적 개인이 아닌 서로를 인정하고 인정받는 상호적이며 보편적 존재로 고양된 의식의 상태를 의미한다. 따라서 "자기의식이 이성으로 고양되는 것과 함께 이제껏 의식이 지녀왔던 타인에 대한 부정적인 관계는 긍정적인 관계로 변하게 된다."[121]

헤겔에게서 이성은 개별적인 주관에 머물러 있는 사유작용이라기 보다는 타인과의 관계를 통해 형성된 보편성이라 할 수 있다. 이성적으로 행위 한다는 것은 주관적인 판단에 따라 행위 하는 것이 아니라 서로가 인정할 수 있는 방식으로, 따라서 보편적인 방식으로 행위 하는 것을 의미한다. 그러나 이성이 지닌 이러한 보편적인 성격은 각각의 개인에 내재한 특수성을 억압하고 형성되는 것이 아니라, 상호적인 관계성, 즉 상호인정이라는 상호 주관적인 과정을 통해 서로의 특수성을 인정함으로써 비로소 가능해진다. 주인과 노예라는 서로 다른 의식의 관계성을 통해 형성된 보편성은 상호 동등한 존재로서의 인정 관계 뿐 아니라 서로가 다르다는 특수성에 대한 인정을 동시에 함축하고 있기 때문이다. 즉 보편성으로 고양된 자기의식은 "특수성을 포괄"함으로써 "타자와의 절대적인 구

---

[121] G. W. F. Hegel, *Phänomenologie*, 178쪽.

별 속에 있으면서도, 동시에 타자와 절대적으로 동일"[122]한 의식이라 할 수 있다. 또한 헤겔에게 있어서 이성은 자신의 생명을 타인의 침해로부터 보호하려는, 홉즈의 수동적인 자기보존적인 이성과는 달리 능동적으로 타인과의 긍정적인 관계를 만들어 내는, 이와 함께 정치사회를 가능하게 하는 궁극적 원리이다.

헤겔은 상호인정에 근거한 보편적인 의식인 이성 개념을 통해 '나는 나'라는 절대적인 주관성에 의존함으로써 야기되는 근대의 분열적 상황을 극복하고자 한다. 개인주의가 지배하는 자신의 시대를 분열의 시대로 이해한 헤겔은 이러한 분열을 극복하고자 하는 다양한 근대의 철학적 시도가, 특히 칸트를 위시한 근대 계몽주의자들의 노력이 실패했다고 판단한다. 그에 의하면 칸트나 계몽주의자들은 주관적 정신과 객관적 현실을 엄격히 분리하고, 이 양자 사이의 매개 가능성을 철저히 배제함으로써 주관성에 절대성을 부여한다. 헤겔은 『정신현상학』에서 특히 현대성을 대변하는 철학으로서 계몽주의 정신을 비판한다. 그에 의하면 계몽주의는 이성을 각각의 개인들에게 내재하는 올바른 판단 능력으로 이해한다. 따라서 계몽주의적 사유는 개인들의 주관적인 이성에 근거한 자아를 모든 판단의 척도로 삼는다. 주관적인 이성에 의존해 있는 계몽주의의 자아는 타인들에 의해 매개되지 않는 절대적 자아이다. 이러한 자아는 타자성을 결여함으로써 타자에 대한 배제의 논리를 함축하고 있으며, 그러는 한에 있어서 철저한 분열 속에 존재한다. 즉 계몽주의는 대상세계에 대한 이해를 절대적인 주관성으로 환원시킴으로써 이러한 주관성이 의존하고 있는 역사적이고 현실적인 관계로부터 자신을 단절시키며, 이와 함께 진정한 대상성과 객관성을 상실하게 된다.

---

[122] G. W. F. Hegel, *Enzyklopädie III*, §43 보충.

헤겔은 사회적 현실과 함께 철학적 사유를 지배하는 근대의 분열적 상황을 극복하고 새로운 총체성을 회복하고자 한다. 그에 의하면 계몽주의적 이성은 주관성과 객관성을 총체성 속에서 파악하지 못하고 상호 대립적인 것으로만 이해함으로써 여전히 분열 속에 고착화되어 있다는 점에서 이성적 사유가 아닌 오성적 사유에 지나지 않는다. 헤겔은 "인간의 삶에서 통합의 힘이 사라지고 대립하는 것들이 자신들의 생동하는 관계와 상호작용을 상실"[123]하는 이러한 분열적 상황을 오직 상호인정에 근거한 이성을 통해 극복할 수 있는 것으로 이해한다. 헤겔에 의하면 이성은 상호인정을 통해 나와 타자를, 주관성과 객관성을 매개함으로써 모든 분열을 지양하고 통합을 가능하게 하는 "절대적인 힘"[124]이기 때문이다.

헤겔은 이성이 지닌 상호주관적 성격과 함께 인간의 자유 또한 타인에 의해 매개되어 있는 것으로 이해한다. 인간의 정체성은 타인과의 관계를 통해 비로소 형성되며, 그러는 한에 있어서 인간의 자유도 오직 타인과의 관계 속에서 실현될 수 있다. 근대의 대표적인 사상가인 홉즈나 루소는 자유를 인간에게 본래부터 주어진 것으로 이해함으로써 인간이 자연상태나 최초의 상태에서 자유로웠던 것으로, 이와 함께 국가로 표현되는 다양한 정치적 제도를 자유에 대한 억압으로 규정한다. 그들은 원자화된 근대의 개인들을 토대로 각각의 개인들이 자신의 행위의 규범을 오직 자신에게만 두는 것을 자유로 이해한다. 이러한 개인주의적 관점에서 타인은 개인의 자유를 제한하는 배타적 존재일 뿐이다. 개인의 자유는 타인의

---

[123] G. W. F. Hegel, *Differenz des Fichteschen und Schellingschen Systems der Philosophie, Jenaer Schriften 1801-1807*, Werke in zwanzig Bänden Bd. 2 (Frankfurt a. M.: Suhrkamp, 1970), 22쪽.

[124] G. W. F. Hegel, *Vorlesungen über die Geschichte der Philosophie III*, Werke in zwanzig Bänden Bd. 20 (Frankfurt a. M.: Suhrkamp, 1971), 372쪽.

자유와 양립할 수 없으며 따라서 개인의 자유는 타인의 자유를 배제하는 '부정적인 자유'라는 특징을 지니게 된다. 따라서 개인들이 함께 사는 사회 속에서 개인의 자유는 현실적으로 불가능하게 된다.

헤겔에 의하면 근대에 지배적인 자유에 대한 이러한 개인주의적 이해는 사회적 존재인 인간을 사회로부터 추상화한 채 오직 고립된 존재로 이해함으로써 야기된 논리적 오류라 할 수 있다. 그는 특히 '원하는 것을 할 수 있다'라는 표현 속에 나타나는 일반적으로 이해되는 자유를 자유가 아닌 자의(Willkür)로, 따라서 추상적인 자유로 규정한다. 그에 의하면 자유는 타인에 의해 매개된 것으로서만 실현 가능하며, 따라서 자연적으로 주어진 것이 아닌, 인간에게 내재해 있는 이성적 능력에 의해 능동적으로 획득할 수 있는 것이다. 또한 인간은 선천적으로 자유로운 존재로 태어나기 보다는 자유는 오직 자유롭고자 하는 인간의 의지가 자신을 실현하는 과정에서 비로소 얻을 수 있는 것이다. 따라서 헤겔은 자연 상태를 불평등과 폭력이 지배하는 부자유한 상태로 규정하고 자유는 이러한 자연 상태를 벗어나 상호인정에 근거한 정치적 제도에 의해서만 비로소 실현될 수 있는 것으로 이해한다.

헤겔은 인간의 의지를 자유로운 것으로 정의하며, 이러한 자유를 인간의 고유한 본성인 사유와 욕망으로부터 도출해 낸다. 그에 의하면 사유는 보편성으로, 그리고 욕망은 특수성으로, 따라서 인간의 참된 자유는 사유와 욕망이 상호 매개될 때, 즉 보편성과 특수성의 통일 속에서 비로소 가능하다. 즉 인간을 다른 동물과 구분하는 사유하는 존재로서 인간은 보편성을 형성할 수 있는 능력이 있으며, 동시에 욕망하는 존재로서 인간은 다른 인간과 구별되는 특수성을 지닌 존재이다. 인간은 사유를 통해 한 사물이 지닌 특수한 것들을 배제할 수 있으며, 이를 통해 모든 사물에 동일한 요소를 추론해 낼 수 있다. 예를 들면 각각의 개인들에게 여자라는, 키가 작은, 한국인이라는 특수한 규정들을 사상하면 궁극적으로는 무규정적인 인간만이 남는다.

> "나는 사유일 뿐만 아니라 보편적이다. 내가 나라고 말할 때 나는 어떠한 고유성도, 즉 성격이나 기질, 지식과 나이 등을 나로부터 제외시킨다. 나는 어떠한 내용도 지니고 있지 않으며, 분절되어 있으며, 단순하나, 이러한 단순성 속에서 활동한다."[125]

인간은 특수한 것들을 모두 배제할 수 있는 사유의 능력인 이러한 보편성의 형성 능력을 통해 자신의 고유한 욕망을 부정할 수 있으며, 이와 함께 '무소유'나 '금욕' 속에서 자유롭다고 느낀다. 또한 인간은 자신을 부자유하게 만드는 외부세계를 부정함으로써 자유롭게 된다고 생각한다. 헤겔은 이러한 자유를 모든 것을 부정함으로써 얻게 되는 자유, 즉 "부정적인 자유"[126]로 규정한다. 또한 그는 이러한 자유의 극단적인 형태를 "죽음의 능력을 통해 자신이 자유로우며 모든 구속에 전적으로 초연할 수 있음을 증명하는" '자살 행위' 속에서 발견한다. 또한 그에 의하면 이러한 자유는 종교적으로는 "자기 내면의 텅 빈 공간 속에 머물러 있으면서, 일체의 활동적인 생활과 갖가지 목적이나 상념을 단절해버리는 것을 최고의 경지로 간주하는 [...] 인도인"에게서 나타난다.[127] 후자와 관련해서 헤겔

---

[125] G. W. F. Hegel, *Grundlinien der Philosophie des Rechts*, Werke in zwanzig Bänden Bd. 7 (Frankfurt a. M.: Suhrkamp, 1970), §4 추가.(이하 *Rechtsphilosophie*)

[126] G. W. F. Hegel, 같은 책, §5 주해.

[127] G. W. F. Hegel, 같은 책, §5 추가.

은 기존의 것들을 모두 파괴함으로써 자유를 정치적으로 실현하고자 했던 "프랑스 혁명기의 공포시대"가 이러한 부정적인 자유를 가장 잘 표현한 것으로 이해한다.[128] 인간의 사유 능력인 보편성의 형성 능력은 자유의 중요한 계기라 할 수 있다. 그러나 인간의 자유는 개인의 특수한 욕망을 충족시킴으로써 가능하다. 즉 자유는 모든 특수한 욕구를 배제하고, 아무것도 원하지 않는 무규정 속에 있는 것이 아니라 자신의 구체적인 욕망을 추구하는 과정에서 표현된다. 따라서 자유는 보편성인 우리, 즉 나와 동일하게 인정되는 타인들과의 관계 속에서 나의 특수한 욕망을 추구하는 것을 통해 실현될 수 있다.

헤겔에게서 진정한 자유는 "타인을 인정하고 타인이 자유롭다는 것을 아는 한에 있어서 자유로운 타인에게서 자신이 인정받는다는 것을 아는 실제적인 보편성"[129]을, 즉 나와 타인과의 상호인정에 근거한 보편성을 전제한다. 즉 자유는 서로가 자유롭다는 인정관계를 토대로 "타자 속에 있으면서 자기를 고수하는 것"이라 할 수 있다.[130] 그에 의하면 타인에 의해 매개된 이러한 자유의 단초는 모든 인간에게 보편적인 감정이라 할 수 있는 "우정이나 사랑과 같은 감정의 형식"에서 발견된다.

"이와 같은 자유를 우리는 이미 감정의 형태, 즉 사랑과 우정 속에서 발견할 수 있다. 우정이나 사랑의 감정에서 우리들은 일방적으로

---

128 G. W. F. Hegel, 같은 책, §5 추가.

129 G. W. F. Hegel, *Enzyklopädie III*, §436.

130 G. W. F. Hegel, *Rechtsphilosophie*, §7 추가. 토이니센은 "타자 속에 있으면서 자기를 고수하는 것" (Beisichsein im Anderen)"이라는 헤겔의 자유개념을 "의사소통적 자유"로 이해하며, '타자'가 더 강조 될 때는 '사랑'이며, '자기를 고수하는 것'이 강조될 때는 '인정'으로 규정한다. M. Theunissen, *Sein und Schein* (Frankfurt a. M.: Suhrkamp, 1980), 49쪽.

우리 자신 속에만 머물러 있지 않고 타인과의 관계 속에서 자신을 기꺼이 제한하지만 이러한 제한 속에서 자신을 여전히 자기 자신으로 안다. 타인과의 관계 속에 있다는 제한 속에서도 스스로 속박되어 있다고 느끼지 않으며 타인을 타인으로 간주함으로써 비로소 그 속에서 자기 자신에 대한 느낌을 갖는 것이다. 자유는 이와 같이 무규정적인 것도 아니고 규정적인 것도 아니며 이 둘이 함께 있는 것이다."[131]

헤겔은 인간을 이중적인 구조 속에서, 즉 '인간', 혹은 '우리'라는 보편적 존재이며, 따라서 모두 동일한 존재로, 그리고 동시에 타인들과 구별되는 '나'라는 고유한 존재이자 특수한 존재로 이해한다. 인간의 본성은 보편성과 특수성의 통일로 이루어지나 이러한 본성은 인간에게 내재해 있을 뿐, 현실적으로 실현되어 있는 것은 아니다. 이러한 본성은 인정 운동에 근거해 있는 이성에 의해서만 실현될 수 있다. 인간은 인정 운동, 즉 이성을 통해 자신의 욕망에만 집착하는 특수한 존재로 머물러 있지 않고, 타인을 자신과 동일한 존재로 인정하는 보편성을 획득하게 된다. 그에 의하면 "참된 자유는 [...] 타인과 나의 동일성에 있으며, 나는 타인이 자유롭고 나로부터 자유롭다고 인정될 때 비로소 진정으로 자유롭다."[132] 인간은 상호인정 운동을 통해 자신에게 내재해 있는 자신의 본성을 현실 속에서 실현함으로써 비로소 자유롭게 되며, 따라서 상호인정의 운동은 사회적 규범과 국가라는 정치제도를 가능하게 하는 토대이며 동시에 이러한 규범과 제도를 통해 인간의 자유를 가능하게 하는 궁극적인 원리라 할 수 있다.

---

131 G. W. F. Hegel, 같은 책, §7 추가.
132 G. W. F. Hegel, *Enzyklopädie III*, §432 추가.

4) 인륜적 세계와 국가

헤겔은 다양한 제도와 관습들로 구성된 세계를 '인륜성', 즉 인륜적 세계로 규정한다. 홉즈를 위시한 근대의 대부분의 철학자들은 인간을 원자적 개체로 이해하며, 이와 함께 그들은 국가를 비롯한 다양한 사회적 제도들을 각각의 고립된 개인들이 타인과 맺는 인위적인 계약에 의해 비로소 형성된 것으로 설명한다. 그러나 헤겔에 의하면 인륜적 세계를 구성하는 사회적 관습이나 규범, 그리고 국가는 인위적인 구성물이 아닌, 인간의 보편적 본성에 이미 내재해 있는, 즉 인간의 본성이 외화된 것으로서 인간의 "이차적 본성"[133]이다. 국가를 비롯한 다양한 제도들은 일차적 본성이라 할 수 있는 자연적 본능이나 욕망과는 달리 인간에게 직접적으로 주어져 있지는 않지만, 사유하는 인간 존재의 본성에 이미 함축되어 있다. 즉 생존 본능과 같은 일차적인 생물학적 본능은 어떠한 매개 없이 직접적으로 표현되지만, 이차적 본성인 인륜적 제도들은 인간에게 내재해 있는 이성을 매개로 구체적인 현실 속에서 자신을 실현함으로써 비로소 표현된다.

헤겔은 개인주의가 지배함으로써 야기된 근대적 분열을 극복하려는 새로운 원리로 '인륜성'이라는 개념을 제시한다. 도덕성이나 예수가 설파한 사랑 속에서 통합의 원리를 모색했던 청년기의 헤겔은 인륜성의 개념과 함께 근대 사상가들의 개인주의적 관점에서 벗어나 자신의 고유한 철학적 사유를 발전시킨다. 이러한 인륜성 개념은 헤겔이 "아름다운 자유의 왕국"으로 규정한 고대 그리스 사회의 정치적인 모델을 수용함으로써 정립한 것이다. 그가 근대 사회에 지배적인 개인주의적 자유와 대립시킨 "아름다운 자유"는 고대 그리스 사회의 시민들이 자신이 속한 도시 공동체인 폴리스(polis)를 자신의 실체로 인식하고, 이러한 공동체와 일체감

---

133 G. W. F. Hegel, *Rechtsphilosophie*, §4.

속에 존재함으로써 실현된 것이다.[134]

> "고대인들은 ' [...] ' 잘 질서지워진 국가의 삶에서 최상의 인륜성
> 을 가졌다. 그러한 삶에 대해 우리는 법이 인간 때문에 만들어지거
> 나 타당성을 갖게 된 것이 아니고 오히려 인간이 법 때문에 만들어
> 지고 타당성을 지니게 되었다고 말할 수 있을 것이다."[135]

그러나 고대 그리스 사회의 '아름다운 인륜성'은 참된 자유를 위한 중
요한 요소가 결여되어 있다. 고대 그리스에서 구성원들은 자각적인 주체
에 의해 매개되지 않은 채, 직접적으로 자신이 속한 공동체와 일체감 속
에 있었다. 따라서 그리스 사회에서 개인과 공동체의 통일은 개인의 고유
성이 인정되지 않고, 개인이 공동체에 완전히 흡수됨으로써만 가능하다.
소포클레스의 『안티고네』라는 희곡이 상징적으로 보여주듯이 공동체의
법에 반하는, 개인의 내면에 의존한 주관적이며 특수한 목소리는 고대 그
리스 사회에서 비극적인 결과를 초래하게 된다. 그러나 유럽의 근대는 무
엇보다도 각각의 개인들이 공동체와의 직접적인 통일에서 벗어나 자신
을 이러한 공동체로부터 구별하고, 이러한 구별 속에서 자신을 절대적으
로 자유로운 존재로 아는, 자기의식에 근거한 자각적인 주체의 탄생과 함
께 시작된다. 개인은 더 이상 자신이 속한 공동체에 종속되어 있지 않으
며, 개인의 주관성과 특수성은 더 이상 비극의 원천이 아닌, 오히려 근대

---

[134] G. W. F. Hegel, *Vorlesungen über die Philosophie der Geschichte,* Werke
in zwanzig Bänden Bd. 12 (Frankfurt a. M.: Suhrkamp, 1970), 137쪽.(이하
Die Philosophie der Geschichte)

[135] G. W. F.Hegel, *Nürnberger und Heidelberg Schriften 1808-1817,* Werke
in zwanzig Bänden Bd. 4 (Frankfurt a. M.: Suhrkamp, 1970), 451쪽.

를 지배하는 절대적인 원리로 이해된다.

헤겔은 자유와 관련해서 근대적인 주체 의식을 역사적인 발전의 중요한 계기로, 그리고 자신의 고유한 자유를 자각한 근대적인 주체가 전제될 때 비로소 진정한 자유가 실현될 수 있는 것으로 이해한다. 그러나 자기 자신만의 자유를 고집하는 근대적 주체는 사회적인 분열의 원천일 뿐아니라, 이러한 자유는 궁극적으로 자기파괴로 귀결된다. 헤겔은 상호인정 개념을 통해 개인의 권리가 훼손되지 않으면서 동시에 타인과 매개될 수 있는, 즉 상호인정의 원리에 토대를 둔 새로운 인륜성의 개념을 모색한다. 이와 함께 그는 고대의 실체적인 인륜성과 근대에야 비로소 자신의 완전한 권리에 도달한 주체성이라는 두 계기를 통일시키며, 진정한 자유가 실현될 수 있는, 근대적인 주체에 의해 매개된 새로운 인륜성의 개념을 발전시킨다.

> "인륜성은 [...] 자유의 이념이다. 자유의 이념은 자기의식 속에서 지와 의지를 지닐 뿐 아니라 자기의식의 행위를 통해 현실성을 갖게 되는데, 이와 마찬가지로 자기의식도 인륜적인 존재를 자신의 [...] 토대로, 그리고 자신을 움직이는 목적으로 삼는다. 인륜성이란 자유의 개념이 현존하는 세계로, 그리고 자기의식의 본성으로 된 것이다."[136]

헤겔에 의하면 인륜성은 개인들과 이러한 개인들이 속해 있는 다양한 관습과 제도들로 구성되어 있는 공동체가 일체감 속에 있는 "특수성과 보편성의 통일"이라 할 수 있으며, 인륜적 세계는 인간의 자유가 실현되는 구체적인 토대라 할 수 있다. 인간은 고립된 개인으로서가 아니라, 오직

---

136 G. W. F. Hegel, *Rechtsphilosophie*, §142.

타인과의 관계 속에 존재할 뿐 아니라, 인간에게 내재한 보편적 본성은 현실 속에서 타인들과 함께 하는 삶을 통해 표현된다. 따라서 개인들은 필연적으로 타인들과의 관계를 규정하는 다양한 사회적 제도와 관습 속에 자신의 삶을 지속시킬 수 있을 뿐만 아니라, 이러한 제도 속에서 비로소 자유가 가능하게 된다. 타인을 배제한, 이와 함께 타인과의 관계를 규정하는 다양한 관습이나 제도를 거부한 개인의 자유란 현실 속에서 실현 불가능한 추상적인 것일 뿐이다. 인간의 자유가 오직 제도를 통해서만 가능하다는 것은 모든 관습과 제도가 인간의 자유를 완전히 실현한다는 것을 의미하지는 않는다. 관습과 제도는 인간의 자유롭고자 하는 의지에 의해 끊임없이 변해가며, 이러한 제도를 포괄하는 국가는 궁극적으로 세계사 속에서 인간의 자유를 실현해나가는 토대이다.

헤겔은 구체적인 현실 세계 속에서 자유가 실현되는 과정을 서술한 자신의 『법철학』에서 '보편성과 특수성의 통일' 속에 있는 인륜적 세계로 가족과 시민사회, 그리고 국가를 다루고 있다. 헤겔에게서 가족과 시민사회, 국가는 각각 인륜적 세계를 구성하는 요소들이자, 동시에 변증법적인 발전 단계로서, 자유가 실현되는 궁극적인 단계인 국가를 위한 계기들이기도 하다. 헤겔에 의하면 인륜적 세계의 최초의 계기인 가족은 가족 구성원인 개인들과 가족 전체가 '사랑'이라는 자연적인 감정에 의해 통일된다. 그러나 "사랑"이라는 감정에 의해 가능한 이러한 가족에서의 통일은 매개되지 않은 직접적인 통일로서 "자연적인 형식"[137]을 지니고 있다. 이러한 자연적인 통일은 가족 구성원이 새로운 가족을 만듦으로서 필연적으로 해체되며, 새롭게 형성된 각각의 가족들은 '인륜성'의 다음 단계인 '시민사회'에서 서로 분열된 형태로 나타난다. 시민사회는 "욕망의 체

---

[137] G. W. F. Hegel, 같은 책, §158 추가.

계"[138]로서 오직 자신의 욕망을 충족하려는 이기적인 개인들로 구성되어 있으며, 따라서 시민사회의 개인들에게 타인은 자신의 욕망을 충족시키기 위한 수단에 불가하다. 근대 시장경제체제를 모델로 삼은 헤겔의 시민사회는 노동 분업의 확장과 생산물의 세분화를 통해 특징 지어지며, 개인들의 욕망은 타자에게 의존하게 됨으로써 충족된다. 즉 개인들은 자신들의 이기적인 욕망을 충족하기 위해 상호 밀접하게 연계되며, 결국 개인들의 욕망의 충족은 사회적인 연관성 속에 놓이게 된다.

이기적인 개인들로 구성된 시민사회가 인륜적 요소를 지니고 있는 것은 욕망에 의해 매개된 개인들의 상호의존성 때문이라 할 수 있다. 즉 '시민사회'에서 '특수성과 보편성의 통일'은 '가족'에서처럼 사랑이라는 자연적이며, 직접적인 감정이 아닌, 자신의 고유한 욕망의 충족을 궁극적 목적으로 삼는 개인들의 "앎과 의지"에 의해 매개된 것이라 할 수 있다. 헤겔은 시민사회에서의 이러한 통일이 이기적인 개인들의 욕망을 충족하기 위해 불가피하게 이루어지는 것이기 때문에 "형식적"인 것이며, "자유로서가 아닌 필연성"[139]으로 규정한다. 그러나 헤겔은 시민사회에서 발생하는 개인들의 '도야' 과정을 통해 개인과 타인, 그리고 개인과 공동체가 참된 통일에 도달하는 국가로의 발전 가능성을 발견한다. 시민사회에서 개인들은 이기적인 욕망을 충족시키기 위해 타인을 어쩔 수 없이 인정해야 하지만, 이러한 과정에서 이기적인 개인들은 타인을 진정으로 인정하는 보편적인 존재로 도야되기 때문이다.

헤겔은 자신의 이기적인 목적만이 중요했던 개인들이 보편적인 존재로 도야될 때 비로소 진정한 자유가 실현될 수 있는, 인륜적 세계의 최고

---

[138] G. W. F. Hegel, 같은 책, §188.
[139] G. W. F. Hegel, 같은 책, §186.

단계인 국가가 가능한 것으로 이해한다. 국가에서 개인과 개인, 그리고 개인과 국가라는 공동체의 통일은 가족에서처럼 자연적이며 직접적인 감정에 의존하지 않으며, 시민사회에서처럼 이기적인 욕망을 충족하기 위한 필연성에 의해 지배되지 않는다. "보편성과 개별성의 상호 침투하는 통일"[140]로서 국가에서의 통일은 개인들이 국가라는 보편자를 자신의 궁극적인 목적으로 이해함으로써, 또한 국가는 개인들의 특수한 권리에 대한 인정 속에서 비로소 가능하다. 특히 개인의 특수한 권리는 시민사회로 표현된 서양의 근대사회에야 비로소 인정될 수 있었으며, 따라서 근대의 국가는 주체성의 절대적인 권리에 근거해 있다. 즉 근대의 국가는 역사적 발전의 산물이며 근대 사회의 성과물인 개인의 고유한 권리를 인정하지 않으면 안 된다.

헤겔이 인륜성의 완성으로서 서술한 국가는 고대 그리스의 국가처럼 개인의 고유한 권리가 배제된 실체로서의 국가도 아니며, 홉즈를 위시한 근대 철학자들이 제시한 것처럼 자기보존을 위해 개인들이 계약을 통해 만들어 낸 "인위적인 작품"[141]이 아니다. 그에게서 국가는 근대적 산물인 특수성의 권리에 근거해 있으면서, 동시에 개인들이 이기적 본성을 벗어나 보편적인 의식으로의 도야를 전제한다. 이러한 국가는 단순한 자기보존을 넘어 인간의 자유롭고자 하는 본성이 현실 속에 실현된, 즉 인간의 본성이 외화된 것이며, "보편성과 개별성의 상호 침투하는 통일" 속에서 개인들의 자유가 실현되는 토대인 "구체적인 자유의 현실태"라 할 수 있다.

---

[140] G. W. F. Hegel, 같은 책, §258 주해.
[141] G. W. F. Hegel, 같은 책, §258 추가.

"근대 국가의 본질은 공동적인 것이 특수성의 완전한 자유와 개인의 행복으로 결합되어 있어야만 한다는 것, [...] [...] 그러면서도 목적의 보편성은 스스로의 권리를 보존하지 않을 수 없는 특수한 존재의 앎과 의욕 없이는 전진할 수 없다고 하는 점에 있다. 따라서 보편적인 것은 실현되어야 하지만 다른 한편으로는 주체성 또한 왕성하게 발전하지 않으면 안 된다. 이 두 요소가 든든한 바탕 위에 존속함으로써 국가는 비로소 각각의 부분이 잘 조직 된 것으로 간주된다."[142]

헤겔에 의하면 개인들과 국가의 이러한 통일은 인간에 내재해 있는 이성적인 능력인 상호인정의 원리에 의해 가능하다. 상호인정은 헤겔에게 있어서 정치 사회인 국가를 가능하게 하는 원리이자 동시에 개인과 개인을, 그리고 개인과 공동체를 매개함으로써 국가 속에서 진정한 자유를 실현 시키는 궁극적인 원리라 할 수 있다. 헤겔이 인륜적 세계의 마지막 단계로 서술한 국가에서 타인을 비롯한 보편자로서 다양한 법과 제도들은 개인들에게 자유를 제약하는 존재가 아니라 오히려 자유를 실현시키는 필연적인 조건이다. 헤겔은 개인의 특수한 권리가 인정되는 서양의 근대 사회에서 비로소 "보편성과 특수성의 상호 침투하는 통일"[143]인 국가의 단초를 발견하며, 이러한 국가 속에서 개인들은 비로소 "구체적인 자유"를 획득할 수 있다. 특수한 권리에 근거한 자유로운 개인이 전제되지 않은 국가가 공허한 형식에 불가한 것처럼 국가 없는 개인의 자유는 추상적일 뿐이다.

헤겔은 자유 실현의 조건으로 제시한 국가를 국가의 이념과 현실적인

---

142 G. W. F. Hegel, 같은 책, §261 추가.
143 G. W. F. Hegel, 같은 책, §258 주해.

국가라는 이중적인 관점에서 고찰한다. 국가의 이념은 자유의 실현이 "보편성과 개별성의 상호 침투하는 통일" 속에서 이루어지는, 궁극적으로 현실 속에서 실현될 국가의 개념이라 할 수 있다. 이러한 국가의 이념은 구체적인 현실에 존재하는 모든 경험적인 국가를 의미하지는 않는다. 그러나 국가의 이념은 경험적인 현실 속에서 그것의 단초들을 발견할 수 있어야 한다. 헤겔은 구체적인 현실 속에서 이러한 단초가 발견되지 않은 '이념'을 이념이 아닌 "화려한 꿈"인 "공허한 이상"[144]에 불과한 것으로 규정한다. 즉 국가의 이념이 실현될 수 없는 이상으로 머무르지 않고 구체적인 현실 세계 속에서 실현되기 위해서는 현실에 존재하는 실제적인 국가 속에서 자신의 계기들이 발견되지 않으면 안 된다. 현실적으로 존재하는 경험적인 국가는 이념의 계기를 자신 속에 담지하고 있으며, 역사의 과정 속에서 이러한 이념을 실현시킨다. 따라서 "자유의 의식에 있어서 진보"[145]인 역사는 현실 세계 속에서 구체적인 활동을 통해 자신을 실현하는 자유로운 의지를 지닌 개인들에 의해 "보편성과 개별성의 상호 침투하는 통일"로서의 국가의 이념이 실현되는 구체적인 장이라 할 수 있다.

---

[144] G. W. F. Hegel, *Die Philosophie der Geschichte*, 52쪽.
[145] G. W. F. Hegel, 같은 책, 32쪽.

III.
현대적 기획의 실패와 주체성의 위기

- ● -
- ● -
- ● -
- ● -
- ● -

　유럽의 근대와 함께 보편화된 시장경제체제는 19세기에 이르러 경제적인 불평등의 구조를 더욱 더 악화시키며 인간의 자기보존문제는 심각한 사회적인 문제로 등장한다. 이성적 주체에 근거한 낙관적인 역사적 전망은 점차 신뢰할 수 없게 되었으며, 근대 사회가 초래한 다양한 문제들은 역사의 발전에 따른 부수적인 현상들이 아닌, 근대의 고유한 사회적 특성들에 내재해 있는 근본적인 오류들로 인식되었다. 또한 근대의 철학적 성찰들이 담지하고 있는 이성적 기획들의 실현 가능성은 의심스러운 일이 되었으며, 근대적 이념, 즉 '현대성'에 대한 반성적 사유가 요구되었다.

　이러한 사회적 상황 속에서 마르크스와 니체, 그리고 프로이트는 다양한 방식으로 유럽의 근대를 문제시한다.[1] 특히 마르크스는 시장경제체제가 야기하는 인간적인 것의 파괴를, 니체는 도덕적 이성에 의한 힘에의

---

[1]　투렌은 마르크스, 니체, 프로이트가 "현대성의 위기를 주도하는 세 명의 사상가들"로 규정한다. A. Touraine, 『현대성 비판』, 정수복 · 이기현 옮김 (서울: 문예출판사, 1996), 145쪽.

의지의 상실을, 그리고 프로이트는 문명 속에 내재한 억압적 성격을 폭로하며, 근대적인 삶의 양식과 사유를 총체적으로 비판한다. 그들의 이러한 비판은 근대의 이성적 주체에 대한 비판으로 수렴되며, 근대적 문제를 극복하려는 그들의 노력은 한편으로는 여전히 근대적 정신을 담지하고 있지만, 다른 한편으로는 근대의 이념을 근본적으로 해체하는 데 기여한다.

마르크스는 근대 이후 지배적인 경제체제인, 경쟁에 근거한 시장경제가 인간의 유적 존재를 파괴할 뿐 아니라 총체적 소외를 야기하는 핵심적인 기제라고 비판한다. 그는 현대적 위기를 인간성을 파괴하는 시장경제체제 속에서 발견하며, 공산주의라는 새로운 정치 공동체의 기획을 통해 시장경제체제에 필연적으로 내재해 있는 문제들을 극복하고자 시도한다. 마르크스는 인간의 이성보다는 생산관계와 생산력의 모순에 의해 역사가 발전한다는 유물론적 세계관에 근거해 있다. 그러나 그는 인간을 역사의 주체로 규정하고, 이러한 주체의 노력에 의한 미래 사회의 발전 가능성을 모색 했다는 점에서 여전히 근대적 정신의 연장선 속에 있다고 할 수 있다.

경제적 체제가 야기하는 사회적 문제를 자신의 중심적인 철학적 사유로 삼았던 마르크스와 달리 니체는 현대적 위기를 도덕적 이성에 근거한 서양의 형이상학적 체계 속에서 발견한다. 그는 무엇보다도 이성 중심의 근대적 주체개념이 인간을 생명의 구체성을 상실한 박제된 자아로 변질시킨 것으로 이해한다. 그에 의하면 생명에 내재해 있는 역동적인 힘만이 주체를 구성하는 핵심적인 원리이며, 이러한 주체는 외적인 힘들과 관계함으로써 지속적으로 자신의 힘을 증대하려는 다양한 활동으로 나타난다. 그는 근대의 이성적 주체를 대신할 수 있는 새로운 주체로서 자율성에 근거한, 끊임없이 자신을 새롭게 창조하는 활동들의 총체로서 "신체"

라는 개념을 제시한다. 마르크스가 근대적 문제를 시장경제라는 경제적 체제 속에서 발견하고 이러한 문제의 해결을 사회적·정치적인 차원에서 접근했다면 니체는 근대의 실체화된 주체개념을 비판하고 근대의 도덕적 이성에 의해 질식된 독자적인 개인에 내재한 생명의 힘을 회복하고자 함으로써 개별 인간들의 차원에서 문제를 해결하고자 한다. 끊임없이 자신을 확장하는 개별적인 신체를, 즉 각각의 독립된 개인에게 내재한 힘에의 의지를 중시하는 니체는 근대 사회에 대한 근본적인 비판으로부터 자신의 철학적 논의를 시작한다. 그러나 그의 사유는 생명과 생명으로부터 야기되는 무한한 욕망을 긍정함으로써 근대적인 자기보존욕망에 대한 논의를 계승하며, 동시에 근대적인 이념인 개인주의적 관점을 더욱 더 극단화함으로써 여전히 근대적 정신을 담지하고 있다.

프로이트는 무의식의 발견과 함께 자기 자신을 확신하는 근대의 의식적 주체에 근본적으로 문제를 제기한다. 그는 성적인 쾌락을 추구하는 욕망과 자기보존욕망을 인간을 구성하는 핵심적인 기제로 이해한다. 그러나 쾌락자아와 현실자아 속에 표현되는 이러한 두 욕망은 상호 모순적인 방식으로 존재하며, 현실자아는 자기보존을 위해 쾌락자아를 억압한다. 이러한 억압이 인간의 무의식의 세계를 형성하며, 무의식은 인간이 알 수 없는 심연 속에 있다가 갑자기 나타남으로써 지속적으로 인간의 행위에 영향을 미친다. 무의식의 기제와 함께 인간은 스스로 알 수 없는 존재로 전락했으며, 의식적 주체로서 자신과 세계에 대해 확신에 찬 근대적 자아는 억압과 불안 속에서 심리적인 병리현상에 노출되는 분열적 자아로 변질된다. 프로이트는 문명화 과정을 인간의 자기보존을 위한 쾌락본능의 억압의 역사로 이해하지만 궁극적으로 이러한 문명을 정당화함으로써 자기보존본능을 인간을 규정하는 절대적인 원리로 제시한다. 그는 자기보존원리를 절대화한 근대의 대표적인 철학자인 홉즈의 철학적 사유를 개인의 심리적인 관점에서 재구성하지만, 무의식의 세계를 발견하고, 사회적으로 금기시 되었던 인간의 성적 욕망을 새롭게 조명함으로써 이성 중심의 근대적 사유에서 탈피할 뿐 아니라 근대의 이성적 주체개념을 완전히 해체시키는 데 기여한다.

1. 마르크스(K. Marx): 자본주의 경제체제와 인간 소외

1) 자본주의 체제와 인간의 욕망

마르크스는 17세기 이후 일반화된 시장경제체제, 즉 자본주의 경제체제를 비판한 대표적인 학자이자 실천가라 할 수 있다. 그에게 자본주의 경제체제란 노동자들에 대한 자본가들의 착취에 근거한 있는 경제체제를 의미한다. 노동을 할 수 있는 자신의 몸 이외에 아무것도 소유하지 못한 노동자는 생산현장에 투입되어 잉여가치를 창출하며, 생산할 수 있는 수단인 자본을 소유하고 있는 자본가들은 이러한 잉여가치를 자신의 소유로 만듦으로써 자본을 축적하고 이와 함께 노동자에 대한 지배와 권력을 행사한다. 마르크스는 자신이 살고 있었던 19세기 서구 사회를 자본가에 의한 노동자의 착취와, 이를 통해 새롭게 분화된 계급사회에서 불평등이 심화된 사회로 인식하며 자본주의 경제체제의 비판과 함께 평등한 사회로의 변화를 실천하고자 한다. 시장경제체제가 보편화되기 시작한 17세기 이후, 특히 산업화가 먼저 시작된 영국에서는 새로 등장한 권력집단인 자본가와 새로운 하층민을 형성하는 노동자의 빈부 격차가 심해지며, 불평등의 구조도 확고해진다. 기술의 발전이 가져온 생산력의 향상과 함께 사회적 부는 급속도로 증가하지만, 이러한 부는 소수의 자본가에게 집중되는 현상을 가속화할 뿐이었으며, 대부분의 노동 계층들은 저임금과 긴 노동시간, 그리고 열악한 환경 때문에 생존이 위협받는 상황에 처해 있게 된다. 자본주의 경제체제의 발전과 함께 근대사회를 지배했던 인간에 대한 보편적인 이념이자 프랑스혁명의 구호이기도 했던 자유와 평등은 공허한 이상이 되었으며, 생산력의 폭발적인 발전에도 불구하고 인간의 자기보존문제는 대다수의 노동자들에게 사회적으로 더욱 더 절박한 문제로 나타난다.

현실을 정확하게 이해하려는 사상가로서, 그리고 부조리한 현실을 변화시키려는 사회적 실천가로서 마르크스의 주된 관심은 자본주의 체제가 지닌 모순을 밝혀내고, 이러한 체제를 극복할 수 있는 방안을 탐구하는 것이었다. 그는 이러한 이론적 작업을 윤리적 관점에서 접근하지 않으며 새로운 평등한 사회로의 이행 가능성을 도덕적 요청에 의존하지 않는다. 그는 자본주의 체제에 대한 구조적 분석을 통해 인간의 노동력에 내재한 잉여가치가 노동자가 아닌 자본가에 귀속됨으로써 궁극적으로 노동자에 대한 자본가의 착취가 어떻게 발생하는지를 밝혀낸다. 또한 마르크스는 생산력과 생산수단의 모순에 의한 역사의 발전과정을 사적 유물론의 관점에서 포착함으로써 자본주의 체제에 내재해 있는 착취의 문제를 해결할 수 있는, 생산수단의 국유화를 통한 공산주의 사회로 이행을 역사적 필연성으로 인식한다. 객관적인 근거를 토대로 자본주의 체제의 모순을 드러내고자 한 마르크스에 의하면 자본주의 경제체제는 불평등과 착취 이외에도 인간의 기본적인 욕망이자 권리인 자기보존을 훼손하고, 생존을 위협할 뿐 아니라 자아실현의 원천인 노동의 소외, 그리고 경쟁으로 인한 인간 본성의 파괴라는 다양한 문제들을 야기하는 원천이기도 하다.

자본주의 경제체제에 대한 마르크스의 이러한 비판들은 인간에 대한,

특히 인간의 욕망에 대한 그의 이해와 밀접하게 관련이 있다. 인간을 동물과 유사한 존재로만 인식한다면 인간들 사이에서 야기되는 불평등이나, 많은 이들이 처하게 되는 자기보존의 훼손과 생존의 위협, 혹은 노동의 소외 등은 당연한 것으로 받아들여질 수 있다. 따라서 이에 대한 비판이나 이러한 문제들을 극복할 수 있는 가능성에 대한 다양한 노력들은 현실성을 결여한 추상적 사유의 유희로, 혹은 상상력에 근거한, 실현 불가능한 일에 대한 무모한 도전으로 간주 될 것이다. 자본주의 경제체제에 대한 마르크스의 비판들은 인간이 다른 동물들과 공유하는 지점을 넘어서, 인간만이 지니고 있는 인간 고유의 본성과 능력을 전제할 때 비로소 타당성을 지닐 수 있게 된다. 마르크스는 동물적인 것과 구별되는 '인간적인 것'을 특히 강조하며, 자본주의 경제체제의 극복과 공산주의 사회로의 이행의 정당화와 필연성을 구축하려는 마르크스의 실천적 사유는 인간에게 고유한 '인간적인 것'을 훼손하고 파괴하는 현실 사회에 대한 비판과 함께 '인간적인 것'의 보존과 발전에 근거해 있다.

마르크스는 역사와 시대를 초월한 인간의 보편적인 본성을 전제하나, 이러한 보편적 본성은 역사적 시기에 따라 다양한 형태의 특수한 모습으로 나타나는 것으로 이해한다. 특히 근대 이후 지배적인, 그리고 마르크스가 비판의 대상으로 삼고 있는 자본주의 체제에서의 인간의 모습은 인간의 보편적 본성이 왜곡된 인간의 특수한 모습이다. 그는 인간에 내재한 욕망, 그리고 능력과 밀접하게 연관되어 있는 인간의 보편적 본성을 통해 인간적인 삶의 구체적인 모형을 제시하며, 이러한 본성을 자본주의 체제에서 나타나는 인간본성의 왜곡된 형태들을 비판하는 중요한 준거점으로 삼는다. 또한 그는 인간의 고유성을 오직 사유나 이성적인 능력에서 찾으려는 인간에 대한 일반화된 이해와는 달리 감각이나, 욕망 등에서 인간에게만 고유한 '인간적인 것'을 발견한다. 그에 의하면 인간의 보편적인 본성은 근대 초기에 중요한 실천철학적 개념으로 작용했던 자기보존욕망을 넘어서 다양한 욕망과 능력, 그리고 감각 속에서 표현된다. 마르크스에 의하면 자기보존욕망에 머물러 있는 것은 동물적인 것, 즉 동물과 공유될 수 있는 것이며, 자기보존욕망을 넘어서 나타나는 세분화된 다양한 욕망 속에서 비로소 동물과 구별되는 "욕망의 인간적 본성"[2]이 드러난다.

근대 이후 유럽은 자본주의 경제체제의 발전과 함께 생산력이 급속도로 증가하였으며, 이러한 생산력의 향상은 인간의 욕망을 더욱 더 다양화하고 세분화한다. 또한 이러한 욕망의 세분화는 생산력을 발전시키는 동력으로 작용하며, 따라서 욕망의 세분화와 생산력의 발전은 상호 밀접한 연관 관계를 지니게 된다. 마르크스는 자본주의 경제체제가 지닌 다양한 모순에도 불구하고 이러한 경제체제에서 야기된 생산력의 급속한 발전을 자본주의 체제가 역사의 발전에 기여한 가장 중요한 요소로 간주한다. 그러나 자본주의 경제체제를 지배하는 궁극적인 원리는 자본의 증식을 통한 사유재산의 확장이며, 따라서 자본주의 체제에서 인간은 자신의 다양화된 욕망을 충족시키는 대신에 생산력의 발전과 사유재산의 확장을 위한 노예로 전락하게 된다. 즉 생산력의 발전에 의한 욕망의 세분화는 오히려 인간을 맹목적인 욕망의 노예로 만들 뿐만 아니라, 엄청난 물질적인 부에도 불구하고 다양한 욕망과 감각이 오직 자본의 증식과 물질적인 욕망으로, 즉 "소유의 감각"[3]으로 대체됨으로써 정신적인 빈곤이 인간을 지

---

2 K. Marx, *Ökonomisch-philosophische Manuskripte aus dem Jahre 1844*, Marx/Engels Werke, Ergänzungsband, Schriften bis 1844, Erster Teil (Berlin: Dietz, 1973), 536쪽.(이하 *Ökonomisch-philosophische Manuskripte*)

3 K. Marx, 같은 책, 540쪽.

배하게 된다. 마르크스에 의하면 자본주의 체제는 "한 측면에서는 욕망과 그 수단의 세련화를 생산하면서, 다른 측면에서는 욕망의 동물적 야만화, 욕망의 조야하며 추상적인 단순성만을 생산할 뿐이다."[4] 자본주의 체제는 생산력의 발전과 함께 인간의 욕망과 감각이 다양하게 세분화되고 이를 충족할 수 있는 물질적인 조건을 갖추었음에도 불구하고 오히려 모든 욕망이 '소유'라는 하나의 욕망으로 환원되는 역설적 상황을 발생시킨다. 이와 함께 인간이, 그리고 인간의 욕망과 감각이 주인이어야 함에도 불구하고 반대로 이를 위한 수단인 물질적인 자본이 주인이 되는, 자본주의 체제에서 주어와 술어가 전도되는 물화 현상이 전체 사회를 지배하게 된다. 따라서 마르크스는 자본이 지배하는 자본주의 체제의 극복을 "모든 인간적 감각들과 속성들의 완전한 해방"[5]으로 규정한다.[6]

　자본주의 체제에서 지배적인 물화 현상은 자본을 소유한 자본가와 노동할 수 있는 자신의 육체만을 소유한 노동자에게 각기 다른 방식으로 나타난다. 자본가는 더 많은 권력을 행사하기 위해 자본의 축적, 즉 자본이 양적인 것으로 표현되는 화폐의 증식에만 관심을 갖게 된다. 화폐에 대한 욕망은 "한도도 없고 절제도 없으며"[7], 결국 자본가는 화폐에 대한 무한한

4　K. Marx, 같은 책, 548쪽.

5　K. Marx, 같은 책, 540쪽.

6　프롬은 마르크스의 철학을 자본주의 사회가 초래하는 "인간의 소외, 즉 인간이 자기 자신을 잃어버리고 하나의 사물로 변모하는 사태에 대한 저항"을 담고 있는 "저항의 철학"으로 규정한다. 그에 의하면 마르크스 철학은 "서구 인본주의 철학전통에 뿌리"를 두고 있으며, 무엇보다도 "인간이 스스로를 해방시키고 자신의 잠재력을 발휘할 역량을 가졌다는 신념"에 근거해 있다. E. Fromm, 『마르크스를 말하다』, 최재봉 옮김 (서울: 에코의 서재, 2005), 12쪽.

7　K. Marx, 같은 책, 547쪽.

욕망 속에서 화폐의 노예로 전락하게 된다.[8] 이에 반해 노동자는 유일한 생존 수단인 자신의 육체만을 소유하며, 노동할 수 있는 권리가 박탈될 수 있다는 위협 속에서 오직 자기보존을 위한 욕망만을 갖는다. 즉 인간으로서 지니고 있는 다양한 욕망들은 사라지고 모든 욕망들은 육체적 생존유지라는 하나의 동물적인 욕망으로 수렴된다. 생산력이 발전하지 않은 원시 상태라면 노동자가 지니게 되는 이러한 빈곤한 욕망이 당연한 것으로 이해될 수 있다. 그러나 생산력의 발전과 함께 획득된 부에 의해 다양한 욕망들을 충족시킬 수 있는 충분한 경제적 여건을 갖추었음에도 불구하고 여전히 대다수를 차지하는 노동자들은 자기보존이라는 동물적 욕망에만 매달리게 된다. 왜냐하면 자본이 절대적인 주인으로 군림하는 자본주의 경제체제는 모든 인간적인 것들을 소멸시키기 때문이다.

> "인간의 어떠한 감각도 존재하지 않거니와, 인간적인 방식으로 존재하지 않을 뿐만 아니라 비인간적인 방식, 따라서 동물적인 방식으로도 존재하지 않는다. [...] 인간은 어떠한 인간적인 욕망도 가지지 못할 뿐만 아니라, 동물적인 욕망조차도 중단된다. 아일랜드인은 먹는 것에 대한 욕망, 그것도 감자를 먹는 것에 대한, 그것도 감자 중에서도 가장 나쁜 종류인 룸펜 감자를 먹는 것에 대한 욕망만을 알고 있다. 그러나 잉글랜드와 프랑스의 모든 공업도시들에서 작은 아일

---

8   화폐의 가장 중요한 특징 중의 하나는 화폐가 무한한 축적을 가능하게 한다는 사실이다. 화폐의 무한한 축적은 욕망의 무한한 확장을 의미하는 것이기도 하다. 구체적인 욕망의 대상이 제한적인 것임에 반해, 모든 것을 구매할 수 있는 것을 가능하게 하는 화폐는 화폐에 대한 무한한, 그러나 추상적인 욕망을 부추김으로써 인간을 화폐의 노예로 전락하게 만든다. 이와 관련하여 마르크스는 화폐의 본질적 특성을 "모든 것을 구매하는 속성"을 지님으로써 인간을 지배하는 "전능성"으로 규정한다. K. Marx, 같은 책, 563쪽.

‖ 랜드가 존재하고 있다."[9]

　마르크스에 대한 많은 비판들은 마르크스가 인간의 물질적 가치만을 중시함으로써 인간이 추구하는 다양한 정신적 가치를 도외시했다는 것으로부터 출발한다. 특히 마르크스의 유물론적 시각은 이러한 비판을 뒷받침 해주는 중요한 전거로 이용된다. 실제로 마르크스는 역사가 생산력과 생산관계의 모순을 통해 발전한다고 보았을 뿐 아니라 하부구조를 이루는 경제적 요인이 상부구조인 정치나 문화와 종교 등을 규정한다고 주장함으로써 사회를 움직이는 동력으로 경제적인 요소를 중시한다. 그러나 인간의 의식이 존재를 결정하는 것이 아니고 인간의 존재가 의식을 결정한다는 마르크스의 유물론적 사유는 경제적 요소가 인간의 삶과 역사에 미치는 영향력을 설명하려고 할 뿐, 이러한 물질적인 것을 인간이 추구해야 하는 궁극적인 가치로 이해하는 것은 아니다. 또한 그는 모든 정신적 현상의 유일한 토대를 물질에서 찾고자 하는 자신의 시대에 유행했던 유물론적 관점을 역사와 그 과정을 배제하는 자연과학의 추상적인 유물론이라고 비판한다. 그리고 인간 행위의 궁극적인 동기를 물질적인 욕망과 이익이라고 보는 통속적인 유물론적 관점에 대해, 마르크스는 오히려 자본주의 경제체제가 인간의 모든 욕망을 물질적인 것으로 수렴한다고 비판한다.[10] 물질적인 것에 대한 인간의 불변의 욕망이 자본주의를 가능하

9　　K. Marx, 같은 책, 548쪽.

10　프롬은 마르크스 유물론이 지닌 인본주의적 요소를 강조하며, 마르크스의 사회 이론은 "인간의 삶을 이끌어가는 핵심 동기는 물질적 이득을 향한 것이 아니며, [...] 인간이 경제적 압박에서 벗어나 완전한 인간이 되는 것"임을 강조한다. 마르크스의 유물론적 관점은 "인간이 생산하는 것이 그의 생각과 욕망을 결정한다는 데 있으며, 인간의 주된 욕망이 최대한의 물질적인 이득"이라는 데 있지 않다. E. Fromm, 같은 책, 29쪽. 42쪽.

게 한 것이 아니라 자본주의 경제체제가 인간을 물질적인 욕망만을 갖도록 한다는 것이다. 그에 의하면 경제적인 부와 물질적인 요소들은 인간의 다양한 욕망과 감각 속에서 표현되는 진정한 '인간적인 것'을 실현하는 수단일 뿐이다.

> "부를 통해서야 비로소 주체적인 인간적 감성의 풍부함이 생성되고, 음악적인 귀, 형태의 미에 대한 눈, 간단히 말해서 인간적 향유를 할 수 있는 감각들, 인간적인 본질의 힘들로서 확증되는 감각들이 한편으로 도야되고 비로소 산출된다. 오감뿐만 아니라 이른바 정신적 감각들, 실천적 감각들(의지, 사랑), 한마디로 말해서 인간적 감각도 비로소 생성된다. [...] 굶주린 인간에게는 음식의 인간적 형태가 존재하지 않고 음식으로서 그 추상적 현존만이 존재할 뿐이다. 그것은 가장 조야한 형태로도 현존할 수 있을 것이며, 이러한 영양 활동이 어떤 점에서 동물의 영양 활동과 구별되는지 말할 수 없다. 근심에 가득찬 궁핍한 인간은 어떤 훌륭한 연극에 대해서도 아무런 감각을 가지고 있지 않다. 광물 상인은 광물의 상업적 가치만을 볼 뿐 광물의 아름다움이나 그 특유한 본성은 보지 않는다. 그는 어떠한 광물학적 감각도 가지고 있지 않다."[11]

마르크스에 의하면 물질적 빈곤은 인간으로 하여금 모든 욕망과 감각을 오직 자기보존이라는 하나의 욕망으로 환원시킨다. 따라서 '인간적인 것', 즉 인간적인 욕망이나 감각이 형성되지 않음으로써 인간은 동물과 유사한 삶을 살게 된다. 물질적 부는 비로소 인간적인 욕망을 충족시키고

---

[11] K. Marx, 같은 책, 542쪽.

인간적인 감각을 향유하는 것을 가능하게 한다. 따라서 물질적인 부는 인간적인 삶의 조건이자 '인간적인 것'을 가능하게 하는 토대라 할 수 있다. 그러나 이러한 물질적인 부 자체가 인간의 다양한 욕망을 충족시키는 것은 아니며, 물질적인 부의 증진이 인간적인 삶 자체를 의미하는 것은 아니다. 오히려 생산력의 발전과 함께 물질적 부를 축적하게 된 자본주의 체제는 인간의 다양한 욕망과 감각들을 충족시키고 향유할 수 있는 조건을 지니고 있지만 인간으로 하여금 – 자본가는 자본의 축적을 위해, 그리고 절대적 빈곤 속에 존재하는 노동자는 자기보존을 위해 – 오직 물질적인 가치만을 추구하게 함으로써 인간의 다양한 욕망과 감각을 빈곤하게 만든다. 따라서 마르크스는 물질적인 요소와 경제적인 요소가 인간의 삶에 미치는 영향력을 분석한다. 그의 유물론적 관점에 대한 일반적인 비판과는 달리 그는 자본주의 체제가 오히려 인간을 물질에 종속시킴으로써 '인간적인 것'을 왜곡시킨다고 비판한다. 즉 마르크스가 자본주의 경제체제의 비판을 통해 보여주고자 하는 것은 무엇보다도 '인간적인 것', 인간적인 욕망과 감각의 회복이다.[12] 따라서 자본주의 체제에서 생산 수단을 공유하는 공산주의로의 이행은 단순한 물질적인 욕망만이 지배하는 사회로부터 벗어나 다양한 욕망과 다양한 감각을 충족시킬 수 있는 진정한 인간적인 삶이 시작되는 것을 의미한다. 따라서 마르크스는 자본주의 체제의 극복과 함께 인간의 전역사가 막을 내리고, 공산주의 사회와 함께 인간의 욕망과 감각이 다양해지고 풍부해지는, 그리고 인간적인 삶이 가능하게 되는, 진정한 인간적인 역사가 시작되는 것으로 이해한다.

---

[12] 욘 엘스터는 "마르크스의 자본주의에 대한 고발의 핵심은 인간의 본성에 대한 그의 규범적 견해에 있다기보다는 인간에게 열려있는 가능성의 범위"와 관련되어 있는 것으로 이해한다. J. Elster, 마르크스 이해하기, 진석용 옮김 (서울: 나남, 2015), 155쪽.

2) 인간의 본성과 유적 존재

마르크스는 인간만이 지닌 다양한 능력과 욕망, 감각들을 '유적 존재'라는 인간 존재의 고유한 특성 속에 귀속시킨다. 그에 의하면 '유적 존재'는 동물과 구별되는 '인간적인 것'을 가능하게 하는 원천으로서 인간의 사유능력과 노동능력, 그리고 사회적인 능력을 통해 표현된다. 서로 밀접하게 연관되어 있는 이러한 능력들은 특히 인간이 자기보존을 위해 대상세계와 관계하는 '생명활동', 즉 생산적인 활동에서 구체적으로 나타난다. 동물은 자신의 생명을 유지하기 위한 생명활동이 자연적인 욕망에 따라 이루어지며, 따라서 욕망의 대상을 단순히 소모함으로써 대상과 직접적으로 관계할 뿐이다. 그러나 인간은 생명활동을 하는 자기 자신을 의식하며, 이러한 의식이 외부 대상과의 관계에 적극적으로 개입한다. 따라서 그는 단순히 자연적인 욕망에 따라 대상과 직접적으로 관계하는 것이 아니고, 욕망하는 자신을 의식할 뿐 아니라 욕망하는 대상을 의식함으로써 대상과 하나의 관계, 의식에 의해 매개된 관계를 만들어 내며, 이러한 대상과의 관계를 자신의 의식적인 활동으로 이해한다.

> "동물은 자신의 생명활동과 직접적으로 통일되어 있다. 동물은 자신과 자신의 생명활동을 구별하지 못한다. 동물은 자신이 바로 생명활동이다. 인간은 자신의 생명활동 자체를 자신의 의지와 의식의 대상으로 삼는다. 인간은 의식적으로 생명활동을 한다. 인간은 자신과 직접적으로 통합되어 있는 것은 아니다. 인간의 의식적인 생명활동은 동물의 생명활동과는 확연히 구별된다."[13]

---

[13]   K. Marx, 같은 책, 516쪽.

인간의 의식적인 행위는 그의 사유하는 능력과 밀접하게 관련되어 있다. 데카르트가 모든 것을 의심하는 가운데, 의심하는 자신의 존재에 대한 확실성, 사유하는 자아의 확실성에 도달하는 것처럼, 인간은 자기보존을 위한 생명활동을 하며 이러한 활동 속에서 생명활동을 하는 자기 자신을 사유한다. 인간은 사유를 통해 스스로 자신의 대상이 되며, 자신의 욕망의 수단이 되는 외적 대상은 단순히 소모의 대상이 아닌, 사유의 대상이 된다. 따라서 직접적으로 대상을 소모만하는 동물의 생명활동과는 달리 자신의 활동을 의식하는 인간의 생명활동은 단순한 반복적 행위로서의 생명활동을 벗어나, 대상과의 지속적인 관계성을 형성하며, 소모와 동시에 대상을 산출해내는 생산 활동이 된다. 마르크스는 인간의 이러한 생산 활동과 관련하여 "인간이 동물과 구별되는 것은 자신의 생활수단을 생산하기 시작한 바로 그 순간부터"[14]인 것으로 이해한다. 이러한 생산 활동은 인간의 가장 기본적인 욕망인 자기보존욕망을 충족시키는데도 간여하지만, 동시에 인간의 자기실현과 연관된 자유의 실현과 함께 다양한 욕망의 충족과 감각의 향유를 통한 정신적인 부의 증대에 기여함으로써 진정한 '인간적인 것'을 가능하게 한다.

사유에 의해 매개된 인간의 의식적인 생산 활동은 자신의 내면을 외화시킴으로써 자신이 생각하는 것을 외부 대상에 투여하며, 이를 통해 대상을 새롭게 만들어 내는 노동행위를 통해 규정된다. 생산 활동을 통해 만들어진 대상은 단순히 자연적인 사물이 아니라 인간 자신이 이러한 사물 속에 자신을 투영한 인간적인 형태를 지니게 된다. 인간은 자신이 만든 사물 속에서 자기 자신을 발견한다. 이와 함께 인간은 자연적인 세계가 아닌, 생산 활동을 통해 자신이 만든 세계 속에 살게 되며, 이러한 세계

---

[14] K. Marx, 같은 책, 517쪽.

속에서 동시에 자기 자신을 발견함으로써 이 세계를 자신의 것으로 이해한다. 즉 인간은 자신이 만들어 낸 대상 속에서 자신을 상실하지 않으며, 따라서 대상은 인간으로부터 독립적인 존재가 아니라, 인간적인 대상이 된다. 따라서 사유에 의해 매개된 인간의 생산 활동은 동물의 본능적이며, 반복적인 행위와 구별되는 지속적인 창조적 행위이다. 마르크스에 의하면 대상세계에 대해 적극적으로, 그리고 실천적으로 관계 맺는 인간의 이러한 창조적인 생산 활동은 인간이 의식적인 '유적 존재'라는 사실을 확증하는 것이기도 하다. 유적 존재로서 인간은 사유에 의해 매개된 이러한 생산 활동을 통해 다양한 측면에서 '인간적인 것'을 산출해내며, 이 세계를 자신의 것으로 새롭게 만들어 낸다. 동물도 무엇인가를 만들어내지만, 그러나 동물은 본능에 따라서, 반복적으로 행한다는 점에서, 그리고 자신의 행위의 결과물이 일회적이라는 점에서 다양한 상상력에 의해 행해지는, 그리고 지속성을 지닌 인간의 생산 활동과는 확연히 다르다고 할 수 있다.

> "거미는 직공과 비슷하게 활동하고, 꿀벌은 벌집을 지으면서 많은 건축가를 부끄럽게 만든다. 그러나 아무리 형편없는 건축가도 건물을 짓기 전에 그 구조를 머리 속에 그리고 있다는 점에서 가장 훌륭한 꿀벌보다 낫다."[15]

사유에 의해 매개된 생산 활동을 통해 인간은 자신을 외화함으로써 대상을 새롭게 창조하는 한편, 이러한 과정 속에서 자기 자신을 새롭게 변화시킨다. 마르크스는 사유나 노동, 사회성을 '인간의 보편적인 본성'으로

---

[15] K. Marx, *Das Kapital,* Marx/Engels Werke 23 (Berlin: Dietz, 1975), 193쪽

이해하지만, 동시에 이러한 보편적인 인간 본성은 역사적인 상황에 따라 다르게 나타나는 것으로 이해한다. 즉 인간의 생산 활동은 인간으로 하여금 자신의 외부에 있는 대상, 즉 자연과 끊임없이 관계한다는 것을 의미하며, 이러한 관계 속에서 인간은 자연에 대한 지식을 확장한다. 확장된 지식은 인간이 자연과 맺는 관계를 새롭게 규정함으로써 세계에 대한 인간의 이해를 변화시킨다. 또한 생산 활동을 통해 인간이 생산해 낸 산출물들은 인간의 감각을 더욱 풍부하게 하며, 이와 함께 인간의 욕망도 다양해진다. 인간은 다양한 사물들을 생산함으로써, 예를 들면 음식을 새롭게 조리하면서 음식에 대한 미각이 발전하며, 누군가가 만들어 낸 침대나 소파를 통해 편안한 감각이 형성되며, 이와 함께 좀 더 맛있는 음식에 대한 욕망이, 더 좋은 가구에 대한 욕망이 생겨난다. 즉 인간이 생산해 낸 사물들을 통해 인간적인 감성의 풍부함이 생성되는데, 음악을 들을 수 있는 귀의 감각과 아름다움을 감상할 수 있는 눈의 감각, 맛있는 음식을 먹을 수 있는 혀의 감각 등 단순한 동물적인 자기보존욕망을 넘어서 인간적인 향유를 할 수 있는 미적 감각들, 인간의 고유한 감각들이 도야되며, 이에 걸맞은 다양한 욕망들이 형성된다. 이와 관련하여 마르크스는 "오감의 형성을 지금까지의 세계사 전체의 노동"[16]으로 규정한다. 세계사는 인간이 스스로 만들어 온, 자기실현의 역사이며, 인간은 자신의 노동에 의해 자신을 새롭게 창조할 뿐 아니라 자신을 위해 자연을 변형하고 개발하는, 따라서 세계를 자신의 것으로 만드는 역사이다.

　마르크스는 자연을 인간의 세계로 만들며 생산 활동을 하는 자기 자신조차도 새롭게 창조하는 사유를 매개로 한 노동행위와 사회적 존재성을 인간의 보편적 본성으로 이해한다. 그에게 인간의 사회적 존재성은 '유적

16　K. Marx, *Ökonomisch-philosophische Manuskripte*, 542쪽.

존재' 자체를 의미하는 것이기도 하다. 유적 존재로서 인간의 사회적 본성은 인간이 다른 인간과 함께 현존한다는 형식적인 차원을 넘어 한 개인의 존재 자체가 다른 인간들과의 다양한 사회적 관계성을 통해 비로소 형성되는 것에 의해 표현된다. 마르크스에 의하면 "인간의 생활 자체가 – 공동체적인, 다른 인간과 함께 동시에 수행된 생활의 표현이라는 직접적인 형태로 나타나지 않는다 해도 – 사회적 생활의 표현이고 확증이다."[17] 그는 개인의 특수하고 고유한 삶의 영역을 부정하지는 않는다. 그러나 그는 개인의 특수한 삶이 유적 존재로서 인간의 총체성 속에서만 가능한 것으로 이해한다.

> "내가 학문적으로 활동하고, 좀처럼 타인과 직접 공동으로 수행할 수 없는 어떤 활동을 수행하고 있다 해도 나는 인간으로서 활동하기 때문에 사회적이다. 나의 활동의 재료가 – 사상가가 활동의 수단으로 삼는 언어조차도 – 나에게는 사회적 산물로 주어져 있을 뿐만 아니라 나 자신의 현존이 사회적 활동이다. 그러므로 내가 나에게서 만드는 것, 그것을 나는 사회를 위해서, 그리고 사회적 존재로서 나의 의식을 가지고, 나에게서 만든다."[18]

이와 함께 마르크스는 헤겔과 유사하게 근대 이후 유럽의 사상가들, 특히 홉즈를 비롯한 사회계약론자들에게 보편적으로 받아들여진 '고립된 주체'로서의 인간에 대한 이해방식을 비판한다. 그에게서 인간은 존재 자체, 특히 그의 감각이나 욕망, 혹은 사유의 내용조차도 다른 인간들과 밀

---

17   K. Marx, 같은 책, 538쪽.
18   K. Marx, 같은 책, 538쪽.

접하게 연관되어 있다. 따라서 개인을 다른 인간들로부터, 혹은 사회로부터 분리시켜 이해하는 것은 인간의 사유로부터 야기된 추상화의 오류일 뿐이다. 인간의 욕망이나 감각이 인간의 생산 활동에 의해 다양화되고 풍부해진 것처럼, 개인이 지닌 감각이나 욕망은 타인이 존재하지 않는다면 빈곤한, 오직 동물과 유사한 자기보존욕망에만 갇혀 있을 것이다. 태어나면서 지니게 된 감각이나 자기보존과 같은 자연적인 욕망을 제외한 인간의 다양한 감각과 욕망은 대부분 타인이 생산해 낸 생산물에 의존하기 때문이다. 따라서 인간의 사회적 존재성은 동물처럼 무리지어서 산다는 의미보다는 인간적인 모든 것, 인간적인 감각이나 욕망, 즉 아름다운 음악이나, 맛있게 요리된 음식, 감동을 주는 문학 작품들, 혹은 편안한 의자나 먼 곳으로 이동을 가능하게 하는 다양한 교통 수단들, 인간의 감각을 일깨우고, 새로운 욕망을 부추기며, 세계에 대한 다양한 사고를 하게 하는 인간적인 것을 가능하게 하는 모든 생산물이 모두 타인인 누군가에 의해 만들어 졌으며, 독립된 개인인 나 또한 누군가를 위해 무엇인가를 생산해 내고 이러한 것들을 함께 공유한다는 데 있다. 그런 점에서 인간은 서로가 서로의 감각과 욕망을 풍부하게 해주는 상호 의존의 체계 속에 있다

> "A의 욕망은 B의 생산물에 의해 충족될 수 있고, 마찬가지로 B의 욕망 또한 A의 생산물에 의해 충족된다는 사실, A는 B의 욕망의 대상물을 생산 할 수 있다는 사실, 서로 서로 상대방이 욕망하는 대상물의 소유자로서 마주하고 있다는 사실 – 이로부터 우리는 다음과 같은 사실을 알 수 있다. 즉 그들 각각이 자기 자신의 특정 욕망을 넘어선 하나의 인간적 존재가 되었다는 것, 서로 서로 인간으로서의 관계를 맺고 있다는 것, 모두가 공통의 유적 존재를 인식하고 있다

‖ 는 것 등이 그것이다."[19]

마르크스에 의하면 인간의 유적 존재로서의 특성, 즉 노동 활동과 사유 능력, 그리고 사회성은 인간의 욕망과 감각, 그리고 사유를 풍부하고 다양하게, 그리고 심오하게 만든다. 그리고 이러한 특성들은 개인의 감각 기관과 사유체계를 궁극적으로 인간이라는 유적 존재로서의 "공동체적 기관"에 의존하게 만든다. 인간의 유적 존재성은 특히 헤겔이 "욕망의 체계"[20]로 분석한 '시민사회', 즉 자본주의 체제에서 더욱 더 구체적으로 드러난다. 자본주의 체제에서 향상된 기술의 발전은 노동에 있어서 분업을 야기하며, 이러한 분업은 생산 활동에 있어서 인간의 노동을 더욱 더 상호 의존적으로 변화시킨다. 또한 생산력의 발전과 함께 다양하고 풍부해진 노동 산물은 욕망의 충족을 위해 인간들을 상호 긴밀하게 연결시킨다. 헤겔은 근대에 새롭게 등장한 자본주의 체제의 이러한 현상을 "전반에 걸친 상호 의존의 체계"[21]로 규정한다. 그런 점에서 자본주의 경제체제는 한편에서는 인간의 감각과 욕망 등의 상호의존성을 더욱 강화시키며, 이와 함께 유적 존재로서의 사회성을 더욱 구체적으로 드러낸다. 그러나 다른 한편에서 인간이 아닌, 자본이 주인인 이러한 경제체제는 인간의 관계를 상호 의존적으로 만들지만, 이러한 의존성은 형식적인 성격을 지닐 뿐이며, 내면적으로는 오히려 인간관계의 친밀성을 파괴시킴으로써 인간을 자신의 본성인 유적 존재로부터 소외시킨다. 즉 자본주의 체제에서 모든

---

19 K. Marx, *Grundrisse der Kritik der politischen Ökonomie* (Berlin: Dietz, 1974), 154쪽.
20 G. W. F. Hegel, *Grundlinien der Philosophie des Rechts,* Werke in zwanzig Bänden Bd. 7 (Frankfurt a. M.: Suhrkamp, 1970), §188.
21 G. W. F. Hegel, 같은 책, §183.

인간의 생산 활동과 욕망의 충족은 상호 밀접하게 연결되어 있지만, 이러한 관계성은 형식적일 뿐이며 각각의 개인들은 오히려 타인들로부터 단절된 채, 오직 자기보존을 위해 고립된 삶을 살아가며, 궁극적으로 상호 배타적인 관계를 형성하게 된다. 마르크스는 자본주의 경제체제가 한편으로는 엄청난 생산력 향상을 통해 인간을 물질적으로 풍부하게 만들지만, 동시에 인간을 자신의 본성인 노동으로부터 소외시킴으로써 궁극적으로 유적 존재성을 파괴시키는 것으로 이해한다. 따라서 자본주의 경제체제의 극복은 인간성의 해방이자 회복이지만, 동시에 자본주의는 경쟁체제를 통해 생산력이 엄청나게 발전할 수 있는 동력을 제공함으로써 다음 단계인 공산주의가 가능할 수 있는 물질적인 토대를 마련하는 중요한 역사적 계기이기도 하다.[22] 즉 자본주의적인 경제체제의 발전은 인간의 물질적인 자기보존을 위해 역사의 한 단계로서 필연적으로 요구되지만, 동시에 다음 단계인 공산주의 사회를 위해 극복해야 하는 과도기적 체제로 이해될 수 있다.

3) 노동과 소외

마르크스에게서 노동은 유적 존재로서 인간의 특성을 나타내는 중요한 요소일 뿐 아니라 자본주의 체제를 이해하는 핵심적인 원리이기도 하다. 고대 사회에서 노동은 주로 노예에 의해 수행된, 인간의 기본적인 욕구만족과 자기보존을 위한 반복적인 생산 활동이었으나, 근대 유럽 사회에서 노동은 로크에 의해 재산권의 근거로, 그리고 헤겔에 의해 세계와

22　헤겔도 근대에 나타난 시장경제체제를 "시민사회"로 규정하며, 시민사회를 인간의 자유가 실현되는 국가의 계기이자, 국가가 자유를 실현하기 위해 거쳐야 하는 "절대적인 통과점"으로 이해한다. G. W. F. Hegel, 같은 책, §183 주해.

역사를 만드는 궁극적인 원천으로 받아들여진다. 또한 스미스(A. Smith)와 리카르도(D. Ricardo)를 비롯한 영국의 국민경제학자들은 인간의 노동을 상품의 가치를 결정하는 중요한 요인으로 이해한다. 헤겔로부터 영향을 받은 마르크스는 노동을 한편으로는 인간이 자신을 세계에 대상화함으로써 세계를 창조하는 인간의 자기산출 과정으로서 파악할 뿐 아니라, 다른 한편으로는 국민경제학자들과 마찬가지로 상품의 가치를 형성하는 것으로, 그리고 이를 넘어 잉여가치를 창출함으로써 자본의 축적을 가능하게 하는 궁극적인 원리로 규정한다.

헤겔에게서 노동은 자기보존을 위한 생산 활동이자 동시에 인간의 자기실현을 가능하게 함으로써 인간의 고유한 특성을 나타내는 핵심적인 요소이다. 그는 인간의 노동에 처음으로 철학적인 의미를 부여하며, 이러한 노동이 인간으로 하여금 자연적인 삶을 벗어나 인간이 만들어 낸 세계 속에 사는 것을, 그리고 동물적인 존재에서 인간적인 존재로 인간을 고양시킴으로써 '인간적인' 삶을 사는 것을 가능하게 하는 것으로 이해한다. 인간은 노동을 통해 반복적인 자연사가 아닌 인간에게 고유한, 자신이 만들어 낸 노동의 산물에 의해 늘 새롭게 변화하는 역사적 삶이 가능해진다.

또한 헤겔에 의하면 노동은 인간이 자신의 내면을 밖으로 드러내는 외화의 과정이며, 이러한 외화를 통해 외적 대상인 자연을 자신의 것으로 만드는 중요한 계기이다. 즉 인간은 외화의 과정인 노동을 통해 자연을 더 이상 낯선 것이 아닌, 자신의 것으로 이해하며, 이와 함께 자연에 대한 의존성을 벗어나 자립성과 함께 자유를 획득하게 된다. 물론 노동은 인간의 자유가 실현되기 위한 충분조건은 아니다. 그러나 노동은 인간으로 하여금 자신의 생존을 단순히 자연에 내맡기지 않게 함으로써 인간의 자유가 실현될 수 있는 물질적인 토대를 마련해준다. 이러한 노동은 헤겔에게서 자기보존을 위한 인간의 생산 활동만을 의미하는 것은 아니다. 끊임없는 자신의 외화 과정인 노동을 통해 인간은 현실 속에서 자기 자신을 실현하며, 자기가 창조한 현실세계 속에서 자신을 재발견함으로써 세계를 자신의 것으로 이해한다. 이와 함께 인간은 자신의 만들어 낸 세계와 역사 속에서 궁극적으로 자신의 유한성을 극복하게 된다. 인간의 생물학적인 생명은 결국 소멸되지만, 노동을 통해 창조된 세계는 하나의 역사로서 인간의 개체성을 넘어 영원히 지속되기 때문이다. 마르크스는 헤겔이 "인간의 자기 산출을 하나의 과정으로, 대상화를 대상의 박탈로, 외화로, 이러한 외화의 지양으로 파악했다는 것", 즉 "그가 노동의 본질을 파악함으로써 참된 인간인 대상적인 인간을, 현실적인 인간을 그 자신의 고유한 노동의 결과로 포착하고 있다는 것"을 '헤겔의 위대성'으로 서술하고 있다.[23]

그러나 마르크스에 의하면 인간의 본질을 형성하는 이러한 노동이 자본주의 경제체제에서는 인간의 자기실현의 계기라기보다는 자기보존을 위해 강제된 활동일 뿐이며, 노동을 통해 인간은 자유롭게 되기보다는 오히려 부자유를 경험하게 된다. 그는 자본주의 경제체제에서 나타나는 노동의 이러한 왜곡된 형태를 노동의 '소외'로 규정한다. 소외란 본래 '분리, 이간, 소격'이라는 뜻을 지닌 alienatis란 라틴어에서 유래한 것으로서 친숙한 것으로부터 분리되어 낯설게 되는 것을 의미한다. 특히 마르크스는 소외를 인간 자신이 만들어 낸 산물이 오히려 인간을 지배하는 낯선 힘으로 나타나는 것으로 이해한다. 따라서 노동의 소외는 인간의 고유한 본성인 노동이, 혹은 노동의 산물이 인간에게 낯설게 되었을 뿐 아니라 인

---

23 K. Marx, *Ökonomisch-philosophische Manuskripte*, 574쪽.

간을 지배하는 낯선 힘으로 변질되었다는 것을 나타낸다. 그에 의하면 자본주의 체제에서 노동은 자기 실현을 위한 인간의 고유한 활동이 아니라, 물건을 생산해내기 위한 도구로 전락한다. 즉 생산 수단을 소유한 자본가들에게 노동은 자본을 축적하기 위한 수단일 뿐이며, 노동자들에게 노동은 자기보존을 위해 불가피한, 즉 생물학적인 욕망을 충족시키기 위한 힘겨운 활동일 뿐이다.

> "노동이 생산하는 대상, 즉 노동의 생산물은 노동에게 하나의 낯선 존재로, 생산자에게서 독립된 힘으로 노동에 대립해 있다. 노동의 생산물은 하나의 대상 속에 고정된, 사물화된 노동이며, 이는 노동의 대상화이다. 노동의 실현은 노동의 대상화이다. 노동의 이러한 실현이 국민경제학적 상태에서는 노동자의 현실성 박탈로 나타나고, 대상화는 대상의 상실과 대상에 대한 예속으로, 노동의 획득은 소외로, 외화로 나타난다."[24]

마르크스는 자본주의 경제체제에서 노동은 인간에게 오히려 자신의 인간됨을 박탈하는 적대적인 성격을 지닌, 소외된 형태로 나타날 수밖에 없다고 말하며, 노동의 소외를 네 가지 형태로 구분해서 설명한다. 마르

---

24 마르크스는 이러한 내용을 좀 더 구체적으로 다음과 같이 부연 설명한다. "노동의 실현은 아주 심하게 현실성을 박탈하는 것으로 나타나 노동자가 굶어 죽을 정도로 현실성을 박탈한다. 대상화는 아주 심하게 대상의 상실로 나타나 노동자는 필요한 생활대상들 뿐만 아니라 노동의 대상까지도 빼앗기고 만다. 물론 노동 자체는 노동자가 최대한의 긴장과 불규칙한 중단을 통해서만 자신의 것으로 삼을 수 있는 대상이 된다. 대상의 획득은 아주 심하게 소외로 나타나 노동자가 대상을 많이 생산할수록 점유할 수 있는 것이 적게 되며, 그만큼 더 그의 생산물, 자본의 지배 아래 있게 된다." K. Marx, 같은 책, 511쪽 이하.

크스에 의하면 첫째, 노동은 노동 생산물로부터 소외된다. 노동의 산물은 노동자가 노동활동을 통해 만들어 낸 결과물로서 노동자에게 귀속되어야 하지만, 자본주의 체제에서는 이러한 결과물이 자본가에게 귀속된다. 즉 "노동자는 부를 많이 생산하면 할수록, 그의 생산의 힘과 범위가 증대할수록 그는 더 값싼 상품이 된다."[25] 그에 반해 자본가는 노동의 결과물을 자신의 것으로 만듦으로써 자신의 부를 더욱 더 증대하며, 이를 통해 노동자를 억압할 수 있는 더욱 더 많은 권력을 지니게 된다. 결국 노동자가 생산해 낸 노동의 결과물이 노동자 자신을 억압하는 수단으로 전락하게 되는 것이다.

둘째, 노동의 소외는 노동의 과정 속에서 발생한다. 노동은 인간이 자신의 내면을 외화하는 과정으로서, 자기실현적인 요소를 필연적으로 함축한다. 노동이란 인간이 무엇인가를 구상하고 설계하며 자신이 계획한 것을 대상에 투입함으로써 무엇인가를 만들어 내고, 이러한 자신의 생산물에서 다시 자신을 발견함으로써 성취감을 누리는 일련의 과정이라 할 수 있다. 그러나 자본주의 경제체제에서 노동은 자본의 축적을 위한 생산물의 증대가 유일한 목적이다. 생산물을 증대하기 위해 노동 과정은 효율적인 분업의 방식으로 변화하며, 각각의 노동자는 전체 생산 과정에서 오직 한 부분에만 간여하게 된다. 기술의 발전은 이러한 분업을 가속화시킴으로써 노동자의 생산 활동을 더욱 더 단순하게 만들며, 궁극적으로 콘베이어 밸트의 발명은 인간의 노동을 기계에 종속되게 함으로써 인간을 기계의 한 부분품으로 전락시킨다. 인간은 노동 속에서 더 이상 자기 자신이 실현된다는 사실을 경험할 수 없으며, 사유에 의해 매개된 총체적인 활동이었던 노동은 단순하고 반복적인, 기계적인 동작으로 변질된다. 그

---

[25] K. Marx, 같은 책, 511쪽.

리하여 "노동자는 자신의 노동 속에서 자신을 긍정하지 않고 부정하며, 행복을 느끼지 않고 불행을 느끼며, 육체적이며 정신적인 에너지를 자유롭게 발전시키는 것이 아니라 그의 육체를 병들게 하고 정신을 황폐화시킨다는 것, 그러므로 노동자는 일을 하지 않을 때 자기를 느끼고, 일을 할 때는 자기가 없다고 느낀다."[26]

  셋째, 자본주의 체제에서의 노동은 인간을 유적 존재로부터 소외시킨다. 마르크스는 인간의 유적 존재성을 강조하는데, 유적 존재란 인간이 다른 종류의 동물들과 구별되는 그들만의 고유한 특성을 지닌 존재라는 것을 의미한다. 그에 의하면 동물들의 생명활동이 직접적인 욕망의 충족과 자기보존에 있는 것과 달리 "자유로운 존재로서 자기 자신과 관계하는" 인간의 생명활동은 단순한 자기보존을 넘어 자연과 정신적이며 실천적인, 다양한 방식으로 관계한다. 그러나 물질적 가치가 지배적인 자본주의 경제체제에서는 자본의 축적을 위한 생산물의 증대만이 유일한 목적이 되며, 이를 위해 인간의 고유한, 그리고 다양한 활동적 기능은 반복적인 단순 행위로 변질된다. 유적 존재인 인간은 동물보다 보편적인 방식으로 자연과 관계함으로써 자연을 과학의 대상으로 혹은 예술의 대상으로 다루는 존재이다. 즉 인간의 유적 성격은 자기보존이라는 동물적 욕망을 넘어 자연과 자유롭게 관계함으로써 세계를 의식적으로 창조하는 활동이라 할 수 있다. 그러나 자본주의 체제에서 소외된 노동은 인간에게 자신의 유적 존재성을 소외시킴으로써 인간의 다양한 생명활동을 오직 자기보존을 위한 수단으로, "육체적 생존의 수단"[27]으로 전락시킨다.

---

[26] K. Marx, 같은 책, 514쪽.
[27] K. Marx, 같은 책, 517쪽.

"동물은 일면적으로 생산하지만, 반면에 인간은 보편적으로 생산한다. 동물은 직접적인 육체적 욕구의 지배 아래서만 생산하지만 반면에 인간은 육체적 욕구에서 자유롭게 생산하고 그러한 욕구에서 벗어난 자유 속에서만 진정으로 생산한다. 동물은 자기 자신만을 생산하지만 반면에 인간은 자연 전체를 재생산한다. 동물의 생산물은 직접적으로 물질적 신체에 속하지만, 반면에 인간은 자신의 생산물에 자유롭게 대항한다. 동물은 자신이 속해 있는 종의 규준과 욕구에 따라서만 형태를 만들지만, 반면에 인간은 모든 종의 규준에 따라 생산할 줄 알고 어떤 경우에나 대상에 고유한 규준을 도모할 줄 안다. 그러므로 인간은 미적인 법칙에 따라 형태를 만든다."[28]

넷째, 자본주의 체제에서 노동은 인간으로부터 인간을 소외시킨다. 마르크스는 "인간이 자신의 노동의 생산물, 자신의 생명활동, 그리고 자신의 유적 존재에 의해 소외되어 있다는 것으로부터 야기되는 직접적이며 필연적인 결과는 인간에 의한 인간의 소외다."라고 규정한다. 노동으로부터 소외는 근본적으로 인간으로부터 소외를 초래하며, 이러한 소외는 자기 자신으로부터 소외와 타인으로부터 소외라는 두 가지 측면에서 고찰할 수 있다. 우선 노동은 인간을 자기 자신으로부터 소외시키는데, 인간은 노동하는 행위 속에서 자신을 발견할 수 없기 때문이다. 노동자의 노동 행위는 자신을 외화하려는 자신의 본질에 따른 행위가 아니라 외적인 강제에 의해 행해지는 강요된 행위이다. 자신의 활동의 총체인 인간은 자율적인 행위가 아닌, 생존을 위해 불가피하게 요구된, 즉 외적으로 강요된 행위를 지속적으로 반복함으로써 이러한 낯선 행위를 반복하는 자기

---

[28]   K. Marx, 같은 책, 517쪽.

자신을 낯선 존재로 간주하게 된다.

또한 노동자가 생산한 생산물은 노동자 자신이 아닌, 다른 사람, 즉 자본가에게 귀속된다. 자본가는 생산물과 생산수단을 독점함으로써 노동자를 지배할 수 있을 뿐 아니라 노동 행위를 강제할 수 있게 된다. 결국 노동자의 노동은 자본가의 힘을 강화시킴으로써 자신에 대한 타인의 지배를 더욱 더 견고하게 만든다. 즉 노동자는 자신의 노동 행위를 통해 "다른 사람이 자신의 생산과 생산물에 대해 맺고 있는 관계, 그리고 그가 이러한 다른 사람에 대해 맺고 있는 관계를 새로이 만들어 낸다. 그가 자기 자신의 생산을 자신의 현실성의 박탈로, 자신의 형벌로, 자신의 생산물의 상실로, 자신에게 속하지 않은 생산물로 만들 듯이, 그는 생산과 생산물에 대한 생산하지 않는 사람의 지배를 창출해 낸다. 그가 자신의 활동을 자신에게 소외시키듯이, 그는 낯선 사람이 그 자신의 것이 아닌 활동을 획득"[29]하게 함으로써 타인으로부터 소외된다. 인간에게 노동은 단순히 상품을 생산하는 행위가 아니라 자신을 이 세계에 실현함으로써 주체적인 삶을 살아가는 실천적인 활동이다. 그러나 자본주의 체제가 빚어낸 소외 때문에 인간의 진정한 노동의 의미는 변질되고 만다. 인간의 노동은 자신을 외화함으로써 '인간적인 것'을 이 세계에 실현시키는 가장 인간적인 활동이지만 자본주의 체제에서 이러한 활동은 생존유지를 위한 수단으로 환원되며, 다양성을 통해 표출되는 인간의 정신적, 육체적 활동은 단순한 기계적 운동으로 전락한다.

또한 노동은 마르크스에게서 인간의 본성을 형성할 뿐 아니라 잉여가치를 창출함으로써 자본의 축적을 가능하게 하는 원리라는 점에서 자본주의 경제체제를 분석하는 핵심적인 주제이다. 자본주의 경제체제에서

---

[29] K. Marx, 같은 책, 519쪽.

소외된 노동에 대한 마르크스의 서술이 노동의 내용적인 측면을 다룬 것이라면 노동의 잉여가치 창출에 대한 그의 논의는 노동의 형식적인 측면을 담고 있다고 할 수 있다. 그에 의하면 상품의 가치, 즉 교환가치는 상품을 생산하기 위해 필요한 원재료와 공장과 기계와 같은 생산수단, 그리고 상품을 생산하기 위해 투입된 평균적인 노동력에 의해 결정된다. 원재료와 생산수단의 가치는 불변하지만 노동력은 유동적이며, 마르크스에 의하면 노동자만이 자신의 노동력을 재생하기위해 투입한 가치(음식이나 거주 등)보다 더 많은 가치를 창출할 수 있으며, 이때 잉여가치가 발생한다. 그러나 자본가는 노동자에게 오직 생존을 유지할 수 있는 최소의 생계비, 즉 노동자가 다시 생산현장에 투입될 수 있기 위한 최소한의 생계비를 지불함으로써 노동자가 노동활동 중에 창출한 잉여 가치를 자신의 소유로 만들며, 이를 통해 자본가는 더 많은 자본을 축적할 수 있게 된다. 즉 노동자의 노동 행위 속에서 창출된 잉여가치는 노동자에게 속하는 것이지만, 자본가는 생산수단을 소유함으로써 노동자의 일자리를 결정할 수 있는 권력과 함께 노동자를 지배할 수 있게 되며, 따라서 자본가는 노동자가 노동 과정 중에 창출해 낸 잉여가치를 자신의 것으로 만듦으로써 궁극적으로 노동자를 착취한다.

> "자본주의 체제 안에서는 노동의 사회적 생산성을 높이려는 방법은 모두 개별 노동자의 희생을 대가로 삼는다. 생산력의 발달을 위한 모든 수단은 생산자에 대한 지배와 착취의 수단으로 바뀐다. 그 수단들은 노동자를 절단해서 인간의 파편으로 만들며 그를 기계의 부속품으로 전락시킨다. 그리고 그의 노동에서 매력적인 것은 모두 앗아가 노동을 증오스러운 고역으로 바꾸어 버린다. 과학이 노동 과

정에서 독립적인 힘으로 편입해 들어오는 것과 같은 정도로 그 수단들은 노동자에게서 노동 과정의 지적인 잠재력을 소외시킨다."[30]

자본주의 체제에서 야기되는 노동의 소외와 자본가에 의해 착취되는 잉여가치는 마르크스가 자본주의 경제체제를 비판하는 핵심적인 내용이다. 그에 의하면 인간보다는 물질적인 자본이 궁극적인 가치로 작용하는, 그리고 생산수단의 사적 소유에 근거한 자본주의 경제체제는 필연적으로 노동의 소외를 야기할 뿐 아니라 이러한 착취 구조를 지닐 수밖에 없다. 그는 자본주의 체재에 내재해 있는 비인간적이며 부정의한 측면을 구체적으로 드러냄으로써 자본주의 체제의 부당성을, 그리고 생산력과 생산관계의 모순에 의해 작동되는 역사의 발전 법칙에 따라 자본주의 체제가 지닌 역사적 한계성을 지적하고자 한다.

4) 인간해방과 공산주의

마르크스가 자본주의 체제의 비판과 함께 미래 사회로 제시한 공산주의는 무엇보다도 노동의 소외로부터 해방되고, 잉여가치가 더 이상 착취되지 않은 자유로운 사회의 이념을 함축하고 있다. 그러나 마르크스에게는 새로운 사회에 대한 구상보다는 그가 몸담고 있는 자본주의 경제체제의 야만성에 대한 비판이 더욱 더 절실한 문제였으며, 그의 많은 논의들은 자본주의 경제체제를 분석하고, 이러한 체제의 작동원리를 밝혀내는 것을 주된 목적으로 삼고 있다. 자본주의 체제에 대한 그의 비판은 무엇보다도 인간의 본성에 대한 그의 이해에 근거하고 있다. 마르크스는 자본주의 체제의 극복에 대한 당위성을 궁극적으로 인간성의 회복 속에서 찾

---

30   K. Marx, *Das Kapital*, 386쪽.

고 있으며, 이러한 인간성을 그는 '유적 존재'로 표현한다. 그에 의하면 인간의 유적 존재성이 나타나는 구체적인 형태는 사유에 의해 매개된 생명활동인 노동인데, "이러한 노동은 [...] 생명을 생성한다. 생명활동의 유형에 한 종의 모든 특성, 유적 특성이 모두 깃들여져 있다. 자유롭고 의식적인 활동은 인간의 유적 특성이다."[31] 그에 의하면 인간의 노동은 인간을 다른 동물과 구분 짓는 궁극적인 요소이며, 단순한 자기보존을 넘어 자기실현과 자유를, 그리고 자신을 재창조하고 세계를 창조하는 의식적인 활동이다. 따라서 그가 미래사회의 모습으로 제시한 공산주의는 다양성 속에 표출되는 인간의 생산적인 삶을 회복하고 확장하는 것이다.

> "공산주의는 사유재산과 인간의 자기소외의 확실한 폐지, 그러니까 인간본성을 인간을 통해, 그리고 인간을 위해 실질적으로 전유하는 것이다. 따라서 공산주의는 인간 자신을 사회적 존재, 즉 진정한 인간적인 존재로 회복하는 것, 이전의 발달 단계에서 거둔 성과를 모두 수렴하는 완벽하고 의식적인 회복이다. [...] 공산주의는 실존과 본질, 대상화와 자기 확인, 자유와 필연, 개인과 종 사이에 일어나는 갈등의 진정한 해결책이다."[32]

그러나 그가 제시한 공산주의라는 새로운 사회의 이념은 모든 것을 공유하고 어떠한 노동 분업도 발생하지 않은 원시적 공산사회를 의미하는 것은 아니다. 또한 마르크스는 사유재산을 없애고, 생산물을 균등히 분배함으로써 모두가 동일한 삶의 조건 속에 살게 되는 조야한 공산적 사회를

---

31 K. Marx, *Ökonomisch-philosophische Manuskripte*, 516쪽.
32 K. Marx, 같은 책, 536쪽.

주장하지는 않는다. 그가 "인간적인 존재로 회복되는 것"을 통해 묘사한 공산주의는 필연적으로 자본주의적 경제체제의 발전을 전제할 때 가능하다. 그는 다양한 방식으로 자본주의 경제체제가 지닌 비인간적 요소를 비판하지만, 동시에 자본주의 체제가 지닌 의미에 대해 역사성을 부여한다. 자본의 축적이라는 물질적인 가치가 지배하는 자본주의 체제의 야만성에도 불구하고 자본주의 경제체제는 생산력을 비약적으로 발전시킴으로써 물질적인 부를 마련한다. 모든 인간의 자기보존에 필요한 물질적인 부가 마련되지 않는다면, 인간은 결국 생존을 위한 전쟁을 멈출 수 없기 때문이다. 물질적인 부는 자본주의 체제에서처럼 그 자체로 목적이어서는 안 되지만, 인간의 자기실현과 자유를 위해 필수 불가결한 토대라 할 수 있다. 마르크스는 "생산력의 발전 없이는 오직 결핍만이 보편화될 것이며, 따라서 필수품에 대한 투쟁은 다시 시작되고 이와 함께 오래 전의 최악의 상태가 다시 발생하게 될 것"[33]으로 이해한다. 따라서 인간의 자기실현과 인간의 다양한 능력이 표출됨으로써 자유로운 발전이 가능한 공산주의는 생산력의 발전에 의한 물질적인 부를, 즉 인간의 자기보존이 전혀 문제가 되지 않을 정도의 부를 전제할 때 비로소 현실성을 지닐 수 있게 된다. 따라서 경쟁을 토대로 생산력을 폭발적으로 발전시키는 자본주의 경제체제는 공산주의 사회를 위한 필요조건이다.

> "자유의 영역은 필요를 충족시키기 위한 노동이 그치는 곳에서 시작된다. 즉 그것은 본질적으로 물질적인 생산의 영역 저편에 있는 것이다. [...] 참된 자유의 영역은 이 필연의 영역 저편에 있는 것으로

---

[33] K. Marx, *Die deutsche Ideologie*, Marx/Engels Werke 3 (Berlin: Dietz, 1958), 34쪽 이하.

서 여기에서는 인간의 힘의 발전 그 자체가 목적이 된다. 그러나 자유의 영역은 언제나 필연의 영역을 토대로 꽃을 피울 수 있다."[34]

그러나 자본주의 경제체제는 엄청난 물질적인 부를 산출함에도 불구하고 여전히 대다수가 생존이라는 자기보존의 위협에 놓여 있다. 또한 소수의 자본가에 부가 집중되어 있지만 자본가조차도 자기보존의 위협으로부터 안전한 것은 아니다. 자본주의 체제에서 필연적으로 야기되는 자본가들 사이의 끊임없는 경쟁을 통해 그들 또한 언젠가 빈곤의 나락으로 추락될 위험에 노출되어 있기 때문이다. 인간의 삶 자체보다는 자본의 확장과 축적이라는 경제적인 가치만이 지배하는 자본주의 체제에서 대다수의 인간은 여전히 자기보존이 위협받는 물질적인, 그리고 정신적인 궁핍에 시달리며, 그들의 능력과 욕망조차도 빈곤해진다. 즉 인간의 능력이 다양한 방식으로 발현되는 대신에 물질적인 생산에 적합한 능력만이 요구되며, 풍부하고 다양한 욕망대신에 물질적인 부를 상징하는 화폐에 대한 욕망만 증가한다. 특히 생산력을 향상시키기 위한 기술과 분업의 발전은 "노동자들을 불구로 만든다. 노동자들은 맡은 일만 기민하게 처리하라는 강요 속에서 다른 생산적 능력들은 모두 희생시키게 된다."[35] 또한 풍부해진 생산물과 이를 소비하게 함으로써 자본을 축적하려는 욕망은 다른 한편으로 소비의 욕망을 추동질하며, 이와 함께 자신의 능력을 개발하고 발전시키려는 일은 질식되고 만다. 더 많이 생산하고 더 많이 소비하게 함으로써 더 많은 자본을 축적하게 되는 것이 자본주의의 본질이며, 이러

---

34 K. Marx, *Das Kapital Dritter Band* (Frankfurt a. M.: Marxistische Blätter GmbH, 1972), 828쪽.

35 K. Marx, *Das Kapital*, 370쪽.

한 논리 속에서 개인들은 더 많이 소비하기 위한 화폐에 집착하게 되며, 궁극적으로 화폐에 대한 욕망만이 "진정한 욕망"이자 "유일한 욕망"이 된다.[36]

인간의 생산 활동이 지닌 모든 능력과 욕망을 화폐로 환원시키는 자본주의 경제체제에 반해 공산주의는 무엇보다도 인간 자신이 목적인, 그리고 인간적인 생산 활동을 통해 자기 자신을 실현함으로써 인간의 다양한 능력과 다양한 욕망 속에 표현되는 진정한 인간적인 부의 창출이 가능한 사회이다. 즉 공산주의는 인간적인 욕망을 확장함으로써 소유가 아닌 존재를 풍부하게 하는 사회라 할 수 있다. 그러나 마르크스에 의하면 이러한 "공산주의는 임박한 미래의 필연적인 형태이며 에너지로 충만한 원리이지만, 공산주의는 그 자체로 인간발전의 목표가 아니다."[37] 그는 공산주의를 인간이 추구해야할 하나의 지향점인 구체적인 실체로서가 아닌, 하나의 "운동"으로 이해한다. 즉 "공산주의는 확립되어야 할 하나의 상태가 아니라 현실이 지향하지 않으면 안 되는 하나의 이상이라 할 수 있다. 우리는 공산주의를 현재의 상황을 지양하는 현실적인 운동으로 이해한다. 이러한 운동의 조건은 지금 현존하는 전제로부터 생겨난 것이다."[38] 마르크스에게서 공산주의는 추구해야 할 운동이며, 공산주의의 현실적인 힘은 현재의 사회적이며 경제적인 상황, 즉 자본주의의 모순을 지향하는 데 있는 것이다. 그에게 중요한 것은 인간의 고유한 특성인 노동을 소외시키고, 잉여가치를 착취함으로써 대다수를 차지하는 노동자의 삶을 억압하는 자본주의 체제를 비판하고, 극복하는 것이며, 공산주의라는 새로운 사

---

[36] K. Marx, *Ökonomisch-philosophische Manuskripte*, 547쪽.
[37] K. Marx, 같은 책, 546쪽.
[38] K. Marx, *Die deutsche Ideologie*, 35쪽.

회에 대해 구체적인 설계나 구상은 아니다.

그럼에도 불구하고 마르크스는 미래 가능할 수 있는 이상적인 사회로서 공산주의를 언급할 때 항상 인간의 특성인 '유적 존재'의 실현을 강조한다. 그는 공산주의라는 이념을 통해 자본주의 경제체제에서 상실된 인간의 고유한 특성을 회복함으로써 공동체에서 자유를 실현하는, 즉 "각자의 자유로운 발전이 만인의 자유로운 발전을 위한 조건이 되는 연합체"[39]를 인간이 추구해야 할 하나의 지향점으로 제시한다. 그리고 이러한 이념은 유적 존재로서 인간이 생산 활동을 통해 잠재되어 있는 다양한 능력을 발현하고, 단순한 소비가 아닌, 풍부한 욕망을 실현하는 것을 함축하고 있다.

> "공산주의 사회에서는 누구도 독점적인 활동분야를 가지지 않고 각자는 자신이 원하는 어느 분야에서나 조예를 쌓을 수 있다. 이러한 공산주의 사회에서는 사회가 전반적인 생산을 조정하여 내가 오늘은 이런 일, 내일은 저런 일을 할 수 있게 하며, 아침에는 사냥하고, 오후에는 고기 잡으며, 저녁 무렵에는 가축을 기르고, 저녁 식사 후에는 비평에 종사하기를 내 마음 내키는 대로 하면서도 사냥꾼이나, 어부나, 목축업자나 비평가와 같은 전문직업인이 될 필요가 없게 해 준다."[40]

『독일 이데올로기』에 나오는 위의 구절은 공산주의의 모습을 지나치게

---

39 K. Marx, *Manifest der Kommunistischen Partei*, Marx/Engels Werke 4 (Berlin: Dietz, 1958), 482쪽.

40 K. Marx, *Die deutsche Ideologie*, 33쪽.

낭만적으로 묘사한 것일 수도 있다. 또한 마르크스가 제시한 공산주의는 미래 실현 가능할 수 있는 사회인지, 혹은 한낱 유토피아에 불가한지, 그리고 실현 가능하다면 어떻게 가능한지에 대해 여전히 많은 의문점을 남기고 있다. 그러나 노동의 소외와 함께 생산수단의 사유화로부터 야기된 자본주의 경제체제의 문제에 대한 비판적 분석은 현실비판의 기준을 제시하는 중요한 척도로서 여전히 유효하다. 자본주의 경제체제의 비인간적 요소를 해부하고 이러한 체제를 극복하려는 마르크스의 이론적·실천적인 노력은 노동의 소외를 통한 인간성의 파괴 뿐 아니라 생산력의 비약적인 발전에도 여전히 자기보존의 위협에 시달리는 자본주의 경제체제에서의 인간의 실존 상황에 대한 절박한 저항운동이라 할 수 있다. 동시에 그의 이러한 노력은 18세기에 이미 프랑스 혁명을 통해 나타난 자유와 평등에 대한 열망과 근대적 이성의 실현이라는 역사적 요구를 완성하고자 하는 시도라 할 수 있다.

2. 니체(F. Nietzsche): 힘에의 의지와 자유로운 정신

1) 현대성 비판과 신체

마르크스가 근대 이후 유럽의 지배적인 경제구조라 할 수 있는 자본주의 경제체제에 대한 비판으로부터 자신의 철학적 사유를 시작하였다면, 니체는 고대의 플라톤과 스토아학파로부터 시작되는, 그리고 근대에 보편화된 이성 중심적인 사유 체계를 자신의 비판의 핵심적인 내용으로 삼는다. 특히 그는 "나는 사유한다, 고로 존재한다"라는 명제와 함께 이성을 모든 판단의 근거로 내세움으로써 근대적인 철학적 사유의 지평을 연 데카르트를 비롯하여 이성적 주체개념에 근거해 있는 근대의 형이상학적 사유를 총체적으로 비판함으로써 '현대성' 자체를 문제시한다.[41] 그에게서 외적인 대상과 완전히 분리된 이성적이며 자율적인 근대적 주체는 "허구"[42]에 불가하며, 모든 경험으로부터 독립된, 자기 동일적인 근대의 주체개념은 논리적 오류로부터 야기된 허상일 뿐이다. 즉 니체의 철학적 사유는 "현대성이 지닌 신화를 파괴"[43]하고자 하는 지점에서 비로소 시작한다고 할 수 있다. 20세기 이후 탈현대를 지향하는 푸코나, 데리다, 그리고 들뢰즈와 같은 프랑스 철학자들이 근대의 이성적 주체를 해체하려는 니체의 이러한 외침 속에서 자신의 이론적 토대를 발견하는 것은 우연한 일이 아니다.

마르크스는 자신이 살고 있는 시대적 위기를 자본주의라는 경제 구조 속에서 발견하고, 이러한 경제체제의 극복을 자신의 이론적, 실천적 목표로 삼는다. 억압받는 노동자 계급의 사회적 해방과 함께 사회적 문제가 주된 관심사였던 마르크스에 비해 비슷한 시기에 살았던 니체는 개별적인 인간에 내재한 생명의 역동성에 주목한다. 따라서 그는 현대의 위기를 생명에 내재한 힘의 억압으로 이해하며, 이러한 억압의 원인을 이성적 주체에 근거해 있는 '현대성'의 이념 속에서 발견한다. 이와 함께 니체는 이

---

41 하버마스에 의하면 니체는 현대성 비판을 통해 "처음으로 현대성이 가지고 있는 해방주의적 내용의 보존을 포기"하고 있는 것으로 이해한다. 니체는 자유의 실현을 가능하게 하는 근대적 주체의 이성을 오히려 인간의 역동적인 생명을 억압하는 폭력적인 힘으로 간주하기 때문이다. 니체의 현대성 비판을 계승하는 현대의 대표적인 철학자들인 "바타이유, 라캉, 푸코"는 "인간학적, 심리학적, 역사적 방법을 통해" 탈현대성을 지향한다. J. Habermas, 『현대성의 철학적 담론』, 이진우 옮김 (서울: 문예출판사, 1996), 124쪽 이하.

42 F. Nietzsche, 『선악의 저편』, 니체 전집 14, 김정현 옮김 (서울: 책세상, 2007), 19쪽.

43 A. Touraine, 『현대성 비판』, 정수복 · 이기현 옮김 (서울: 문예출판사, 1996), 172쪽.

러한 현대성의 이념이 개인들에게 가하는 폭력적인 측면을 고발하고자 한다. 즉 현대성이란 인간을 이성적 존재로 규정하고, 이성을 절대적인 가치로 받아들임으로써 이성에 의해 세계와 인간을 이해하는 사유체계다. 니체는 근대 이후 유럽에서 지배적인 철학적 이념이 된 이성과 이성에 근거한 주체개념이 이론적인 측면에서는 인간에 대한 올바른 이해를 왜곡시키고, 실천적인 측면에서는 생명력으로부터 추동된, 인간에게 내재해 있는 역동적인 역량을 억압함으로써 인간적인 것 자체를 파괴하는 것으로 이해한다. 그리하여 니체는 "잘못된 판단을 포기하는 것은 생을 포기하는 것이며, 생을 부정하는 것"[44]으로 규정하고, 인간 존재를 더 이상 이성적 존재라는 고정된 실체로서가 아닌, '힘에의 의지'에 의해 끊임없이 생성되고 변화하는 존재로 새롭게 규명함으로써 인간의 생명에 내재한 역동적인 힘을 회복하고자 한다.

니체는 근대의 이성적 주체개념을 처음으로 제시한 데카르트의 사유를 문제시함으로써 이성적 주체개념이 지닌 허구성을 드러낸다. 데카르트는 기독교적인 신을 중심으로 세계를 이해했던 중세 유럽의 신 중심적인 세계관에 대해 근본적으로 문제를 제기함으로써 진리 인식의 새로운 토대를 마련하고자 한다. 그는 방법론적인 회의를 통해 절대적인 진리로 이해했던, 그리고 당연하게 받아들인 기존의 여러 사실들을 모두 의심함으로써 의심할 수 없는 '확실한 것'을 새롭게 찾아낸다. 데카르트는 자신의 대표적인 저서인 『성찰』에서 확실한 지식이라고 여겨지는 모든 것을 감각의 불완전성을 근거로, 꿈과 현실의 착오 가능성을 근거로, 그리고 2+3이 5라는 누구도 의심할 수 없는 수학적인 지식조차도 악령이 인

---

44   F. Nietzsche, 같은 책, 19쪽.

간을 기만할 수 있다는 사실을 근거로 의심한다.[45] 데카르트는 의심하는 행위를 극단적으로 수행한 후에 의심하는 활동을 수행하고 있는 인간의 사유작용은 더 이상 의심할 수 없음을 고백하고, 동시에 이러한 사유작용을 하고 있는 자아의 존재를 확실성의 원리로, 이와 함께 "철학의 제 1원리"[46]로 규정한다. 따라서 "나는 사유한다. 그러므로 나는 존재한다"라는 데카르트의 명제는 존재의 근거가 자아의 외부에 존재하는 신이 아니라, 자아 자신이라는 사실을 드러냄으로써 인간이 주체적인 존재임을 명시하고 있다. 이와 함께 데카르트는 인간이 주체적인 존재일 수 있는 근거를 사유 속에서 찾음으로써 인간의 이성 능력이 모든 진리의 기준임을 나타내고 있다. 그는 이성에 근거한 주체적 자아의 발견을 통해 중세적인 기독교적 세계관으로부터 벗어나 근대적 사유에 대한 단초를 제공하며, 이후 '현대성'으로 표현되는 근대 유럽의 계몽주의적 사유가 발전할 수 있는 토양을 공급한다.[47]

그러나 니체는 '현대성' 자체를 총체적으로 문제시함으로써 이성적 주체에 근거한 데카르트적 사유에 근본적인 의문을 제기한다. 그에 의하면 '사유한다'라는 사유활동 자체로부터 사유하는 주체, 즉 자기 동일적인 실체로서 자아의 존재의 확실성을 추론하는 데카르트의 논의는 심각한 오류를 함축하고 있다. 니체는 이러한 오류를 두 가지로 구분해서 설명하는

45 　R. Descartes, 『방법서설·성찰』, 최명관 역 (서울: 서광사, 1983), 77쪽 이하.

46 　R. Descartes, 같은 책, 30쪽.

47 　하버마스에 의하면 '현대성'을 나타내는 이성적인 "주체성의 원리가 관철되도록 만든 역사적인 핵심적 사건들은 종교개혁, 계몽주의와 프랑스 대혁명"이다. 종교개혁에 의해 신적인 세계는 인간의 주관에 의존하게 되었으며, 계몽주의는 인간의 이성을 모든 규범의 근거로 제시한다. 또한 프랑스 대혁명에 의한 "인권 선언과 나폴레옹 법전"은 "의지의 자유라는 원리를 국가의 본질적 토대로 주장한다." J. Habermas, 같은 책, 37쪽.

데, 첫째는 존재자의 추론에 관한 것이며, 둘째는 확실성의 원리와 관련된 것이다. 니체에 의하면 데카르트에게 확실한 것은 오직 "사유 활동을 한다"라는 사실뿐이다. 이러한 사유 활동으로부터 사유하는 무엇인가가 존재해야 하며, 이를 사유 활동과는 독립된 존재자로 규정하는 것은 어떤 행위에 행위자를 덧붙이는 우리의 문법적 습관에 의한 것이다.[48] 이러한 습관은 결과로부터 원인을, 술어로부터 주어를 무조건적으로 추론해 내는 논리적 오류일 뿐이다. 또한 '사유한다'라는 활동으로부터 사유하는 존재자로서 비로소 '나'가 추론되지만, 데카르트는 '나'라는 독립된 실체가 있어서 사유가 가능한 것으로, 이와 함께 사유하지 않을 때도 '나'는 변함없이 존재하는 것으로, 결국 '나'는 다양한 술어들이 가능할 수 있는 궁극적인, 부동의 원인으로 규정한다. 그러나 니체에 의하면 "행위, 작용, 생성 뒤에는 어떤 '존재'도 없다. '활동하는 자'는 활동에 덧붙여 단순히 상상에 의해 만들어진 것이다. – 활동이 모든 것이다."[49] 데카르트의 명제가 함축한 두 번째 오류는 확실성과 관련된 것인데, 니체에 의하면 사유하는 활동은 이미 언급한 것처럼 '나'의 존재에 대한 확실성을 담보할 수 없을 뿐 아니라 사유 활동 자체에 대한 확실성도 보증해주지 않는다. 사유 활동 자체가 확실한 것이 되기 위해서는 "내가 알고 있는 나의 다른 상태들과 나의 현재의 순간적인 상태를 비교"하는 것이 전제되어야 한다. 그러나 나의 다른 상태들은 이미 과거의 것으로서 "다른 관점에서의 지식과 관계"하기 때문에 현재의 순간과 비교할 수 없으며, 따라서 현재의 사유 활동 자

---

48 F. Nietzsche, 『우상의 황혼』, 니체 전집 15, 백승영 옮김 (서울: 책세상, 2019), 101쪽.

48 F. Nietzsche, 『우상의 황혼』, 니체 전집 15, 백승영 옮김 (서울: 책세상, 2019), 101쪽.

49 F. Nietzsche, 『도덕의 계보』, 니체 전집 14, 김정현 옮김 (서울: 책세상, 2007), 378쪽.

체에 대해 확실성을 가질 수 없다.[50] 감정을 느끼는 순간, 혹은 욕구를 느끼는 순간, 혹은 강렬한 의지를 갖게 되는 순간들이 있으며, 이러한 순간들과 사유 활동을 하는 순간들 사이에 어떠한 활동이 확실한 것인지는 알 수 없을 뿐 아니라, 확실성은 관점에 따라 달라질 수 있기 때문이다.

> "주어 '나'는 술어 '생각한다'의 조건이라고 말하는 것은 사실을 왜곡한 것이다. 그 무엇이 생각한다(Es denkt). 그러나 이러한 '그 무엇'이 바로 저 오래되고 유명한 '나'라고 한다면, 부드럽게 말한다고 해도, 단지 하나의 가정일 뿐이고, 주장일 뿐, 특히 '직접적인 확실성'은 아닌 것이다. 결국 이미 이러한 "그 무엇이 생각한다"로 너무나 충분하다 : 이미 이러한 그 '무엇'에는 사유과정에 대한 하나의 해석이 함축되어 있으며, 과정 그 자체에 속한 것은 아니다. 사람들은 여기에서 문법적인 습관에 따라 "사고라는 것은 하나의 활동이며, 모든 활동에는 활동하는 하나의 주체가 있다. 그러므로 ―"라고 추론한다."[51]

니체는 사유 활동을 가능하게 하는 궁극적인 원인으로 규정된 자아의 허구성을 폭로함으로써 데카르트적인 주체개념을 비판한다. 그에게서 주체란 모든 행위로부터 독립된 자기 동일적인 실체적 존재이거나, 혹은 모든 행위를 야기하게 하는 궁극적인 원인으로서 시간성을 배제한 고정된 기체가 아니다. 오히려 주체는 행위 자체이며, 따라서 무수한 행위들의 총합으로 존재할 뿐이다. 행위를 규정짓는, 행위로부터 분리된 행위자란 존재하지 않으며, 무수한 행위들의 총합으로서 주체는 하나의 실체가 아

---

50   F. Nietzsche, 『선악의 저편』, 34쪽.
51   F. Nietzsche, 같은 책, 35쪽 이하.

닌 다수로 표현된다. 즉 니체에 의하면 "단 하나의 주체를 가정하는 것은 아마 필요하지 않을 것이다. 복수의 주체를 가정하는 것도 마찬가지로 허용 가능하다. 전반적인 우리의 의식과 사고의 바닥에서 이 주체들의 상호 작용과 투쟁이 벌어지고 있다. [...] 나의 가설은 주체가 다수라는 것이다. [...] 주체의 끊임없는 일시성과 불확실성. '죽을 운명의 영혼'."[52] 또한 다수로 규정된 주체들의 행위는 데카르트처럼 사유 활동에 의해서만 구성되는 것이 아니라, 욕망과 감정, 의지 등 다양한 심적 요소와 육체적 요소들을 포괄한다. 따라서 "각각의 주체는 그것이 생각하고, 원하고 행위한다는 사실뿐만 아니라 그것이 생각하고 원하고 행위하는 내용에 따라 구성된다."[53] 다수의, 다양한 내용들에 의해 표현되는 주체들은 변함없는 독립된 존재가 아닌, 지속적인 변화 속에서 사멸하기도 하고 생성되기도 하며, 상호 협조하고 투쟁하는 존재들이다. 니체는 고정된 실체로서 이해된 데카르트의 주체개념과 더불어 전통적인 형이상학적 주체개념을 비판함으로써 '변화하고 활동하는 것'인 자신의 주체개념을 새롭게 제시한다.

> "'원자들'이라는 주체는 절대로 없다. 어떤 주체의 영역은 끊임없이 점점 확장되고 있거나 축소되고 있으며, 그 체계의 중심도 지속적으로 이동하고 있다. [...] 이 체계는 절대로 하나의 '실체'가 아니며, 원래부터 보다 큰 힘을 추구하면서 자신을 오직 간접적으로만 '보존하길' 바라는 그 무엇이다(이 체계는 스스로를 능가하길 원한다)."[54]

---

52 F. Nietzsche, 『권력의지』, 김세영·정명진 옮김 (서울: 부글, 2018), 367쪽.
53 A. Nehamas, *Nietzsche : Life as Literature* (Cambridge, Massachusetts, 1985), 180쪽.
54 F. Nietzsche, 『권력의지』, 366쪽.

끊임없이 변화하고 생성하는, 다수의 '그것'들로서 니체의 주체개념은 사유/정신과 육체, 이성과 감성, 존재와 변화, 본질과 현상이라는 전통적인 형이상학적 이분법을 배제한다. 데카르트를 비롯한 전통적인 형이상학은 이러한 이원론적인 구분을 토대로 육체에 반한 정신을, 감성에 반한 이성을, 변화에 반한 존재를, 그리고 현상에 반한 본질을, 즉 모든 것의 근원인 독립적인 실체로서 주체를 상정함으로써 이러한 주체 밖에 있는 것들을 비본질적이며, 무가치한 것으로 규정한다. 이원론에 근거한 형이상학은 결국 인간을 포함한 생명있는 모든 것들의 변화와 역동성을 포착하지 못하며, 존재하는 것들을 '미이라'와 같은 화석화된 존재로 변질시키고 왜곡시킨다. 니체는 생명에 내재해 있는 역동적인 힘을 주체를 구성하는 핵심적인 원리로 받아들임으로써 주체를 외적인 다양한 힘들과 관계하는, 이와 함께 지속적으로 자신의 힘을 증대시키고자 하는 다양한 활동으로 이해하며, 이러한 활동들이 가능한 공간으로서 주체 대신 "신체"라는 개념을 제시한다.

니체에 의하면 신체란 전통적인 형이상학에서 이원화되었던 정신과 육체, 혹은 이성과 감성이 유기적으로 결합되어 있는 것으로서 생성과 변화에 의해 지속적으로 만들어지는 통일적 공간이다. 그러나 신체에서의 이러한 통일은 고정된 실체로서 변함없이 존재하는 것이 아니라, 해체와 생성을 반복함으로써 지속적인 변화 속에 있는 통일이라 할 수 있다. 즉 니체의 신체는 생명에 의해 추동되는 "사유, 느낌, 의욕"의 복합적인 상호 작용이 일어나는, 그리고 이러한 작용들이 궁극적으로는 힘에의 의지에 의해 통일을 이루는 하나의 장소로 존재한다. 니체는 신체라는 새로운 주체개념을 통해 인간에 대한 이원론적인 해석을 거부하고, 구체적인 생명 속에서 끊임없이 변화하는 인간을 총체적으로 나타내고자 하며, 이러한 총체로서 신체를 "자아"로, 혹은 "나"로, 그리고 사유라는 "작은 이성"과 구분되는 "큰 이성"으로 정의한다.

> "깨어난 자, 깨우친 자는 이렇게까지 말한다. '나는 전적으로 신체일 뿐, 그 밖의 아무것도 아니며, 영혼이라는 것도 신체 속에 있는 그 어떤 것에 붙인 말에 불과하다'고. 신체는 커다란 이성이며, 하나의 의미를 지닌 다양성이고, 전쟁이자 평화, 가축 떼이자 목자다. 형제여, 네가 '정신'이라고 부르는 그 작은 이성, 그것 또한 너의 신체의 도구, 이를테면 너의 커다란 이성의 작은 도구이자 놀잇감에 불과하다. 너희들은 '자아Ich' 운운하고는 그 말에 긍지를 느낀다. 믿기지 않겠지만 그 자아보다 더 큰 것들이 있으니 너의 신체와 그 신체의 커다란 이성이 바로 그것들이다. 커다란 이성, 그것은 자아 운운하는 대신에 그러한 자아를 실천한다."[55]

니체는 신체를 "큰 이성"으로 규정함으로써 신체로서 주체를 전통적인 형이상학에서 궁극적인 원리로 나타난 정신과 같이 변함없는 실체와는 완전히 다른 실천하는, 활동적인 존재로 이해한다. 신체의 활동성은 존재성을 거부하고, 세계와 상호 작용하며, 충돌하고, 이를 통해 자신을 끊임없이 새롭게 생성함으로써 창조하는 내적 에너지를 통해 표현된다. 또한 사유하고 의지하며 활동하는 모든 일들이 일어나는 신체는 무엇보다도 다양성을 통해 규정되며, 동시에 이러한 다양성은 역동적인 힘에 의해 통일된다. 니체가 "가축 떼이자 목자"라고 서술한 것처럼 신체는 다양한 형

---

[55]   F. Nietzsche, 『차라투스트라는 이렇게 말했다』, 니체 전집 13, 정동호 옮김 (서울: 책세상, 2005), 52쪽.

태를 지니면서, 동시에 이러한 다양한 신체를 이끄는 하나의 신체로 나타나는데, 니체에 의하면 신체의 이러한 통일성을 가능하게 하는 원리는 생명으로부터 야기되는 역동적인 힘, 즉 힘에의 의지이다.

니체에 의하면 전통적 형이상학은 정신과 이성을 중시함으로써 힘에의 의지에 의해 추동되는 신체의 활동성을 '작은 이성'의 틀 속에 가두어 둔다. 또한 '큰 이성'의 도구에 불가한 사유하는 주체로서 '작은 이성'이 자신을 절대화할 때 신체의 활동은 억압되고 왜곡된다. 신체는 사유뿐만 아니라 감정과 의지, 욕망 등이 외부 세계와 다양하게 관계를 맺으면서 현존하는 자신을 벗어나 자신을 끊임없이 새롭게 창조하는, 활동의 장이기 때문이다. 니체는 전통적 형이상학과 더불어 근대의 이성적 주체개념을 비판함으로써, 그리고 지속적인 변화 속에 있는 신체라는 새로운 주체개념을 제시함으로써 사유 속에 갇힌 신체를 해방시키고자 하며, 새로운 주체로서 신체가 지닌 생성하는 힘을, 그리고 창조적인 역량을 맘껏 분출할 수 있는 이론적 토대를 마련한다.

2) 도덕적 자연주의와 삶

니체는 전통적인 형이상학과 근대의 이성적인 주체개념이 신체를 이론적인 측면에서 억압한 것으로 이해한 반면, 개인들에게 구체적인 행위를 지시하는 사회적 규범으로서 유럽의 전통적인 도덕 철학과 도덕은 신체의 활동성을 실천적으로 제약하는 것으로 규정한다. 그에 의하면 도덕은 절대적인 규범이라기보다 인간의 삶과 밀접하게 관련되어 있는 다양한 가치평가의 체계들이라 할 수 있다. 따라서 도덕은 이러한 도덕이 지닌 가치에 대한 지속적인 물음을 요구한다. 도덕에 대한 니체의 이러한 이해는 고정된 불변의 가치를 추구하는 전통 형이상학에 대한 그의 비판과 밀접하게 연관되어 있다. 그에 의하면 전통적인 형이상학은 도덕적 규범을 절대적인 것으로 규정한다. 플라톤부터 기독교, 그리고 근대 도덕의 중요한 두 흐름인 칸트와 공리주의에 이르기까지 유럽의 도덕 철학은 도덕이 지닌 가치를 문제 삼는다기보다 도덕을 당연히 주어진 것으로 전제하고, 이러한 도덕을 정초하고자 한다. 즉 그들은 그들이 지향하는 도덕의 가치에 대해 의문을 제기하지 않으며, 오직 도덕을 그 자체로 절대적인 것으로 이해함으로써, 도덕에 의한 인간의 행위의 제약을 정당화한다.

그러나 니체에 의하면 도덕적 규범은 인간에게 주어져 있지도 않으며, 절대적인 것으로 규정될 수 없다. 즉 "도덕적 가치들을 비판하는 것이 필요한데, 이러한 가치들의 가치는 우선 그 자체로 문제시되어야만 한다. [...] 사람들은 이러한 가치들의 가치를 주어진 것으로, 사실로, 모든 문제 제기를 넘어서 있는 것으로 받아들였다."[56] 니체는 기존의 도덕적 가치에 대한 이러한 진단을 토대로 오랫동안 유럽에서 당연시되어 왔던 도덕의 가치를 근본적으로 문제시함으로써 유럽 사회를 지배하고 있는 도덕의 문제들을 새롭게 조명한다. 특히 그는 도덕에 대한 계보학적인 연구를 통해 도덕의 기원을 추적함으로써 도덕의 가치에 대한 절대주의적인 관점이 지닌 허구성을 드러낸다. 그에 의하면 도덕은 단순히 윤리적 문제뿐만 아니라 전반적인 철학적 사유와 함께 사회 전체를 지배하는 중심적인 가치로 작용해 왔으며, 따라서 도덕 가치에 대한 전면적인 비판은 유럽사회를 지배하고 있는 모든 가치들을 전복시키는 것을 의미한다.

"도덕 가치가 지금까지는 최고 가치였다 : 누가 이것을 의심하려 하겠는가? [...] 이 가치들을 최고 가치라는 위상에서 분리시키면, 우

---

[56]   F. Nietzsche, 『선악의 저편』, 344쪽 이하.

리는 모든 가치들을 변화시킨다 ; 모든 가치의 서열에 대한 기존 원칙이 이것과 함께 전도된다 [...]"[57]

니체는 자신의 철학적 사유에서 핵심적인 위치를 차지하고 있는 도덕 비판을 통해 도덕적 가치 대신에 삶이라는 새로운 가치를 제시하고자 한다. 그에게 있어서 삶 혹은 생명은 도덕적 판단을 넘어서 있는 인간이 추구해야 할 궁극적인 가치이다. 모든 생명체는 살아있는 것인 한에 있어서 자신을 보존하고 자신을 상승시키려는 욕망을 지니고 있으며, 이러한 욕망은 그 자체로 정당화될 수 있는 유일한 가치라 할 수 있다. 따라서 삶을 보존하고 향상시키는 가치만이 진정한 가치이며, 삶을 약화시키고 억압하는 가치는 "삶을 부정하는 의지로, 해체와 타락의 원리"[58]일 뿐이다. 니체는 무엇보다도 삶, 혹은 생명에 우선적인 가치를 부여함으로써 진리와 도덕에 대한 기존의 초월론적인, 형이상학적인 입장을 거부하고, 자연적 삶에 근거한 자연주의적 입장을 고수한다.

"도덕적 자연주의: 표면상으로만 해방된 가치로 보이는 초자연적인 도덕 가치를 그것의 '자연 본성'으로 환원한다. : 즉 자연적 비도덕성으로, 자연적 유용성 등으로. 이런 고찰 경향을 나는 도덕〈적〉 자〈연주의〉로 명명하려 한다 : 나의 과제는 겉보기에 해방된 것처럼 보이지만 사실은 자연 본성을 상실해버린 도덕 가치를 자신의 자연 본성으로 다시 옮기는 것이다 – 즉 도덕 가치의 자연적인 '비도덕성'

---

57 F. Nietzsche, 『유고(1887년 가을~1888년 3월)』, 니체 전집 20, 백승영 옮김 (서울: 책세상, 2020), 204쪽.
58 F. Nietzsche, 『선악의 저편』, 273쪽.

∥　으로."[59]　　　　　　　　　　　　　　　　　　　　　　　　　　∥

　　니체는 미리 "선과 악"을 전제하고, 이러한 선과 악의 기준에 따라 인간의 행위를 규제하고 제한하는 기존의 도덕이론을 반자연적인 도덕으로 비판한다. 이러한 반자연적인 도덕은 외적인 규범에 의해 인간의 삶을 재단함으로써 인간의 자연적인 삶 자체를 부정하며, "지금까지 삶을 가장 심하게 비방하는 것이었고, 삶에 독을 섞는 것이었다."[60] 니체는 삶에 적대적이며 부정적인 기존의 도덕이론에 반해, 자연적인 삶을 우선적인 가치로 규정하고, 자연적인 삶에 근거해 있는, 그리고 인간의 삶을 긍정하고 확장하는 도덕적 자연주의를 제시한다. 이러한 도덕적 자연주의는 인간의 행위를 외적으로 제한하지 않을 뿐 아니라, 인간 자신의 생명을 보존하거나 상승시키려는 내적인 욕망에 의해서만 추동됨으로써 기존의 도덕적인 관념으로부터 벗어나 있다. 니체 자신이 도덕적 자연주의를 '비도덕성'으로 규명한 것처럼, 오직 자신을 보존하고 상승하려는 자연적 삶에 충실한 행위는 도덕적인 규범과는 아무런 연관이 없다.

　　그러나 니체의 도덕적 자연주의는 기존의 도덕과는 다른 도덕성을 함축하고 있다. 기존의 도덕이 행복이나 실천이성, 혹은 초월적 존재를 근거로 도덕적인 행위를 강제했다면, 니체의 도덕적 자연주의는 삶에 의해 추동된 내적인 활동인 '힘에의 의지' 이외에 어떠한 외적 강제성도 용인하지 않는다. 그에게서 인간이 복종해야 할 규범이란 오직 삶을 보존하고 향상시키는 것뿐이며, 이를 방해하는 외적인 제약들과 충돌하고 투쟁하며, 더욱 더 많은 힘을 쟁취하는 것이다. 따라서 니체는 인간이 무엇을

59　F. Nietzsche, 『유고(1887년 가을~1888년 3월)』, 57쪽.
60　F. Nietzsche, 같은 책, 260쪽.

행해야 하는지, 혹은 무엇이 옳은 행위인지에 대해 묻지 않는다. 이러한 도덕적인 질문 대신에 그는 자연적인 삶의 증진을 위한 유일한 원리로서 "힘에의 의지"를 내세운다.

> "선이란 무엇인가? - 힘의 느낌, 힘에의 의지, 힘 자체를 인간 안에서 힘을 증대하는 모든 것.
> 나쁜 것은 무엇인가? - 약함에서 유래하는 모든 것.
> 행복이란 무엇인가? - 힘이 증가한다는 느낌 - 저항이 극복되었다는 느낌."[61]

  행복이나 이성, 그리고 초월적 신에 의해 정초되는 기존의 모든 도덕은 타인과의 관계를 규정짓는 보편적인 규범을 전제한다. 이러한 도덕 규범은 "~을 해야 한다."나 혹은 "~을 해서는 안 된다."라는 당위를 함축하고 있다. 그러나 자연적인 삶을 향상시키는 "힘에의 의지"라는 니체의 도덕적인 자연주의는 철저히 개인적 차원에 머물러 있으며, 타인과의 관계에 대한 어떠한 당위성도 요구하지 않는다. 단지 그는 모든 생명체와 마찬가지로 인간 또한 자신의 내적 에너지인 힘의 상승을 추구하고 있음을 서술할 뿐이며, 이러한 힘의 상승을 훼손하는 도덕적 이론과 규범들을 비판할 뿐이다. 그는 "도덕적 자연주의"를 이야기함으로써 도덕 규범이 인간의 삶을 지배해서는 안 되며, 오히려 올바른 도덕은 삶을 향상시키고자 하는 자연적 본능에 의해 지배되어야 함을 강조한다.
  니체의 도덕적 자연주의는 인간 행위의 자연적 가치만을 강조함으로써 어떠한 규범성도 함축하고 있지 않으며 궁극적으로 무질서와 폭력에

---

61   F. Nietzsche, 같은 책, 521쪽.

노출되어 있는 것으로 보인다. 그러나 자연적인 삶을 보존하고 향상시키는 것 이외에 인간이 복종해야 할 어떠한 규범적 가치도 제시하지 않는, 오직 '삶의 본능'에 근거해 있는 니체의 도덕적 자연주의는 삶을 둘러싼 모든 것들, 특히 타인들과의 관계를 필연적으로 함축한다. 또한 삶을 향상시키려는 내적인 활동성은 타인들과의 충돌과 투쟁뿐 아니라 동시에 타인들과의 긍정적인 관계성을 만들어내기도 한다. 니체에 의하면 삶의 상승과 향상은 다윈에게서처럼 타인과의 생존을 위한 경쟁이나 적대적인 관계를 통해서만 가능한 것이 아니라, 타인의 도움과 협력에 의해서도 발생하기 때문이다. 그에게 중요한 것은 타인을 배제한 경쟁이 아니라 '힘에의 의지'이며, 타인은 힘에의 의지를 약화시키기도 하지만 동시에 강화시키는 역할도 한다. 따라서 니체는 "사람들에게 가했던 부정적인 행위는 낯선 사람이 그에게 가한 부정적인 행위보다도 더 견디기 어렵다. [...] 따라서 종교와 도덕이 명하는 것은 차치하고 자신에 대한 만족감을 잃지 않기 위해서라도 남에게 부정적인 행위를 하는 것에 주의해야 하며, 나아가 부정적인 행위를 당하는 것보다 더 주의"[62]할 것을 강조함으로써 자연적 삶이 타인에 대한 긍정적인 관계를 필연적으로 함축하고 있음을 나타내 보인다.

자연적인 삶을 고양시키기 위한 "힘에의 의지"는 각각의 개체가 지닌 내적이고 본능적인 활동이지만, 이러한 활동은 자신의 힘을 최고로 발휘하기 위해 이성을 수단으로 강구하며, 이성은 이러한 힘을 증대시키는 중요한 원리로 작용한다. 즉 행복이나, 이성, 혹은 신에 의존해 있는 기존의 도덕 철학이 도덕적 가치를 인간의 자연적인 삶과 분리시킴으로써 도덕

---

62   F. Nietzsche, 『인간적인 너무나 인간적인 II』, 니체 전집 8, 김미기 옮김 (서울: 책세상, 2011), 49쪽 이하.

적 규범을 인간이 무조건적으로 복종해야 할 당위적인 것으로 규정하면서 인간의 자연적 삶을 훼손하였다면, 니체는 자연적인 삶의 향상을 중심적인 가치로 내세움으로써 도덕적 규범과 이성을 오직 인간의 자연적인 삶의 향상을 위해 봉사하는 것으로 이해한다. 따라서 그의 도덕 비판은 인간의 자연적 삶을 위축시키고 삶의 본능을 억압하는 도덕적 규범에 향해 있으며, 이러한 도덕규범 대신에 삶 혹은 생명이라는 새로운 가치를 제시함으로써 기존의 가치를 전도시키고자 한다. 그는 아포리즘에서 "내가 바보가 아니라면 내가 다음과 같은 사실을 부정하지 않는다는 것은 자명하다. 비윤리적이라고 불리는 많은 행위들은 피해야 하고 극복해야 하며, 윤리적이라고 불리는 많은 행위들은 행해야 하고 장려해야 한다. 그러나 나는 전자도 후자도 이제까지와는 다른 근거들에 의해 행해져야 한다고 생각한다."[63]라고 서술한다. 그의 관심은 전통적인 도덕에 대한 무조건적인 비판이 아닌, 도덕적인 기준의 정당성에 놓여 있는 것이다. 그에 의하면 도덕적 기준은 오직 자연적인 삶을 상승시키는가, 혹은 억압하는가에 있기 때문이다.

니체는 도덕적 자연주의의 관점에서 인간의 삶에 적대적이며 반자연적 경향을 지닌 전통적인 도덕 철학을 비판한다. 그에 의하면 이러한 도덕 철학은 두 유형으로 분류될 수 있다. 하나의 유형은 초월적이며 선험적인 것을 전제하고 이러한 것으로부터 현실세계를 분리시키는 이분법적 사고에 토대를 두고 있는 도덕 이론이다. 이러한 유형의 대표적인 사례는 플라톤과 기독교, 그리고 칸트를 들 수 있다. 플라톤은 이데아를, 기독교는 초월적 신을, 그리고 칸트는 실천이성을 전제함으로써 도덕 이론을 초월적이며 선험적인 존재에 정초하고자 한다. 그들에게 중요한 도덕적 가

---

63   F. Nietzsche, 『아침놀』, 니체 전집 10, 박찬국 옮김 (서울: 책세상, 2004), 112쪽.

치는 완전한 상으로서 이데아이며, 초월적 신이며, 실천이성이다. 이데아를 인식하기 위해 이성적인 능력을 중시하는 플라톤과 실천이성이라는 선험적 능력에 의존해 있는 칸트에 의하면 도덕적 가치의 실현을 위해서는 인간의 삶의 본능을 구성하는 자연적인 감정이나 충동이라는 내적 에너지는 이성에 의해서 억압되지 않으면 안 된다.

　도덕에 관한 다른 이론적 유형은 행복을 토대로 도덕 철학을 정초하고자 하는 것이다. 특히 아리스토텔레스와 공리주의는 인간의 궁극적 목적을 행복으로 이해하며, 이러한 행복에 도달할 수 있는 올바른 방법으로 이성을 제시한다. 아리스토텔레스에 의하면 이성적 존재인 인간이 자신의 이성적 능력을 최대한 발휘할 때 비로소 행복에 이를 수 있게 된다. 또한 "최대다수의 최대행복"의 원칙 아래 다수의 최대행복을 지향하는 공리주의의 원칙은 행복이라는 궁극적 가치를 다수성이라는 유용성의 원리를 통해 실현하고자 한다. 즉 공리주의는 행복과 유용성을 도덕적 규범의 토대로 규정한다. 그러나 행복을 양적으로 측정할 수 없다는 공리주의의 모순은 차치하더라도, 공리주의가 의존하고 있는 유용성의 원리는 주관적일 뿐 아니라 자의적이다. 또한 도덕 가치를 단순히 다수성이나 양적 가치로 환원함으로써 공리주의의 도덕 원칙은 소수의 개인들에 대한 희생을 토대로 성립하게 된다. 니체는 행복주의 도덕론이 의존하고 있는 이성이나 유용성이 초월론적 도덕론과 마찬가지로 삶의 본능을 억압함으로써 인간의 삶 자체에 적대적이라고 비판한다. 이러한 도덕 이론들은 이성의 이름으로, 도덕의 이름으로 삶의 본능으로부터 야기되는 내적 활동성인 힘에의 의지를 약화시키며, 초월적인 것을 위해, 다수를 위해 삶을 희생시킨다. 니체는 삶의 추동력을 억압함으로써 삶의 본능을 훼손하는 이러한 도덕 철학을 반자연적인 것으로 규명하고, 동시에 반도덕적이라고 비판한다. 그에 의하면 진정한 도덕은 삶의 본능으로부터 야기되는 내적 에너지를 극대화함으로써 삶을 보존하고 상승시키는 것이며, 도덕은 오직 삶에 대한 강한 긍정 속에서, 그리고 삶을 절대적인 가치로서 인정해야만 비로소 의미를 지닐 수 있다. 따라서 인간이 추구해야 할 도덕적 규범은 삶의 밖에 존재하는 것이 아니라 바로 삶의 본능 자체라 할 수 있다.

3) 자기보존욕망과 힘에의 의지

니체는 모든 생명체에 내재해 있는 자기보존욕망을 자신의 철학적 사유의 출발점으로 삼는다. 그의 도덕적 자연주의는 모든 생명체가 자신을 보존하려는 욕망을 지니고 있다는 생명체의 자연적 원리로부터 출발한다. 전통적인 형이상학과 도덕 철학에 대한 그의 비판은 이러한 이론들이 사유 속에 화석화된 주체의 동일성에 고착되어 있거나, 변함없는 고정된 실체 개념에 집착함으로써 자연적인 삶과 생명을 억압하고 훼손하는 추상적인 도덕원리를 추론한다는 데 있다. 그는 이러한 추상적인 원리 대신에 자연적인 삶에 내재한 역동성을, 그리고 생성과 변화와 활동성을 포착한다. 이와 함께 그는 자연적인 삶을 토대로 진리 인식과 도덕적 가치를 새롭게 정립한다. 물론 니체가 자연적 삶을 철학의 중심적인 원리로 삼는다고 해서, 생이나 삶의 개념을 단순히 생물학적인 것으로만 이해하는 것은 아니다. 그에게 중심적인 가치인 자연적인 삶의 본능은 생물학적인 차원을 벗어나 정신적이며 예술적인 차원을 모두 포괄하는 원리라 할 수 있다. 또한 다른 생명체와 달리 인간의 자기보존욕망은 단순히 자신의 현존 상태를 보존하는 것을 넘어 자기를 확장하고 상승하려는 모든 노력들을 통해 표현되며, 삶의 본능은 이러한 노력들을 가능하게 하는 궁극적인 원리라 할 수 있다.

삶의 본능으로부터 야기되는 니체의 자기보존욕망에 대한 이러한 논의는 17세기에 유럽에서 행해진 철학적 논의의 연속성 속에서 이해될 수 있다. 자기보존문제를 철학적 사유의 중심주제로 삼은 근대의 대표적인 철학자인 홉즈와 스피노자는 자기보존욕망을 각각 정치 철학과 윤리학의 토대로 규정함으로써 자기보존문제를 국가의 형성원리로, 그리고 윤리적인 덕이 실현될 수 있는 궁극적인 존재 법칙으로 제시한다. 그러나 홉즈가 자기보존욕망을 단순히 생물학적인 차원에서 접근한 것과는 달리, 니체는 이러한 욕망을 인간적인 모든 역량이 발휘될 수 있는 활동적인 힘으로 이해한다. 또한 스피노자가 자기보존을 오직 이성의 매개를 통해 가능한 것으로 파악한 것과는 달리, 니체에게 이러한 자기보존 역량은 이성뿐만 아니라 인간이 지닌 다양한 정서, 즉 충동이나 감정들을 모두 포괄하는 힘으로 나타난다. 특히 니체는 홉즈와 스피노자의 자기보존 개념에 내재한 정태적 특징을 간파하고, 이러한 자기보존욕망을 넘어선, 보다 역동적인 삶에 대한 의지로서 "힘에의 의지"를 제시한다.

니체에 의하면 모든 생명체에 내재해 있는 자기보존욕망으로부터 철학적 사유를 시작하는 기존의 논의들은 자기보존문제를 현존하는 상태를 유지하려는 생명체의 수동적인 노력으로 이해한다. 이러한 이론들은 자기보존을 위한 개별 생명체의 역량이나 활동성보다는 개별 생명체가 처해 있는 외적인 환경을 중시함으로써 자기보존의 훼손이 최소화될 수 있는 방법만을 모색한다. 특히 홉즈와 스피노자는 개인의 욕망과 충동과 같은 정념들을 타인이라는 외적 환경을 위협하는, 이와 함께 개개인의 자기보존을 상호적으로 침해하는 부정적인 요소로 이해한다. 그들은 이러한 정념들로부터 이성 능력을 분리시키고, 정념들이 이성에 의해 억제될 수 있을 때 비로소 자기보존이 가능한 것으로 이해한다. 그러나 욕망과 충동을 포괄하는 큰 이성을 강조하는 니체는 작은 이성에 의해 인간의 내적인 활동성이 억압되는, 따라서 현재 상태의 유지라는 수동적인 정태적 상태를 의미하는 자기보존개념이 삶의 본능 속에 내재한 힘의 역동성을 충분히 담아낼 수 없음을 포착한다. 그에 의하면 삶의 본능은 단순히 현상태를 지속하거나 유지하려는 것이 아닌, 오히려 현상태의 극복을 통한 힘의 강화와 상승을 통해 표출되기 때문이다. 따라서 니체가 삶의 본능의 궁극적인 원리로 제시하는 "힘에의 의지"는 자기보존을 함축하는, 그러나 이러한 수동적인 상태를 벗어나, 보다 확장된 능동적인 에너지를 요구한다.

자기보존욕망과 니체의 "힘에의 의지"의 중요한 차이는 무엇보다도 타인과의 관계에서 구체적으로 표현된다. 타인이라는 외적인 환경은 개인들에게 자기보존을 위협하는 요소로 나타나며, 따라서 이러한 환경을 벗어나는 일은 서로가 서로에게 위협이 되지 않은, 모두가 평등해지는, 니체의 표현에 의하면 모두가 "평균인"이 되는 공동체의 형성이라 할 수 있다. 개인들은 이웃에 대한 공포 때문에 적당하게 겸손하고 스스로 적응하며 서로를 동등하게 대하려 하며, 자신의 욕망을 억압하게 된다. 즉 욕망의 평범함과 같은 공동체를 유지하는 덕목들이 개인의 자기보존을 위한 중요한 가치가 된다. 이러한 심성을 토대로 한 공동체의 질서 속에서 개인들은 비로소 안전해지며, 자기보존이 가능해지기 때문이다. 니체는 '이웃에 대한 공포'가 자기보존을 위해 개인보다는 공동체를, 개인의 내적인 활동성보다는 공공의 이익을 중시 여기는 유럽의 "무리본능"에 의존한 문화를 형성시켰다고 비판한다.

니체는 개인의 고유한 힘을 포기하고 자신의 권리를 오직 무리 속에서만 발견하는 집단적 개인들을 무리로 규정한다. 무리 속에 매몰된 집단적 개인들은 자신의 고유한 역량을 발휘하려는 의지가 약한 "박해받은 자, 고통받는 자, 자유롭지 못한 자, 스스로에 대해 확신이 없는 자"[64]들로서 그들은 자기보존을 위해 무리를 형성한다. 약한 개인들의 무리 형성은 자신들을 방어할 수 있는 가장 유용한 수단이며, 이러한 무리형성을 통해 약한 개인들, 즉 니체의 표현에 의하면 민중, 무리동물, 천민, 평균인들은 자신들의 세력을 넓혀간다. 그들은 동정이나 정의와 같은 약자의 도덕, 즉 노예의 도덕을 정당화하며, 자신들의 안전을 위협하는, 힘의 상승을 추구하는 강한 자들을 자신의 무리 속에 귀속시키려 한다. 무리 속에서 모든 개인들은 서로 동등하고 비슷해지며, 무리를 이탈하려는 강한 자와 강한 자의 원칙은 어느 것도 허용하지 않음으로써 모두가 무리동물로, 평균인으로 전락한다. 그리하여 "적당하고 겸손하고 스스로 적응하며 동등하게 대하는 심성, 욕망의 평범함이 도덕적 이름과 명예를 얻게 된다. 결국 [...] '유순한 인간'이, 더욱 '우둔한 인간'이 존경을 받게 된다."[65]

니체는 오랫동안 유럽의 역사를 지배해 온 기독교 속에서 무리본능에 근거한 약자의 도덕적 이념을 발견한다. 기독교는 교회라는 공동체를 중심으로 동일한 신념을 가진, 그리고 신 앞의 평등이라는 이념을 통해 모두가 동등한 무리들의 집합체로 구성된다. 특히 신이라는 절대적 강자를 내세움으로써 기독교인들은 신에 대한 복종을 자신들의 무리 공동체의 가장 중요한 미덕으로 내세운다. 또한 인간을 죄인으로 격하시킴으로써 인간 자신에 대한 증오와 나약함을, 그리고 천상의 삶에 대한 찬양을 통해 인간이 살고 있는 대지의 빈곤함을 전파시킨다. 이와 함께 기독교는 모든 인간을 선량하고, 병들고, 평범한 존재인 무리동물이 되도록 훈육시킨다. 그에 의하면 기독교는 신에 대한 복종과 약자에 대한 동정심을 가

---

64 F. Nietzsche, 『선악의 저편』, 278쪽.
65 F. Nietzsche, 같은 책, 159쪽.

장 중요한 가치로 내세움으로써 개인에게 내재한 힘의 역동성을 파괴시켰으며, 삶의 본능에 근거한 욕망과 충동, 그리고 "힘에의 의지"를 악으로 규정함으로써 인간을 왜소화한다. 즉 반자연적이며, 반인간적인 "기독교의 신앙은 처음부터 희생이다: 모든 자유와 긍지, 모든 정신의 자기 확실성을 바치는 희생이다. 동시에 이는 노예가 되는 것이며 자기 조소이자 자기 훼손이다."[66]

　기독교의 이러한 이념은 유럽의 근대화 과정에서 등장한 민주주의라는 정치체제에 의해 계승된다. 특히 민주주의 정치체제에서는 신 앞의 평등이 모든 인간들의 동일한 권리로 대체된다. 니체에 의하면 역사적으로 가장 최상의 정치 원리로 규정되는, 공동체의 구성 원리인 민주주의 정치이념은 이러한 무리본능에 토대를 두고 있다. 그는 유럽의 민주화가 "노예근성을 준비하는 인간 유형을 산출"[67]했다고 비판한다. 그에게 민주주의 운동이란 "정치조직의 타락 형식일 뿐 아니라, 인간의 타락 형식, 즉 왜소화 형식으로, 평균화와 가치하락"[68]일 뿐이다. 니체는 민주주의의 이러한 정치 이념이 사회주의에서는 더욱 더 극단적인 형태로 표현된다고 비판한다. 계급 없는 사회를 지향하는 사회주의는 인간들 사이에 나타나는 차이들을 인위적으로 제거하고, 사회적으로, 그리고 정치적으로 모든 인간들에게 동일한 권리와 행복을 약속함으로써 개인들의 삶에의 본능에 대한 강한 의지를 약화시키며, 누구나 동일한 무리동물 중의 하나로 전락하게 만든다. 개체성을 포기하게 만드는 대가로 사회주의는 단지 기독교에서 행한 천상에 대한 약속을 지상의 구원으로 변화시켰을 뿐이다.

66　F. Nietzsche, 같은 책, 83쪽.
67　F. Nietzsche, 같은 책, 240쪽.
68　F. Nietzsche, 같은 책, 163쪽.

"인간의 전체적인 퇴화는, 오늘날 사회주의적인 우둔한 자나 멍청이에게 그들의 '미래의 인간'으로 - 그들의 이상으로! - 나타나는 데까지 내려가며, 인간이 이렇게 완전한 무리동물로 (또는 그들이 말하는 것처럼, '자유사회'의 인간으로) 퇴화하고 왜소화된다는 것, 이렇게 인간이 평등한 권리와 요구를 지닌 왜소한 동물로 동물화된다는 것은 가능하다."[69]

니체는 기독교의 정신과 민주주의 그리고 사회주의 이념이 모두 무리 본능에 토대를 둔 동일한 공동체 이념이며, 이러한 이념들이 자연 법칙에 반하는 도덕 원리와 정치 이념을 인간에게 주입함으로써 인간을 평균화시키고, 역사와 문화를 퇴화시키는 것으로 진단한다. 이러한 이념들이 지배한 유럽 사회에서 "오늘날 우리는 좀 더 위대해지려는 그 어떤 것도 보지 못한다. 우리는 더욱 아래로, 아래로 내려가며, 좀 더 빈약한 것, 좀 더 선량한 것, 좀 더 영리하고 안락한 것, 좀 더 평범하고 무관심한 것 [...] 으로 되어 가는 것을 예감한다."[70] 니체에 의하면 모든 인간이 동등한 권리를 지닌다는 것은 자연법칙에 어긋나는 일이며, 그에게서 자연법칙이란 약한 자의 존재만큼 강한 자의 존재를 인정하는 것이다. 강한 자에게 그의 강인한 힘에의 의지를 약화시키는 것은, 그리고 그를 무리동물 속에 편입시켜 평균인으로 만드는 것은 "지금까지 인간을 마음대로 해왔던 폭력 가운데 가장 큰 폭력"이다. 즉 "강한 것에게 강한 것으로 나타나지 않기를 요구하고, 그것이 압박욕, 제압욕, 지배욕, 적대욕, 저항욕, 승리욕이 아니기를 요구하는 것은 바로 약한 것에게 강한 것으로 나타나기를 요구

---

69   F. Nietzsche, 같은 책, 165쪽.
70   F. Nietzsche, 같은 책, 376쪽.

하는 것만큼 불합리"한 것일 뿐이다.[71]

따라서 니체는 인간의 생명에 내재해 있는 추동력인 "힘에의 의지"를 새롭게 조명함으로써 오랫동안 유럽을 지배해 왔던 무리동물의 가치, 평균인의 가치를 전도시키고자 한다. 힘에의 의지에 근거한 새로운 가치는 더 이상 자신을 낮추는 겸손함이나, 진정한 인간적 덕목으로 찬양되었던 공공심, 친절, 배려, 근면, 절제, 겸손, 관용, 동정 등이 아닌, 무엇보다도 위대함 속에, 그리고 강인함과 지배욕 속에 표현된다. 니체는 이러한 강인함과 지배욕을 힘에의 의지에 의해 추동되는 살아있는 것으로서 생명이 지닌 본성으로 이해한다. 그에 의하면 생명은 "본질적으로 이질적인 것과 좀 더 약한 것을 자신의 것으로 만드는 것이며, 침해하고 제압하고 억압하는 것이며 냉혹한 것이고, 자기 자신의 형식을 강요하며 동화시키는 것이며, 가장 부드럽게 말한다 해도 적어도 착취하는 것이다."[72] 따라서 생명이라는 자연적인 것으로부터 야기되는 힘에의 의지는 모든 도덕적인 판단에서 벗어나 있으며, 힘에의 의지를 새로운 가치로 제시하는 것은 살아있는 생명 그 자체를 그대로 용인하는 것이다.

> "내 말을 들어라, 더없이 지혜로운 자들이여! 내가 과연 생명 자체의 심장부 속으로 그리고 그 심장이 뿌리에까지 기어 들어가 보았는지를 진지하게 눈여겨보라! 생명체를 발견할 때마다 나는 힘에의 의지도 함께 발견했다. 심지어 누군가를 모시고 있는 자의 의지에서조차 나는 지배하고자 하는 의지를 발견할 수 있었다."[73]

---

71 F. Nietzsche, 같은 책, 377쪽.
72 F. Nietzsche, 같은 책, 273쪽.
73 F. Nietzsche, 『차라투스트라는 이렇게 말했다』, 194쪽.

니체에 의하면 이 세계는 지속적인 생성과 변화 속에 있는 살아있는 생명체로 구성되어 있으며, 힘에의 의지는 이러한 변화를 가능하게 하는 궁극적인 동력이다. 따라서 힘에의 의지는 모든 살아있는 것의 본성이자 동시에 세계를 움직이는 근원적인 원리라 할 수 있다. 또한 이러한 힘에의 의지는 철저히 개별 생명체에 내재한 것으로서, 현존하는 것을 단순히 유지하려는 자기보존욕망을 벗어나 "성장하고 뻗어나가려 하고 자기 쪽으로 끌어당기고 우위를 차지하려는"[74] 개별 생명체의 충동으로 표출된다. 따라서 각각의 개별 생명체들이 발현하는 힘에의 의지는 필연적으로 상호 충돌하고 투쟁하며 외부의 힘들에 저항함으로써 현존하는 상태를 극복하게 하고, 이를 통해 개별 생명체들은 자신을 더욱 더 강화하며 상승한다. 생명체로서 인간 개개인이 이러한 힘에의 의지에 의해 추동될 때, 비로소 인간은 스스로 가치를 창조하는, 동시에 자신을 새롭게 형성하는 탁월하며, 고귀하고, 귀족적인 인간이 된다. 따라서 니체에게서 힘에의 의지는 인간 개개인이 평균적인 존재, 무리적인 존재, 비속한 존재로부터 벗어나 현존하는 자신을 극복하고, 보다 높은 존재로 고양될 수 있는 궁극적인 토대라 할 수 있다. 니체는 삶의 본능으로부터 야기되는 힘에의 의지를 개별 생명체를 추동하는 핵심적인 원리로 제시함으로써 강자의 도덕, 주인의 도덕을 정당화한다.

4) 자유로운 정신과 긍정의 미학

니체는 오랫동안 유럽의 철학적 사유를 지배해 온 형이상학과 도덕이 이론적으로나 실천적인 규범에 있어서 인간 자신과 인간이 살고 있는 대지에 대한 경멸과 부정을 함축하고 있다고 비판한다. 특히 그는 전통적

---

[74] F. Nietzsche, 『선악의 저편』, 274쪽.

인 형이상학이 완전하고 궁극적인 실체를, 그리고 도덕이 추상적인 행복과 이성만을 중시함으로써 인간의 생동력 있는 삶 자체를 억압할 뿐 아니라 인간 존재에 대한 심각한 왜곡을 초래한 것으로 이해한다. 즉 전통적인 형이상학과 도덕은 인간의 자연적인 존재 방식 자체를 거부하는 반자연적 관점을 고수하며, 도덕성은 개별적인 생명체로서 인간에 내재한 자연적인 충동이나 본능, 그리고 감정과 같은 다양한 정서와 에너지를 반도덕적인 악으로 규정한다. 개별적인 생명체보다는 공동체나 무리가 절대적인 가치로 제시되고, 각각의 생명체들이 지닌 다양한 힘들은 모두 평등과 공동의 가치에 종속됨으로써 생명체들이 지닌 고유한 역량은 자신들의 힘을 발휘할 수 있는 토대를 상실하게 된다. 또한 천년 가까이 유럽의 정신사를 지배해온 기독교는 천상의 세계와 신을 위해 지상의 세계인 대지를, 그리고 인간이 지니고 있는 자연적인 역량을 희생시킨다. 신에 대한 절대적인 복종이 인간의 최상의 가치가 되며, 생명으로부터 야기되는 내적 충동은 죄와 악을 초래하는 부정적인 힘으로 간주되고, 인간이 살아가는 대지는 저주의 땅이 된다. 즉 천상의 영원한 삶을 위해 대지에서 생겨난 것, 생명적인 것은 거부된다.

> "'신' 개념은 삶의 반대 개념으로 고안되었다. [...] '피안' 개념이, '참된 세계' 개념이 고안되었다. [...] 존재하는 유일무이한 이 세상을 탈가치화하기 위해 – 우리 대지의 실재성을 위한 어떠한 목표도, 어떠한 이성도, 어떠한 과제도 남기지 않기 위해! '영혼' 개념, '정신' 개념, 결국에는 '영혼의 불멸' 개념도 고안되었다. 신체를 경멸하고, 신체를 병들게 – '성스럽게' 만들기 위해 [...] 건강 대신 '영혼의 구원' – 이것은 참회의 경련과 구원의 히스테리 사이에서 오락가락하는 조

　니체는 자신이 속해 있는 유럽 사회에 대한 이러한 비관적 진단으로부터 자신의 철학적 사유를 시작한다. 그는 기존의 가치를 전도시킴으로써, 즉 오랜 유럽의 역사 속에서 형이상학의 이름으로, 도덕의 이름으로, 그리고 기독교적인 신의 이름으로 상실된 것들을 다시 회복하고자 한다. 이를 위해 그는 우선적으로 지상의 것을, 실재하는 인간을, 그리고 무엇보다도 무리 속에서 소멸된 개별적인 생명체를, 즉 개인에 내재한 생명의 가치를 복권시키고자 한다. 전통적인 가치를 근본적으로 해체시키고 새로운 가치를 창조하고자 하는 니체의 시도는 인간 존재와 세계에 대한 절대적인 긍정과 함께 인간과 세계를 고정된 실체가 아닌, 하나의 생명체로서, 끊임없이 새롭게 생성되며 변화하는 것으로 이해하는 생명에 대한 그의 인식에 근거해 있다. 이러한 생명체는 무리가 아닌, 오로지 개체로서만 자신을 표현하며, 자신에 속해 있는 모든 것, 즉 충동과 본능, 감정과 이성적인 것 모두를 긍정함으로써 자신의 힘을 무한히 확장하고, 무한한 상승을 추구한다.

　니체는 생명체로서 인간에 대한, 그리고 세계에 대한 절대적인 긍정을 고대 그리스의 디오니소스 신을 통해 상징적으로 표현한다.[76] 디오니소스는 포도주를 관장하는 신으로 광기와 도취, 무질서와 혼돈을 의미하며,

---

75　F. Nietzsche, 『이 사람을 보라』, 니체 전집 15, 백승영 옮김 (서울: 책세상, 2019), 466쪽 이하.

76　정낙림은 니체에게서 "디오니소스적인 것"이 "가치전도의 철학에서 핵심적인 역할"을 하고 있음을 강조한다. 그에 의하면 "디오니소스는 가치전환을 위한 니체의 전령"이다. 정낙림, 「니체철학에 있어서 디오니소스적인 것의 의미」, 『철학논총』 Vol.4 No.3 (새한 철학회, 2004), 437쪽.

질서와 균형의 신인 아폴론 신과 대비된다. 디오니소스-자그레우스는 특히 태어나자마자 갈기갈기 찢긴 채로 죽임을 당하며, 이러한 죽음 속에 다시 태어남으로써 비극과 고통을, 동시에 생명과 창조를 의미하는 신으로 알려져 있다. 니체는 이러한 디오니소스 신화에서 자신의 철학적 사유를 대변하는 상징성을 발견하며, '디오니소스적인 것'에서 고통과 파괴 속에서도 삶을 긍정하는 긍정의 미학을 찾아낸다.[77] 그에 의하면 디오니소스의 죽음과 고통은 단순한 고통이 아닌, 새로운 생명과 생성을 위한 창조적인 힘으로 작동한다. 그가 겪는 고통은 생명에 내재하는 비극적 요소가 아니라, 오히려 생명을 가능하게 하며, 생명을 강화하고 상승하게 하는, 이와 함께 생명의 기쁨과 환희에 도달하게 하는 중요한 계기이다. 니체는 디오니소스라는 신의 상징 속에서 생명이 생성과 파괴라는, 그리고 고통과 환희라는 모순성 속에 존재하며, 동시에 이 모든 모순적인 것을 극복할 수 있는 내적 힘을 함축하고 있다는 사실을 발견한다. 따라서 생명적인 것을 표현하는 '디오니소스적인 것'은 고통과 파괴조차 생성의 힘으로 받아들이는, 존재하는 모든 것에 대한 최고의 긍정을 의미한다. 즉 니체에게서 생명을 긍정한다는 것은 생명이 지닌 창조의 힘만이 아닌, 파괴와 절망과 나락조차도 받아들이는 것을 함축한다.

"삶의 가장 낯설고 가장 가혹한 문제들에 직면해서도 삶 자체를 긍정한다 : 자신의 최상의 모습을 희생시키면서 제 고유의 무한성에 환희를 느끼는 삶에의 의지 — 이것을 나는 디오니소스적이라고 불렀

---

[77] 니체에게서 '디오니소스적인 것'의 의미 변화에 대한 자세한 연구는 다음 논문 참고. 백승영, 「신화적 상징과 철학적 개념 – 디오니소스와 디오니소스적인 것」, 『니체연구』 No. 12 (한국니체학회: 2007).

‖ 다."[78]

　니체는 이성과 질서, 그리고 행복만을 추구함으로써 감성과 욕망을 억압하는 기존의 가치체계를 거부하고 광기와 도취, 그리고 무질서를 상징하는 디오니소스 신의 고통과 파괴, 그리고 생성과 창조를 무조건적으로 긍정한다. 그리고 그는 이러한 모순 속에서 자신을 강화하고 상승하는 생명에 내재하는 힘에의 의지라는 새로운 가치를 제시한다. 따라서 '디오니소스적인 것'을 통해 표현되는 생명은 전통적인 가치의 해체와 새로운 가치를 창조하는 역동적인 힘의 원천이자 가치의 유일한 척도이며, 인간의 자유가 가능할 수 있는 궁극적인 토대이다. 즉 니체에 의하면 인간은 자신을 규정하는 관념으로부터 벗어나 디오니소스적인 긍정의 힘 속에서 오직 자신의 자연적인 생명으로부터 야기되는 힘에의 의지만을 추구할 때 비로소 진정으로 자유로워진다.

　니체는 자신의 대표적인 저서 『차라투스트라는 이렇게 말했다』에서 정신의 세 가지 유형을 단계적으로 설명함으로써 인간의 실존적 태도와 함께 자유가 어떻게 가능한지를 구체적으로 보여준다. 그는 실존의 첫 번째 단계를 '낙타'의 단계로, 두 번째 단계를 '사자'의 단계로, 그리고 정신의 자유가 실현되는 마지막 단계를 '어린아이' 단계로 상징적으로 묘사한다. 낙타는 무거운 짐을 나르는 동물로, 주인의 명령에 순종하는 자를 상징한다. 낙타의 자유는 인간을 무겁게 짓누르는 기존의 모든 규범과 도덕에, 그리고 절대적 가치인 신에 순종함으로써 스스로 자유롭다고 느끼는 데 있다. 낙타는 스스로 무엇인가를 하는 것을 두려워하며, 오직 "너는 마땅

---

[78]　F. Nietzsche, 『이 사람을 보라』, 393쪽.

히 해야 한다"라는 전통적 가치를, 혹은 신의 명령을 당연한 것으로 받아들인다. 이러한 낙타의 자유는 자아상실의 자유라 할 수 있다. 그를 규정하는 것은 자기 자신이 아닌 타자, 즉 주인이나 신, 혹은 전통적인 가치이기 때문이다. 수동적인 낙타는 어느 순간 상실된 자아로부터 자기 자신을 회복하며, "나는 하고자 한다"라는 강한 의지와 함께 스스로 모든 규범을 만들고자 하는 정신의 상태인 사자로 변화한다. 그러나 사자는 아직 가치를 스스로 창조하지는 못한다. 그는 기존 가치에 강하게 저항하고 투쟁함으로써 자기 자신을 내세우고자 할 뿐이다. 사자는 오직 전통적인 가치를 부정하는 것 속에, 자신을 억누르는 외적인 강제를 거부하고 자유를 쟁취하려는 강한 의지 속에 자신의 실존적 가치를 의식하는 정신이다. 따라서 사자는 아직 진정으로 자유롭지 못하다. 그의 자유는 분노와 투쟁 속에서만 표현되기 때문이다.

　니체는 진정으로 자유로운 정신의 상태를 '어린아이' 속에서 발견한다. 그에 의하면 어린아이는 "순진 무구요 망각이며, 새로운 시작, 놀이, 스스로의 힘에 의해 돌아가는 바퀴이며 최초의 운동이자 거룩한 긍정이다."[79] 어린아이는 저항하고 투쟁하는 사자의 단계를 넘어서 있다. 그는 더 이상 사자처럼 전통적인 가치에 저항하지 않으며, 그 자체로 존재할 뿐이다. 즉 어린아이는 기존의 가치체계에 의해 전혀 영향을 받지 않기 때문에 복종도 투쟁도 알지 못하며, 오직 자신이 원하는 방식으로 행위하고 창조할 뿐이다. 어린아이는 오직 자신의 자연적인 힘에 의해서만 추동되며, 존재하는 것들을 있는 그대로 받아들임으로써 고통을, 절망을 두려워하지 않는다. 고통과 절망은 기쁨과 행복처럼 자신의 생명을 움직이는 동력이며, 그는 자신에 내재하는 충만된 힘을 통해 끊임없이 상승하고자 할 뿐이다.

---

[79]　F. Nietzsche, 『차라투스트라는 이렇게 말했다』, 41쪽.

니체는 존재 자체에 대한 절대적인 긍정 속에 있는 어린아이의 이러한 정신 속에서 비로소 진정한 자유의 가능성을 발견한다.

자유로운 어린아이의 정신은 세계와 생명에 대한 무한한 긍정을 통해 표현되는 디오니소스적인 것이라 할 수 있다. 기존의 가치 체계로부터 벗어나 새로운 가치를 창조하는, 현존하는 것을 무조건적으로 긍정하는, 그리고 자신에 내재하는 자연적인 생명의 힘에 의해서 무한히 상승하고 고양되는 니체의 디오니소스적인 자유는 어떤 상태를 의미하기 보다는 "활동" 자체라 할 수 있다. 즉 자유는 자신과 세계를 긍정하며, 자신의 자연적인 힘에의 의지를 맘껏 발휘하는 '활동' 속에서 표현된다. 니체에 의하면 "활동, 작용, 생성 뒤에는 어떤 '존재'도 없다. '활동하는 자'는 활동에 덧붙여 단순히 상상에 의해 만들어진 것이다. − 활동이 모든 것이다."[80] '활동'을 통해 나타나는 니체의 자유개념은 따라서 철저히 개체적인 것이라 할 수 있다. 활동은 개별적인 생명체의 움직임, 즉 개체의 힘에의 의지를 통해서만 드러날 수 있기 때문이다. 자유인은 "개체의 통치자"로서 가치창조를 통한 자기 입법과 힘에의 의지에 의한 자기 상승을 위해 활동하는 존재이다. 이러한 개체의 활동에 있어서 타인은 부차적인 의미를 지닌다. 타인은 개인의 자유를 확장하는 데 기여하기도 하며 훼손하기도 하지만, 이러한 모든 것은 궁극적으로 생명에 의해 추동되는 개별적인 생명체의 힘에의 의지에 의해 결정된다. 철저히 개인주의적인 니체의 이러한 자유개념은 데카르트의 독백적인 사유하는 자아의 자유로 이해되는, 혹은 홉즈의 자기보존을 위한 이기적 개인의 자유로 표현되는 근대의 개인주의적 자유의 연장선 속에 있으며, 근대적 개인주의의 완성된 표현이라 할 수 있다.

---

[80] F. Nietzsche, 『도덕의 계보』, 378쪽.

3. 프로이트(S. Freud): 무의식적 주체와 문명속의 불안

1) 자아의 구조

프로이트는 마르크스, 니체와 함께 현대성의 이념을 비판함으로써 현대성의 위기를 주도한 대표적인 사상가라 할 수 있다.[81] 마르크스가 현대성의 문제를 오직 경제적이고 사회적인 차원에서 접근했다면 니체는 철저히 도덕적이며 개인주의적인 관점에서 현대성을 문제시한다. 마르크스, 니체와는 달리 정신분석학자이자 정신과 의사인 프로이트는 자신의 사유를 개인들에게 나타나는 신경증이라는 지극히 개인적인 병리적 현상에서 시작하지만, 궁극적으로 문명비판이라는 사회적 차원으로 확대시킨다. 그는 개인들의 심리적인 병리 현상이 단순히 개인적인 문제만이 아닌, 사회적인 억압 구조, 특히 성적 욕망에 대한 사회적인 억압에서 야기된 것으로 이해하며, 성적인 욕망에 대한 억압의 역사가 인간의 문명화 과정과 밀접한 연관 속에 있다는 사실을 밝혀낸다. 특히 정신분석학적인 방법을 통해 신경증이라는 개인의 심리적인 병리현상을 치료하고자 했던 프로이트는 인간의 원초적인 쾌락본능과 함께 이러한 본능이 억압된 세계, 즉 무의식이라는 인간의 정신세계의 새로운 영역을 발견해 낸다. 그는 무의식의 세계를 해부함으로써 사유하는 존재에 대한 확실성을 근거로 인간을 자기 의식적인 주체로 규정하는 근대적인 사유에 근본적인 문제를 제기할 뿐 아니라 사회적으로 터부시되었던 성적본능의 문제를 공론화함으로써 인간 이해에 대한 새로운 지평을 연다.

---

[81] 이와 관련하여 투렌은 프로이트가 "현대성의 신화를 파괴"(172쪽)했으며 프로이트의 정신분석학은 "현대성의 이데올로기에 대해 행해진 가장 체계적인 공격"(156쪽)이라고 이해한다. A. Touraine, 『현대성 비판』, 정수복 · 이기현 옮김 (서울: 문예출판사, 1996).

정신과 의사였던 프로이트는 개인들의 심리적인 문제가 무엇보다도 사회적인 것과 개인적인 것 사이의 간극에서 생겨나며, 이러한 간극을 극복하려는 개인적인 노력이 억압을 통해 표출되는 것으로 이해한다. 즉 개인적인 욕망이 사회적으로 용인되지 않을 경우, 개인은 사회적인 층위에 적당한 방식으로 자신의 욕망을 억압한다. 이러한 과정에서 문제가 되는 것은 일차적으로는 개인의 쾌락욕망이며, 이차적으로는 이러한 욕망을 억압하는 사회적 규범이며, 마지막으로는 개인의 욕망을 사회적 규범에 의해 통제하는 기제, 즉 자기보존의 기제이다. 프로이트에 의하면 인간은 누구나 쾌락, 특히 성적인 쾌락을 추구하며, 이러한 쾌락을 충족할 때 비로소 행복해진다. 그는 오직 성적인 쾌락만이 "압도적인 쾌감을 가장 강렬하게 경험할 수 있게 해주며, 그리하여 행복 추구의 원형을 제공"[82]하는 것으로 이해한다. 그러나 이러한 성적인 욕망은 타인들과의 충돌, 즉 사회적인 충돌을 야기하며, 따라서 사회적 규범은 개인의 쾌락을 가능하게 하는 성적인 본능을 엄격하게 규제하는 방식으로 작동한다. 프로이트는 쾌락본능과 동일한 층위에서 인간을 지배하는 자기보존욕망을 개인의 쾌락본능과 사회적 규범을 매개하는 기제로 이해한다. 즉 그에 의하면 인간의 자기보존욕망은 결국 인간의 쾌락본능을 억압하고, 인간을 사회적 규범에 적합한 방식으로 행동하게 함으로써 사회적 충돌을 회피할 수 있게 하며, 이와 함께 개인들은 자신을 보존할 수 있게 된다. 그러나 개인들은 쾌락본능을 항상 성공적으로 억압할 수 있는 것은 아니다. 쾌락욕망이 강렬하여 규범이 지배하는 사회적 현실을 견뎌내지 못할 때, 쾌락본능에 대한 억압은 실패하게 되며, 결국 개인들은 심리적인 병리 현상을 겪게 된다.

프로이트는 인간의 심리적인 병리현상을 이해하고, 치료하기 위해 정

---

[82] S. Freud, 『문명속의 불만』, 김석희 옮김 (서울: 열린책들, 2004), 255쪽

신분석학적인 방법을 도입하며, 이를 위해 인간의 정신세계, 즉 자아의 구조에 대한 분석을 시도한다. 특히 그는 꿈의 분석을 통해 현실 속에서 드러나지 않는, 그러나 자아에게 막대한 영향력을 행사하는 무의식의 영역을 인간의 정신활동의 중요한 부분으로 새롭게 제시함으로써 근대와는 확연히 다른 방식으로 자아를 이해한다. 데카르트 이후 인간은 "사유하는 주체"로서 자신의 존재를 의식하고 파악할 수 있는, 자기의식적인 존재로 규정되었다. 근대적 자아는 자기 자신에 대한 확신을 지닌 주체적 존재일 뿐 아니라 자신을 타자로부터 명확히 구별하는 자기 동일적인 존재이다. 그러나 프로이트에게 자아는 더 이상 고정된 실체가 아니며, 분명하게 파악 가능한 자기 동일적인 존재도 아니다. 오히려 자아는 스스로 알 수 없는 어떤 내적인 힘인 리비도, 즉 본능에 의해 끊임없이 불안 속에서 표류하는 존재이며, 타자, 즉 타인들과의 관계를 포괄하는 외부세계에 의해 지속적인 영향을 받는 존재이자, 동시에 사회적 규범을 내면화한 초자아에 의해 지배받는 존재이다. 따라서 프로이트의 자아는 근대적 자아처럼 자기 동일성을 지닌 사유하는 존재로서 단일한 형태를 지닌 고정된 모습이 아닌, 다양한 관계들 속에서 비로소 구성될 뿐만 아니라 동시에 해체되는 분열적인 존재로 나타난다. 이와 관련하여 프로이트는 자아를 "세 주인을 섬겨야 하고 따라서 세 가지 위험, 즉 외부세계, 이드의 리비도, 초자아의 가혹함에서 오는 위험으로부터 위협받고 있는 가련한 존재"[83]로 규정한다.

　프로이트에 의하면 자아의 이러한 분열성은 성적본능과 자기보존본능이라는 자아의 원초적인 두 가지 본능과 이에 상응해서 나타나는 쾌락자

---

[83]　S. Freud, 『정신분석학의 근본 개념』, 윤찬기 · 박찬부 옮김 (서울: 열린책들, 2015), 402쪽.

아와 현실자아라는 자아의 이중성에 기인한다.[84] 그는 자아의 근본적인
목적을 쾌락으로, 그리고 이러한 쾌락은 오직 성적본능의 충족에 의해 가
능한 것으로 이해한다. 그러나 성적본능의 충족을 통해 쾌락을 추구하는
자아는 자기보존을 위해 외부세계와 필연적으로 관계하게 되며, 이러한
외부세계와의 접촉을 통해 자신의 쾌락이 원하는 방식대로 관철되지 않
을 뿐 아니라 때로는 전혀 관철될 수 없다는 것을 인지하게 된다. 자아에
내재해 있는 자기보존본능의 기제는 이러한 현실을 받아들이며, 현실의
원칙에 상응해서 자신의 쾌락을 규제하는 현실자아를 등장시킨다. 쾌락
자아가 철저히 쾌락을 목적으로 삼는 데 반해 현실자아는 자기보존에 근
거해 있으며, 자기보존을 위해 사회적 규범과 같은 현실원칙에 따라 쾌락
자아를 조정하고 억압한다. 프로이트에게서 쾌락본능과 자기보존본능은
인간의 정신세계를 규정하는 근원적인 본능이며, 따라서 자아는 대립적
인 두 본능 사이를 오가면서 자신을 구성한다.[85]

---

84 프로이트는 인간의 두 가지 본능, 즉 자기보존본능과 성적본능을 "배고픔과 사랑의
차이와 비슷"한 것으로 이해하며, 이러한 구분을 단순히 심리학적 가설이 아닌 "생
물학적 근거에 토대"를 두고 있음을 밝히고 있다. S. Freud, 같은 책, 52쪽 이하.
그는 "세계를 움직이는 것은 식욕과 사랑"이라는 실러의 말을 인용하면서 식욕에
의한 자기보존본능은 개체의 보존에, 사랑을 통해 표현되는 성적본능은 종족의 보
존에 기여하는 것으로 이해한다. S. Freud, 『문명 속의 불안』, 295쪽.

85 김석은 자아의 이러한 이중적 성격이 상호 대립적인 것이 아니라 "쾌락자아와 현
실자아를 역할 분담처럼 간주"함과 동시에 "쾌락자아가 중심이며 현실자아는 현실
과의 관계에서 이미 경험한 쾌락을 다시 추구하면서 쾌락자아를 보완하는 역할"을
하는 것으로 이해한다. 김석, 「쾌락자아와 현실자아」, 『철학과 현상학 연구』 (한국
현상학회, 2013), 38쪽.
그러나 쾌락자아와 현실자아를 단순히 역할 분담하는 방식으로 이해하는 김석의
견해는 프로이트 정신분석학의 핵심 개념 중의 하나인 억압이나 혹은 심리학적인
병리현상을 설명하는 데 어려움을 야기할 뿐 아니라 프로이트의 자아가 지닌 역동
성을 적절하게 포착하지 못한다. 프로이트에게서 쾌락자아가 중심이며 현실자아

> "쾌락자아가 〈소망〉만 할 뿐이며, 쾌락 생산에만 매진하고 불쾌는 회피하려고 노력한다면 마찬가지로 현실자아는 〈유용한〉 것만을 추구하고 손상을 당하지 않으려고 스스로의 경계를 늦추지 않는다."[86]

프로이트에 의하면 자기보존본능에 근거해 있는 현실자아는 때로는 "원초적인 1차의 정신과정"이라 할 수 있는 자아의 쾌락본능을 억압하기도 하며, "종교", "학문", "교육", "예술"로 유인함으로써 쾌락본능을 약화시키기도 한다. 그러나 현실자아가 쾌락만을 우선적으로 추구하는 쾌락자아를 항상 제어할 수 있는 것은 아니다. 또한 현실자아가 쾌락자아를 억압한다고 해서 자아의 쾌락본능이 완전히 소멸되는 것은 아니다. 따라서 쾌락본능과 자기보존본능은 조화를 이루기도 하지만, 어떠한 억압에도 변함없이 견고하게 자아의 내면에 존재하고 있는 쾌락본능은 의식적인 자아가 전혀 예측하지 못한 상태에서 불쑥 나타남으로써 현실자아와 갈등을 일으키기도 하며 현실자아를 혼란에 빠트리기도 한다. 또한 쾌락자아와 현실자아 사이의 긴장과 갈등이 지속될 때 자아는 분열적인 상태에 처하게 되며, 심리적인 병리현상을 일으키게 된다. 이와 같이 쾌락과 자기보존은 인간에 내재해 있는 근원적인 본능으로서 모든 인간의 행위를 규제하며 조정할 뿐 아니라 인간의 삶을 총체적으로 지배한다.

> "쾌락원칙이 정신 기관의 〈1차적〉 작업 방법에 고유한 것이기는

는 보완하는 역할을 하는 것이 아니라 쾌락자아와 현실자아는 기본적으로 대립해 있으며, 궁극적으로 "자아의 자기보존 영향 하에서 쾌락원칙은 현실원칙에 대치"된다. 즉 현실원칙에 근거한 현실자아가 쾌락자아를 억압함으로써 자기를 보존한다. S. Freud, 『정신분석학의 근본 개념』, 273쪽.

86 S. Freud, 같은 책, 18쪽.

하나, 외부 세계의 난관 가운데 처해 있는 유기체의 자기보존이라는 관점에서 볼 때 쾌락원칙은 처음부터 비효과적이고 심지어는 매우 위험스럽기까지 하다는 사실을 우리는 잘 알고 있다. 자아의 자기보존본능의 영향 하에서 쾌락원칙은 〈현실 원칙〉에 대치된다. 현실 원칙은 [...] 쾌락에 이르는 장구한 간접적인 여정에 대한 한 단계로서 만족의 지연, 만족을 얻을 수 있는 많은 가능성의 포기, 불쾌를 잠정적으로 참아내는 일을 요구하고 실행한다. 그러나 쾌락 원칙은 〈교육시키기〉가 대단히 힘든 성적본능에 의해서 구사되는 작업 방법으로서 끈질기게 지속된다. 그리고 쾌락 원칙은 이러한 본능에서 출발해서, 혹은 자아 그 자체 속에서 유기체 전체에 손상을 입히면서까지 현실 원칙을 극복하는 데 성공하는 경우가 허다하다."[87]

인간의 정신세계를 규정하는 현실자아와 쾌락자아는 프로이트에게 있어서 개인의 심리적인 병리현상을 설명하는 중요한 기제로 작동한다. 그러나 프로이트는 자신의 정신분석학을 좀 더 정교하게 발전시킨 후기에, 자기보존본능과 쾌락본능에 근거해 있는 자아를 하나의 동일한 리비도적 성격을 지니고 있는 자아로, 즉 자기보존본능이 쾌락에 근거해 있는 성적본능과 동일한 차원에 있는 것으로 이해한다. 쾌락본능과 자기보존본능을 대립적인 관계 속에서 파악했던 프로이트는 생명본능, 즉 에로스라는 개념을 통해 이 두 본능을 통합시킨다. 자아는 더 이상 쾌락자아와 현실자아의 분열로서가 아니라, 이드와 자아이상, 즉 초자아 사이의 긴장 속에서 구성된다.[88] 자아는 오직 쾌락의 원리만을 따르는 성적본능인 이드

---

87 S. Freud, 같은 책, 273쪽.
88 프로이트는 "우리는 잘 알지 못하고 통제할 수 없는 어떤 힘에 의해서 살게 된다고

와 어머니에 대한 사랑의 좌절로 형성된 오이디푸스 콤플렉스를 극복하기 위해 아버지에 대한 동일시로 나타나는 초자아와의 관계 속에서, 자기보존을 위해 외부세계와 관계하며 비로소 형성되는 것으로 나타난다. 프로이트에 의하면 아버지와의 동일시 과정을 거쳐 형성된 초자아는 아버지가 내면화한 사회적 규범이나 관습에 대한 복종을 통해 자아를 규제한다. 즉 초자아는 한편으로는 어머니에 대한 사랑의 좌절과 함께 아버지에 대한 두려움으로 인한 동일화 과정을 통해 형성된다는 점에서, 그리고 다른 한편으로는 이러한 동일화 과정이 사회적 규범에 대한 순응을 가능하게 한다는 점에서 생물학적 성격과 함께 역사학적 성격을 지닌 결과로 나타난다. 따라서 외부세계와 관계하며 자기보존원칙에 지배되는 자아는 어떠한 가치도, 어떠한 선악도, 어떠한 도덕도 알지 못함으로써 자아를 위험에 처하게 하는 이드와 이드가 요구하는 쾌락을 억압하는 초자아의 과도한 요구에 때로는 복종하고, 때로는 통제하고 조절하면서 이들과 조화를 이루기 위한 긴장 속에서 불안하게 존재한다.[89]

주장하는" 그로테크(G. Groddeck)로부터 무의식 속에 있는 자연적인 충동을 의미하는 이드(das Es)라는 개념을 차용하였는데, 그는 그로데크가 "비인간적인 것, 다시 말해 자연법칙의 지배를 받는 것들을 표현하기 위해 습관적으로 이 문법적 용어를 사용"한 니체로부터 이러한 개념을 받아들인 것으로 이해한다. S. Freud, 같은 책, 361쪽 이하 참조.

89 피터게이는 프로이트의 이러한 자아를 "내부와 외부의 요구에 대처하는 인류 최고의 도구"로 규정한다. P. Gay, 프로이트 II, 정영목 옮김 (서울: 교양인, 2014), 115쪽. 프로이트는 외부세계와 초자아, 그리고 이드라는 세 주인을 섬기는 자아가 "세 가지 위험에 노출되어 그것들의 지나친 압박을 받게 되면 불안공포로 반응"하게 되는 것으로 이해한다. 이러한 불안은 "외부세계에 대한 실재적 불안, 초자아에 대한 양심의 불안, 이드 안에 있는 억누를 수 없는 열정에 대한 신경증적 불안"으로 나타난다. S. Freud, 『새로운 정신분석강의』, 임홍빈 · 홍혜경 옮김 (서울: 열린책들, 2014), 106쪽 이하.

프로이트는 자아가 쾌락본능에 의존하는 이드와 사회적 규범에 대한 순종을 통해 표현되는 초자아의 영향력을 완전하게 벗어나지는 못하지만 이 둘 사이의 경계에서 자신을 중재자의 위치에 세우려고 노력하는 것으로 이해한다. 그에 의하면 자아의 이러한 노력은 무엇보다도 생명에의 본능인 에로스에 의해 추동된다. 자아는 성적 욕망에 의존해 있는 쾌락본능과 자기보존본능이 결합된 생명본능인 에로스에 의해 유도됨으로써 절제하지 않는 이드에 의해 파멸되지 않도록, 그리고 억압적인 초자아에 의해 질식당하지 않도록 자신의 쾌락을 조절하며, 자신을 보존한다. 또한 "유기체를 점점 더 큰 통일체로 결합"[90]시키는 힘인 에로스에 의해 자아는 자신의 고립적인 세계를 벗어나 타인들과 결합할 뿐 아니라 외부로 자신을 확장시킨다. 따라서 에로스는 소극적으로는 자기보존을 위해 쾌락본능인 이드를 억압함으로써, 적극적으로는 이드를 다른 방향, 즉 종교와 예술, 학문과 교육 등으로 승화함으로써 자아로 하여금 쾌락본능을 완전히 포기하지 않으면서 자신을 외부세계와 연결하는 궁극적인 힘이라 할 수 있다. 생명본능인 에로스가 수행하는 억압과 승화는 프로이트의 정신분석학과 문명이론을 설명하는 핵심적인 개념이다. 그는 억압을 개인의 심리적인 병리현상을 야기하는 궁극적인 원인으로, 그리고 승화를 인간의 문명화 과정을 가능하게 하는 원동력으로 이해한다.

프로이트에 의하면 에로스적인 자아는 쾌락본능을 추구하면서 동시에 억압하며, 종교와 예술, 그리고 학문과 교육을 통해 자신을 승화시킴으로써 자신의 생명을 지속시키는 존재이다. 쾌락본능은 억압이나 승화에 의해 완전히 사라지는 것이 아니며, 자아가 인지하지 못하는 무의식의 세계에 숨어 있다가 어느 순간 불쑥 나타나 자아를 괴롭힌다. 따라서 자아

---

[90]　S. Freud, 『정신분석학의 근본 개념』, 315쪽.

는 쾌락본능과 지속적인 투쟁 상태에 있으며, 근대적 자아처럼 고정된 실체가 아닌, 때로는 쾌락본능인 이드에 의해 지배되며, 때로는 사회적 규범을 내면화하는 초자아에 의해 억압되는, 항상 불안하게 둘 사이의 긴장 속에서 끊임없이 유동하는 존재라 할 수 있다.

2) 무의식과 쾌락본능

프로이트는 자신의 심리치료 방법인 정신분석학을 인간의 정신활동의 두 층위, 즉 의식의 세계와 무의식의 세계로 구분하는 것으로부터 출발한다. 그에 의하면 "정신계를 의식적인 것과 무의식적인 것으로 나누는 것은 정신분석학의 기본전제"[91]이다. 정신분석학은 심리적인 병리현상의 원인을 규명하고, 꿈의 분석과 최면이라는 방법을 통해 심리치료를 하는 과정에서 인간의 의식세계에 드러나 있지 않는, 그러나 인간의 정신적인 활동에 중요한 영향력을 행사하는 무의식의 세계를 추론해 낸다. 그에 의하면 무의식은 현실세계나, 혹은 정상적인 정신 상태에서는 인식될 수 없으며 오직 "꿈과 신경증이라는 조건에서만"[92] 인식될 수 있다. 또한 그는 모든 인간은 밖에 드러낼 수 없는 소원을 지니고 있으며, 이러한 소원은 오직 의식이 없는, 꿈의 상태에서만 나타난다고 주장한다.[93] 프로이트는 철학적 관심에서 무의식에 관한 논의를 시작한 것은 아니지만, 무의식에 관

---

91 S. Freud, 같은 책, 348쪽.
92 S. Freud, 같은 책, 191쪽.
93 S. Freud, 『꿈의 해석』, 김인순 옮김 (서울: 열린책들, 2018), 164쪽 이하 참조.
    김상환은 프로이트의 이러한 무의식의 영역을 "체험하고 확신할 수는 있으나 재현하거나 말로 잡을 수 없는 자기 은폐적 사건"으로 규정한다. 그에 의하면 무의식은 드러나되 숨는 "이중적 성격을 통해 구체적으로 현시"되는데, 즉 "말실수와 착오를 일으키면서, 논리에 장애를 일으키면서 드러난다. 그러나 드러나되 동시에 숨는다." 김상환, 『니체, 프로이트, 맑스 이후』 (서울: 창작과 비평사, 2003), 49쪽.

한 그의 사유는 근대 이후 지배적인 의식적 주체로서의 인간에 대한 철학적 접근 방식에 균열을 야기했다.[94] 즉 그가 발견한 무의식의 세계는 인간을 자각적이며 자율적인 이성의 지배를 받는 주체적 존재로만 이해하는 근대적 사유, 즉 "현대성"으로 대변되는 근대적 사유의 한계를 명확히 드러내준다. 또한 충동과 본능으로 얽혀진, 그러나 우리에게 전혀 알려지지 않은 심연의 세계인 무의식의 영역은 더 이상 거부할 수 없는 인간의 정신활동으로서 현대의 철학적 논의에 중요한 단초를 제공할 뿐 아니라 현대의 철학적 담론에 여전히 지배적인 영향력을 행사하고 있다.[95]

프로이트의 심리치료방법인 정신분석학은 인간의 무의식의 세계를 전제하고, 이러한 무의식의 세계를 해부하는 것에서 시작한다. 무의식은 의식의 세계에서 인지할 수 없지만 인간의 사고와 행동에 영향을 미치는 "원초적인 1차적인 정신과정"[96]으로서 인간의 정신을 지배하는 감추어진 질서라 할 수 있다.[97] 무의식은 심리적인 안정상태가 무너지고 병리적인

---

94 라캉은 프로이트가 무의식에 대한 연구를 통해 근대적인, 즉 데카르트적인 주체의 확실성을 해체시켰으며, "프로이트의 (무의식의) 발견은 코페르니쿠스의 혁명과 견줄 수 있는" 것으로 이해한다. J. Lacan, 『욕망 이론』, 권택영 옮김 (서울: 문예출판사, 2003), 78쪽 이하.

95 김상환은 "무의식을 감당하지 못하는 철학, 정신분석이 도달한 이론적 높이에 도달하지 못한 철학은 현대성을 결여"하고 있다고 진단한다. 김상환, 같은 책, 40쪽. 또한 프로이트의 무의식의 역동적 성격을 강조한 김석은 프로이트의 무의식 이론이 "현대 뇌과학의 성과에 대해 유효한 역할을 할 수 있음"을 밝히고 있다. 김석, 같은 논문, 31쪽.

96 S. Freud, 『정신분석학의 근본 개념』, 12쪽.

97 라캉은 무의식의 독일어인 "Unbewußte"의 Un이 "결여"의 의미를 지니며, 무의식은 "그 속에서 꽃피워진 모든 것이 균사체처럼 하나의 중심점을 놓고 퍼져나가는 수준에 있다"는 사실을 강조한다. 그에 의하면 프로이트의 무의식은 "어떤 존재의 수준"을, "결정되지 않은 것으로서의 주체"를 의미한다. J. Lacan, 『정신분석학의 네 가지 근본 개념』, 맹정현 · 이수련 옮김 (서울: 새물결, 2008), 46쪽.

증상이 나타나는 원인이며, 동시에 의식의 단절성의 문제를 극복할 수 있는 근거이다.[98] 프로이트는 무의식의 발견과 함께 의식을 자아를 구성하는 유일한 영역으로 이해하는 근대적 사유를 비판하면서 "정신분석학은 정신계의 본질을 의식 속에 위치시키지 않고 의식을 정신적인 것의 한 특성으로 간주하며 이것이 다른 특성들과 덧붙여 존재할 수도 있고 부재할 수도 있다는 입장"[99]을 취하고 있음을 강조한다. 그에 의하면 인간의 정신활동은 겉으로 드러나 있는, 따라서 인식가능한 정신작용으로서 대지의 표면에 있는 것과 같은 의식과, 아직은 의식되지 못하지만 특정한 조건이 주어지면 의식될 수 있는 대지의 지표와 같은 전의식, 그리고 전혀 밖으로 드러나지 않은, 대지의 심연에 있는 무의식이라는 지형학적 구조로 이루어져 있다.

프로이트는 경험할 수 없는, 오직 상징적으로만 존재하는 무의식의 세계를 의식에 대해 시간적으로나 발생론적으로 선행하는 세계로 규정하며, 쾌락과 억압이라는 두 가지 특성을 통해 설명한다. 그에 의하면 무의식은 의식적인 사유와는 가장 멀리 떨어져 있지만 그러나 가장 '원초적인 1차적 정신과정'이라 할 수 있는데, 이러한 무의식은 오직 "쾌락 – 불쾌의 원칙, 또는 더 간단히 쾌락원칙"[100]에 의해 규제된다.

‖　"원초적인 제 1차의 정신 과정들은 쾌락을 추구한다. 따라서 불쾌　‖

---

[98] 무의식이 존재한다는 확신에 이르는 프로이트적 사유의 길을 "모든 사유가 불확실해지는 곳에서 확실한 사유를 발견하는" 데카르트적인 회의의 길과 유사한 것으로 이해하는 김상환은 프로이트의 무의식을 "부재하는 사유"로 규정한다. 김상환, 같은 책, 46쪽.

[99] S. Freud, 같은 책, 348쪽.

[100] S. Freud, 같은 책, 12쪽.

를 조장하는 사건이 있다면 자연히 정신활동은 그 사건으로부터 물러서게 된다.(바로 억압과정이 일어나는 것이다.) 밤에 꾸는 꿈, 그리고 우리가 깨어 있을 때 괴로움을 주는 여러 인상들에서 벗어나려는 성향을 지니고 있다는 점, 이런 것들이 바로 쾌락원칙 때문에 생기는 결과이자 그 원칙이 어느 정도의 힘을 지니고 있는지의 증거가 되는 것이다."[101]

프로이트에 의하면 인간의 정신은 쾌락 원칙에 따라 자동적으로 진로를 결정하며, 쾌락에 대한 추구는 하나의 "소원충동"으로서 어떠한 것으로부터도 걸러지지 않은 인간의 근원적인 본능이다. 따라서 쾌락본능은 무조건적으로 그리고 무분별하게 만족되는 것을 요구한다. 프로이트는 이러한 쾌락의 원칙을 "불쾌는 흥분의 증가에, 그리고 쾌락은 그것의 감소"에 있는 것으로, 즉 인간의 마음 속에 내재하는 흥분의 양과 연관시켜 설명한다. 즉 그는 정신기관이 "흥분의 양을 가능하면 낮은 상태로, 혹은 적어도 일정한 상태로 유지하고자 노력"[102]하는 것을 통해 인간이 쾌락원칙에 지배된다는 사실을 추론해 낸다. 그에 의하면 이러한 쾌락 원칙은 무엇보다도 원초적인 성적본능과 연관되어 있으며, 성적본능의 충족을 통한 쾌락본능은 무조건적인 만족을 원하지만, 사회적 규범이 지배하는 현실세계 속에서 때로는 좌절되며, 억압된다. 그러나 프로이트는 이러한 억압을 통해 쾌락본능이 완전히 사라지는 것은 아니며, 무의식 속에 떠밀려 있는 것으로 이해한다. 따라서 인간의 무의식은 쾌락본능들로, 그리고 구체적으로는 원초적 본능이라 할 수 있는 성적 충동, 즉 리비도가 집중

---

101 S. Freud, 같은 책, 12쪽 이하.
102 S. Freud, 같은 책, 270쪽 이하.

된 내용들로 구성되어 있다.

프로이트에 의하면 쾌락의 만족을 주된 목표로 삼고 있는 무의식 영역은 "무시간성"[103]을 특징으로 한다. 의식의 세계에서 일어나는 일들은 시간의 순서에 따라 변화할 뿐 아니라, 시간의 흐름에 따라 잊혀지기도 하고 사라지기도 하지만, 무의식에서 발생하는 리비도는 이러한 시간성과 전혀 상관없이 어느 순간 예고 없이 강렬하게 나타나며 시간의 흐름 속에서 변화하거나 사라지지 않는다. 또한 무의식의 과정들은 현실세계와는 어떠한 연관도 지니지 않은 채 오직 쾌락원칙에 따라 움직일 뿐이다. 따라서 무의식에서 작동하는 쾌락본능이 현실세계와 갈등을 일으킬 때 이러한 쾌락본능은 사라지지 않고 억압된 형태로, 현실세계 속에 드러나지 않은 형태로 무의식의 영역에 남아 있게 된다. 프로이트는 이러한 무의식의 세계가 우리에게 인지되는 대표적인 사례로 꿈을 든다. 그에 의하면 인간의 꿈은 무의식 속에 갇혀 있는 다양한 억압의 내용들을 나타나게 해주는, 그리고 의식에 나타날 수 없는 소원들을 성취해주는 장소이다. 따라서 꿈의 분석은 인간이 의식 세계 속에서 인지하지 못하는 무의식의 내용들을, 무엇을 원하고, 무엇이 억압되고 있는지를 해명해준다. 프로이트는 꿈을 통해 의식과는 다른 세계, 즉 무의식의 세계를 추론함으로써 오직 쾌락본능에 규제되는 무의식이 표면에 자신을 드러내지 못하는 억압의 형태를 자신의 필연적인 속성으로 지니게 되는 것으로 이해한다. 따라서 인간의 모든 정신적 활동은 '원초적인 1차적인 정신과정'으로서 쾌락을 추구하는 무의식적인 과정으로부터 출발하며, 이러한 것이 현실세계로부터 저항을 받는지의 여부에 따라 억압된 채로 무의식적인 영역에 머물러 있기도 하고, 의식의 세계로 나타나기도 한다.

---

[103] S. Freud, 같은 책, 297쪽.

프로이트는 무의식의 영역에 잠재해 있는 쾌락충동이 표면에 드러나지 못하도록 방해하는 억압을 처음부터 존재하는 방어기제에 의해서가 아닌, "의식의 정신활동과 무의식의 정신활동사이에 확연한 간극"[104]이 발생할 때 비로소 작동하는 것으로 이해한다. 그에 의하면 억압의 본질은 어떤 것을 의식으로 진입하지 못하게 하여 의식과 거리를 두게 하는 데 있는 것이다. 무의식적 충동은 쾌락을 얻고자 하는 철저히 개인적인 정신활동이지만, 이러한 활동을 방해하는 억압이 일어나는 이유는 무엇보다도 다양한 인간들과 공존해야 하는 현실세계의 사회적 규범들과 밀접하게 관련이 있으며, 이러한 규범들이 의식의 층위에서 발생하는 정신활동에 영향력을 행사하기 때문이다. '1차적인 정신과정'인 무의식이 "자유롭게 전이가 가능한 리비도 집중"이라면, 2차적인 과정으로 나타나는 의식은 "구속된 리비도 집중"으로서 정신활동의 검열과정을 거친, 리비도의 억압을 통해 표출된다.[105] 인간의 정신활동을 구성하는 두 영역인 의식과 무의식, 그리고 이 두 층위에 걸쳐있는 억압의 기제를 통해 개인의 삶은 분열적인 이중적 상황에 처하게 된다. 즉 "개인은 실제로는 이중의 생활을 영위한다. 하나는 자신의 목적을 추구하는 삶이고, 또 하나는 개인의 의지에 반해서, 아니면 적어도 어쩔 수 없이 종의 연쇄 사슬의 한 구성원으로 영위하는 삶이다."[106]

쾌락의 원칙, 성적인 욕망에 의해 움직이는 "1차적인 정신과정"으로서 무의식의 영역과 이러한 원칙이 무조건적으로는 용인되지 않은 의식의 영역 사이의 간극과 그로부터 야기되는 긴장은 프로이트에게서 인간

---

104 S. Freud, 같은 책, 139쪽.
105 S. Freud, 같은 책, 16쪽.
106 S. Freud, 같은 책, 52쪽.

의 심리적인 병리 현상뿐 아니라 인간과 사회, 그리고 문명의 역사를 이해하는 근본적인 토대를 이루고 있다. 즉 무의식과 의식, 그리고 이들 사이에 야기되는 억압은 인간을 지배하는 필연적인 정신의 과정이며, 특히 억압은 사회적 규범과 함께 공동체의 질서를 가능하게 할 뿐 아니라 동시에 개인의 다양한 병리적 현상을 야기하는 원천이기도 하다. 또한 억압은 단순한 일회적 현상으로 끝나는 것이 아닌, 무의식 속에서 인간의 성적본능, 즉 리비도가 변함없이 존재하고, 동시에 지속적으로 의식의 영역으로 침투하려고 하는 한, 인간의 삶 전체를 통해 반복적으로 작용하며, 이와 함께 인간의 삶의 내용을 총체적으로 지배하고, 삶의 내용에 절대적인 영향력을 행사하는 핵심적인 기제이다.

결국 인간의 정신생활은 성적본능을 만족시킴으로써 행복해지려는 무의식적 추동력과 이러한 추동력이 적나라하게 노출되지 않도록 억압하는 의식적 노력 사이의 지속적인 전쟁 상태에 놓여 있다고 할 수 있다. 프로이트는 인간의 정신활동이 의식과 무의식 사이에 나타나는 이러한 긴장을 견뎌내지 못할 때 다양한 병리적인 현상이 나타나는 것으로 규정한다. 그에 의하면 긴장이 개인의 내부에서 폭발할 때 개인들은 심리적인 병리 현상을 겪게 되며, 이러한 긴장이 외부로 표현될 때 사회적 규범을 거부하는 범죄나 폭력으로 나타난다. 역사 속에서 끊임없이 반복되는 전쟁은 이러한 폭력의 집단적인 형태로 이해될 수 있다. 즉 프로이트는 쾌락본능에 의존해 있는 무의식의 세계에 대한 분석을 통해 개인의 심리적인 현상뿐만 아니라 사회적인 병리 현상을 해명하며, 무의식에 억압되어 있는 쾌락본능들이 궁극적으로 공동체를 해체하거나 더 나아가 문명을 파괴할 수 있는 에너지로 변환될 수 있는 가능성을 함축하고 있다는 사실을 드러낸다.

3) 생명본능과 죽음본능

프로이트의 정신분석학은 초기에는 성적인 욕망에 의존해 있는 쾌락본능과 자기보존본능이 상호 대립해 있는 이분법적 구조로부터 시작한다. 그러나 나르시즘에 대한 분석을 통해 프로이트는 자기애가 자기 자신에 대한 성적본능뿐 아니라 자기보존본능을 동시에 함축하고 있음을 인지하게 된다. 즉 그는 성적 충동을 일으키는 리비도가 대상에만 향해 있는 것이 아니라 자아를 향하기도 하며, 이러한 리비도의 "진정한, 최초의 저장소"[107]가 자아라는 사실을 통해 정신분석학의 초기에 견지했던 이 둘 사이의 대립적인 관계를 에로스로, 즉 생명본능으로 통합시킨다. 프로이트에게 자아는 쾌락을 추구하는 성적본능을 규제하고 억압함으로써 자신의 현 상태를 유지하려는 자기보존본능과 이러한 자기보존본능을 무시하고 자신을 관철하려는 성적본능 사이의 긴장 관계 속에 있는 것으로 간주되었다. 그러나 프로이트는 성적본능과 마찬가지로 자기보존을 추동하는 힘이 리비도라는 사실을 밝혀냄으로써 이 두 본능이 모두 생명현상과 밀접하게 관련을 맺는 것으로 이해한다. 성적본능과 자기보존본능, 즉 실러의 용어를 빌리자면 '사랑과 배고픔'은 단순히 양자택일의 문제가 아닌, 생명을 지속하려는 동일한 에너지에 의해 추동되는, 그리고 두 본능 모두 적절한 방식으로 충족되어야만 하는 원초적인 본능인 것이다.

프로이트는 정신분석학적 사유의 초기에 견지해왔던 성적본능과 자기보존본능 사이의 긴장을 생명본능을 통해 해소하며, 새로운 대극항으로 죽음의 본능을 도입한다. 그는 신경증 환자들을 치료하는 과정 중에 환자들이 불쾌를 야기하는 행위를 지속적으로 반복하는 반복 강박증에 시달리는 것을 관찰하게 되며, 이러한 일들이 "악운에 의해 쫓기거나 어떤 악

---

107 S. Freud, 같은 책, 327쪽.

마적인 힘에 의해 붙잡혀 있는"[108] 것처럼 건강한 사람에게도 나타나는 것을 경험하게 된다. 모든 행위의 원천을 쾌락본능에서 찾고자 했던 프로이트는 불쾌감을 야기하는 행위를 반복하는 반복 강박증이 쾌락본능이나 자기보존본능과는 다른 본능에 의해 추동된다는 사실을 깨닫게 된다. 그는 생명체가 유기체 이전의 비유기적 상태인 무생물체로부터 생겨났으며, 모든 생명체는 본래의 상태로 되돌아가려는 본능을 지닌다는 가설을 통해 결국 모든 생명체가 무생물체, 즉 죽음을 향하고 있다는 결론에 도달한다.

> "생명체의 목표는 옛 상태, 즉 그곳으로부터 생명체가 과거 어느 시점에서 떨어져 나왔고 또 그곳을 향하여 그것이 지금까지 발전해 나온 길을 굽이 굽이 거슬러 돌아가려고 하고 있는 그 어떤 처음의 상태에 있음이 틀림없다. 만약 우리가 살아 있는 모든 것은 내적인 이유로 죽는다 – 다시 한번 무기물이 된다 – 는 것을 하나의 예외 없는 진리로서 받아들인다면, 우리는 〈모든 생명체의 목적은 죽음이다〉라고 말하고 또한 뒤를 돌아보면서 〈무생물체가 생물체보다 먼저 존재했다〉라고 말하지 않을 수 없을 것이다."[109]

프로이트는 생명체에 대한 이러한 설명과 함께 인간을 포함한 모든 생명체의 근원적인 본능을 생명본능과 죽음본능으로 규정한다. 그에 의하면 모든 생명체는 "생물개체를 보존하려는 본능과 그것을 점점 더 큰 단위로 결합시키려는 본능 이외에 그와는 정 반대인 또 다른 본능, 즉 그 단

---

[108] S. Freud, 같은 책, 289쪽.
[109] S. Freud, 같은 책, 310쪽.

위를 해체하여 원래의 무기물 상태로 돌려보내는 본능"[110], 즉 자신의 존재를 유지하고 확장하려는 생명본능과 마찬가지로 자신의 원래의 상태로 돌아가려는 죽음의 본능을 동시에 지니고 있다. 생명본능을 구성하는 성적본능과 자기보존본능을 대립적인 것으로 규정했던 프로이트는 죽음본능을 받아들임으로써 생명본능과 죽음본능 속에서 새로운 대립적인 관계를 발견한다. 프로이트에게서 인간의 삶을 규정하고 현실 세계를 움직이는 중요한 원리는 더 이상 '사랑과 배고픔'을 통해 표현되었던 성적본능과 자기보존본능이 아니라 "사랑(혹은 애정)과 증오(혹은 공격성)"[111]라는 생명본능과 죽음본능이다.

프로이트는 그의 사유의 초기에 사디즘과 마조키즘을 성적본능으로만 이해한다. 사디즘은 대상을 향해 능동적으로, 마조키즘은 자기 자신을 향해 수동적으로 고통을 가하는 것이다. 사디즘과 마조키즘을 통해 획득하게 된 고통은 단순한 고통이 아니라 쾌락을 위한 고통이며, 고통과 함께 오는 성적 흥분을 즐기는 것이다. "다른 불쾌한 감각과 마찬가지로 고통은 성적 흥분을 일으키면서 쾌락의 조건을 마련하게 되고, 자연히 해당 당사자는 그 쾌락을 위해 고통의 불쾌감을 기꺼이 경험으로 받아"[112]들임으로써 타인에 대한 성적 학대인 사디즘이나 자기 자신에 대한 성적 학대인 마조키즘이 발생하게 된다. 따라서 사디즘과 마조키즘은 오직 성적인 쾌락을 위한 개인의 행위이며, 따라서 이러한 행위는 성적본능으로부터 추론된다.

그러나 죽음본능을 생명체가 지닌 근원적인 본능으로 새롭게 이해하

---

[110] S. Freud, 『문명 속의 불안』, 297쪽.
[111] S. Freud, 『정신분석학의 근본 개념』, 329쪽.
[112] S. Freud, 같은 책, 116쪽.

게 된 프로이트는 죽음본능을 파괴본능, 혹은 공격본능과 동일시함으로써 사디즘과 마조키즘을 생명체에 내재한 죽음본능에 의한 것으로 규정한다. 죽음본능은 유기체로서 생명체가 원래의 상태인 비유기적 상태인 무생물체로 돌아가려는 본능이지만, 이러한 본능이 외부 세계로 향하게 될 때 죽음본능은 외부 대상에 대한 파괴와 공격본능으로 나타나게 된다. 따라서 사디즘은 대상에 대한 파괴본능이 표출된 것이며 마조키즘은 자기 자신에 대한 파괴본능의 표현이라 할 수 있다. 사디즘과 마조키즘은 심리적인 병리현상으로서 죽음본능이 현실에서 나타나는 구체적인 사례들이며, 인간에게 내재해 있는 죽음본능은 현실세계에서 폭력과 전쟁 등을 통해 드러난다. 파괴와 공격본능을 무의식 속에 억압된 성적본능의 표출로만 이해했던 프로이트는 죽음본능을 새롭게 발견해냄으로써 폭력과 전쟁이라는 비극적 요소를 인간의 삶에 불가피하게 내재되어 있는 운명적인 것으로 받아들인다.

> "인간은 강력한 공격본능을 타고난 것으로 추정되는 동물이다. 따라서 이웃은 그들에게 잠재적인 협력자나 성적 대상일 뿐 아니라, 그들의 공격본능을 자극하는 존재이기도 하다. 인간은 이웃을 상대로 자신의 공격본능을 만족시키고, 아무 보상도 주지 않은 채 이웃의 노동력을 착취하고, 이웃의 동의도 받지 않은 채 이웃을 성적으로 이용하고, 이웃의 재물을 강탈하고, 이웃을 경멸하고, 이웃에게 고통을 주고, 이웃을 고문하고 죽이고 싶은 유혹을 느낀다."[113]

인간에게 내재해 있는 죽음본능에 의해 인간의 삶은 항상 파괴본능의

---

[113] S. Freud, 『문명 속의 불안』, 289쪽.

위험에 노출되어 있으나, 동시에 생명본능, 에로스는 이러한 죽음본능을 순화함으로써 인간에게 생명에의 힘을 부여하고, 생명을 유지하는 것을 가능하게 한다. 즉 "에로스의 목적은 개인을 결합시키고, 그 다음에는 가족을 결합시키고, 그 다음에는 종족과 민족과 국가를 결합시켜, 결국 하나의 커다란 단위 - 즉 인류 - 로 만드는 것"[114]에 있기 때문이다.[115] 프로이트는 죽음본능을 이러한 생명본능으로 전환시키는 기제를 인간의 양심, 즉 죄책감에서 발견한다. 타인에 의존적일 수밖에 없는, 따라서 무력한 어린아이에게 에로스적 본능, 즉 생명본능은 사랑을 상실할 것에 대한 두려움으로 나타난다. 이러한 두려움은 어린이로 하여금 외부 세계, 즉 권위를 지닌 사람에 대한 무조건적인 복종을 가능하게 하며, 이러한 복종이 외부 세계의 규범을, 즉 권위를 지닌 사람이 지시하는 바를 수용하게 하는 초자아를 형성한다. 이러한 초자아가 죄책감과 양심의 가책을 지니게 하며, 이러한 죄책감과 양심의 가책이 죽음본능인 공격본능을 약화시킨다. 그에 의하면 죄책감은 "개인의 내부에서 공격성을 감시하는 주둔군"[116]으로서 개인의 위험한 공격 욕구를 통제하는 인간의 내면적인 기제이기 때문이다.

> "우선 〈외부〉 권위자에게 공격당할지도 모른다는 두려움 때문에 본능을 자제한다. (물론 이 두려움은 사랑을 잃을지도 모른다는 두려움이다. 사랑은 이 징벌적 공격을 막아 주는 보호막이기 때문이다.)

---

[114] S. Freud, 같은 책, 301쪽.

[115] 프로이트는 특히 파괴본능의 표현인 전쟁과 관련하여 "인간이 전쟁에 기꺼이 호응하는 것이 파괴본능의 결과라면, 가장 두드러진 방책은 파괴본능의 적수인 에로스로 하여금 거기에 저항하도록 하는 것"이라고 말한다. S. Freud, 같은 책, 349쪽.

[116] S. Freud, 같은 책, 303쪽.

그 후 〈내면〉 권위자가 확립되고, 내면 권위자에 대한 두려움, 즉 양
심의 가책 때문에 인간은 본능을 자제한다."[117]

인간에게 행복을 안겨주는 성적본능의 억압이 개인에게 심리적인 병
리현상을 일으키며 사회적인 폭력을 야기하는 원인으로 이해했던 프로
이트는 인간에게 내재해 있는 죽음본능을 받아들임으로써 사회적 폭력과
전쟁의 원인을 좀 더 구체적으로 해명할 수 있게 된다. 죽음본능은 원초
적인 본능으로서 인간의 공격충동을, 그리고 파괴충동을 야기하며, 죽음
본능을 억제하는 죄책감과 초자아의 규제가 없을 경우, 죽음본능은 언제
든 인간의 행위를 결정하는 원리로 나타나게 된다.

모든 것을 파괴하려는 죽음본능과의 투쟁이 문명의 역사이며, 따라서
문명은 "인간의 상호 공격적인 성향을 제거하는 것"[118]을 중요한 목표로 삼
고 있다. 문명은 인간의 상호 관계를 규정하는, "네 이웃을 네 몸처럼 사랑
하라"는 보편적인, 혹은 종교적인 윤리의식과 더불어 사회적 규범을 따를
것을 명령하며, 이와 함께 이러한 규범을 내면화하는 초자아를 발달시킨
다. 초자아의 발달은 인간에게 쾌락을, 그리고 행복을 가져다주는 이드, 즉
성적본능을 억압하게 되며, 이러한 억압은 결국 개인들을 불행하게 할 뿐
아니라, 언제든 이러한 억압이, 그리고 불행이 개인들에게 공격본능으로
무장할 수 있는 기회를 제공한다. 결국 문명은 억압과 쾌락 사이의 딜레마
속에서, 그리고 생명본능과 죽음본능 사이의 긴장 속에서 늘 해체될 위협
에 처해 있으며, 따라서 지속적인 불안정성의 토대 위에서 발전하게 된다.

---

[117] S. Freud, 같은 책, 308쪽.
[118] S. Freud, 같은 책, 325쪽.

4) 자기보존본능과 문명

프로이트가 발견한 위대한 업적 중의 하나는 문명이 인간의 자연적 본능에 대한 억압을 필연적으로 수반한다는 사실이다. 물론 문명에 대한 프로이트의 이러한 고발이 새로운 것은 아니다. 문명이, 그리고 이러한 문명을 가능하게 한 이성이 최고의 가치를 부여받았던 유럽의 근대에서조차 프랑스의 철학자인 루소와 독일의 낭만주의자들은 문명에 내재한 불편함을 이미 감지했으며, 문명의 발전에 회의적이었기 때문이다. 문명에 대한 프로이트의 논의가 현대 철학적 담론에서 중요한 의미를 지니게 된 것은 문명에 대한 그의 비판이 아니라, 그가 문명에 내재해 있는 인간 삶의 복합적인 요소를 새롭게 해명해내었기 때문이다. 프로이트는 인간의 자연적 본능과 문명 사이에 놓인 적대적인 관계를, 즉 문명이 인간의 자연적 본능을 억압함으로써 인간의 본질적인 행복에 적대적이지만, 동시에 인간의 생존을 위해 필연적이라는 사실을 밝혀냄으로써 문명 속에 함축된 인간의 행복과 생존 사이의 숙명적인 모순관계를 드러낸다. 이와 함께 그는 문명이 필연적으로 초래하게 되는 개인의 심리적인 병리현상 뿐 아니라 문명 속에 내재해 있는 폭력성의 원천을 새롭게 규명해 낸다.

철학적 사유가 시작된 이래 인간의 자연적인 본능과 욕망은 늘 경계의 대상이었다. 자연적인 본능으로부터 야기된 인간의 욕망이 성적인 쾌락을 의미하든, 혹은 자기보존을 위한 물질적이고 육체적인 확장에 향해 있든, 인간의 본능과 욕망은 개인의 도덕적이고 올바른 삶에, 그리고 공동체의 질서에 위협적인 것으로, 따라서 본능의 억압은 윤리적인 관점에서, 종교적인 관점에서, 그리고 정치적인 관점에서 모두 당연한 것으로 간주되었다. 홉즈와 칸트를 위시한 근대의 대부분의 철학자들 또한 자연적인 본능을 이성과 대비되는, 따라서 이성에 의해 조절되고 억압되어야 하는 것으로 이해하였다. 그러나 프로이트는 인간에게 내재해 있지만, 공동체의 삶을 위해 특히 부정적인 것으로 해석되었던 인간의 이러한 자연적인 본능을 자신의 사유의 중심적인 요소로 삼음으로써 본능에 중요한 의미를 부여한다. 그에 의하면 본능, 특히 쾌락을 추구하는 성적본능과 이러한 본능의 충족은 인간을 행복하게 하는 궁극적 원천이다. 그러나 행복을 가능하게 하는 이러한 본능은 자기보존본능에 의존해 있는 문명화 과정 속에서 필연적으로 억압될 수밖에 없으며, 따라서 성적본능의 충족을 통한 행복은 인간이 도달하고자 하는, 그러나 도달할 수 없는 유토피아와 같은 것이다.

개인의 심리적인 병리현상에 대한 분석으로부터 문명사에 대한 이해로 관심을 확장시킨 프로이트는 인간의 문명화 과정을 자아에 내재해 있는 이원론적인 구조, 즉 쾌락본능과 자기보존본능에, 그리고 생명본능과 죽음본능에 근거 지운다. 프로이트에 의하면 문명화 과정은 우선적으로 인간의 자기보존본능이라는 현실원칙에 기초해 있으며, 따라서 쾌락본능에 대한 억압을 필연적으로 함축하게 된다. "유기체의 자기보존이라는 관점에서 볼 때 쾌락 원칙은 처음부터 아주 비효율적이며, 심지어는 매우 위험"[119]하기 때문에 '1차적 정신과정'으로서 인간을 지배하는 쾌락 원칙은 자기보존을 위한 현실 원칙으로 대체된다. "문명의 발달은 인류의 생존을 위한 투쟁으로 요약"[120]될 수 있으며, 인간의 자기보존본능에 근거해 있는 문명은 개인의 쾌락, 즉 행복에 대한 희생을 불가피한 것으로 만든다. 결국 문명화 과정 속에서 개인적 삶의 궁극적 목적인 쾌락본능의 충족에 의한 행복은 실현되기 어려운 신기루와 같은 것일 뿐이며, "인간을

---

[119] S. Freud, 『정신분석학의 근본 개념』, 273쪽.
[120] S. Freud, 『문명속의 불만』, 302쪽.

행복하게 하려는 의도는 〈천지창조〉의 계획에 포함되어 있지 않은 것"이다. 즉 문명의 발전은 인간의 생존을 위해 필연적인 것이나 이러한 문명 안에서 인간은 결코 행복할 수 없으며, 따라서 "인간은 문명 없이 살 수 없지만, 문명 안에서 행복하게 살 수도 없다."[121]

프로이트는 문명화 과정에 대한 논의와 함께 자기보존본능을 인간의 삶과 문명을 움직이는 결정적인 동인으로 이해한다. 그러나 인간의 자기보존을 위한 문명화 과정 속에서 억압된 쾌락본능은 결코 사라지지 않으며, 늘 문명을 위협하는 요소로 인간의 무의식의 세계 속에 안주해 있다. 또한 프로이트가 자신의 정신분석학적 사유의 후기에 받아들인 죽음본능은 억압된 쾌락본능을 파괴성과 폭력성을 통해 분출함으로써 개인을, 그리고 공동체와 함께 문명을 위협한다. 개인의 심리적인 병리현상을 이해하기 위해 분석하였던 인간의 쾌락본능과 죽음본능은 프로이트에게서 단순히 개인에 대한 이해의 차원을 벗어나 사회적인 성격을 지니며, 그의 정신분석학은 개인의 심리적인 병리현상을 치료하는 하나의 방법을 넘어 사회적이며 역사적인 현상을, 즉 문명사 전체를 진단하는 "사회이론"으로 확장된다.

프로이트가 모든 관계의 원형으로 이해한, 어머니에 대한 사랑의 좌절과 함께 형성된 유아기의 오이디푸스 콤플렉스는 기본적으로 생물학주의에 토대를 두고 있다. 사회적 규범을 내면화한 초자아를 형성하는 어린아이 – 어머니 – 아버지라는 생물학적인 관계에서 야기되는 오이디푸스 콤플렉스는 아버지 살해와 함께 오이디푸스가 겪는 양심에 따른 고통과 죄책감을 통해 초자아를 지속시키며 강화하는 힘으로 나타난다. 즉 오이디푸스 콤플렉스를 통해 형성된, 초자아를 지속하고 강화하는 원리인 양심

---

121 P. Gay, 『프로이트 II』, 350쪽.

과 죄책감은 아버지에 대한 성적인 콤플렉스로부터 나타난다는 점에서 궁극적으로 생물학적인 본능에 토대를 두고 있다. 그러나 초자아는 모든 사회적 관계와 문명을 가능하게 하는 원천으로 작동함으로써 "본질적으로 사회학적"[122]인 의미를 함축하게 된다. 따라서 생물학적인 본능으로부터 시작한 프로이트의 정신분석학은 결국 사회적 영역의 문제에 관한 논의로 확장된다.

프로이트에 의하면 인간의 자기보존을, 이와 함께 문명을 위협하는 쾌락본능과 죽음본능을 완화할 수 있는 중요한 기제는 초자아의 형성과 확장, 그리고 승화이다. 유아기 때 형성된 초자아는 양심과 죄책감을 통해 인간의 내면까지 감시하게 되며, 문명은 양심과 죄책감을 더욱 더 강화함으로써 쾌락본능의 억압에 따른 죽음본능, 즉 공격본능을 통제한다. 이와 함께 문명은 "개개의 인간을 리비도적 유대로 묶인 공동체로 통합"[123]하려는 자신의 목적을 달성하게 된다. 초자아의 형성과 양심, 그리고 죄책감이 형식적인 측면에서 문명을 유지하는 힘이라면, 문명을 가능하게 하는 또 다른 기제인 승화는 쾌락본능과 파괴본능을 다른 방향으로 유도함으로써 종교와 예술, 그리고 학문과 교육을 통해 문명의 내용을 적극적으로 구성한다. 쾌락본능은 승화를 통해 비로소 동물적인 것과 다른 인간적인 것을 가능하게 하는, 문명을 만들어 내는 에너지, 즉 리비도로 변환되며, 따라서 승화는 문명의 발전을 가능하게 하는 근원적인 힘이라 할 수 있다. 프로이트는 승화를 생명본능으로부터 차용된 힘으로 규정하는데,

---

[122] 또한 마르쿠제는 프로이트의 문명이론을 재해석한 『에로스와 문명』에서 프로이트의 생물학주의가 "깊은 차원에서 사회이론"임을 명시하고 있다. H. Marcuse, 『에로스와 문명』, 김인환 역 (서울: 나남출판, 2004), 25쪽.

[123] S. Freud, 같은 책, 322쪽.

개인은 이러한 승화를 통해 자신의 쾌락본능을 "사회적인 본능"[124]으로 전환시킴으로써 쾌락본능의 단념에 따른 고통을 최소화시키고, 자신을 괴롭히는 성적본능과 화해하며, 이와 함께 죽음본능인 파괴본능으로부터 자신과 공동체를 보호한다.

> "인간의 끊임없는 성본능은 문명 활동에 엄청난 에너지를 공급하는데, 이것은 인간의 성본능이 갖고 있는 두드러진 특징 덕택이다. 인간의 성본능은 그 대상을 다른 것으로 바꿀 수 있고, [...] 최초의 성적 대상을 다른 것으로 바꿀 수 있는 이런 능력을 〈승화(Sublimation)〉 능력이라고 부르는데 성본능이 문명에 대해 갖는 중요성은 바로 이 승화 능력에 있다."[125]

그러나 문명을 가능하게 하는 이러한 승화는 궁극적으로 개인의 쾌락본능을 대체할 수 없으며, 초자아의 요구 또한 개인들에게 항상 수용되는 것은 아니다. 승화는 단순히 자기보존을 위해 현실세계와 화해하고자 하는 기능적인 측면만을 지닐 뿐, 승화 자체가 쾌락본능과는 다른 인간의 선천적인 어떤 경향성과 관련이 있다거나, 혹은 그 자체로 궁극적인 행복감을 야기하는 인간의 근원적인 소질이라 할 수 없다. 또한 승화는 쾌락본능처럼 인간을 강렬하게 만족시키지 못할 뿐만 아니라 누구에게나 보편적으로 가능한 것은 아니다.[126]

그리고 쾌락본능은 초자아에 의해 이러한 본능이 억압되는 경우에도

---

124 H. Marcuse / E. Fromm, 『프로이트 심리학 비판』, 오태환 옮김 (서울: 선영사, 2016), 163쪽.
125 S. Freud, 같은 책, 16쪽.
126 S. Freud, 같은 책, 252쪽.

인간의 행복을 가능하게 하는 원초적인 본능으로서 여전히 무의식 세계에 남아 있다. 또한 초자아의 이드에 대한 억압, 즉 쾌락본능에 대한 억압은 어느 한도 내에서만 가능할 뿐이며, 완전한 억압은 불가능하다. 프로이트는 문명을 지속 시키려는 종교적인 요구의 비현실성을 비판함으로써 문명이 필연적으로 요구하는 초자아의 무한한 확장의 불가능성을 명확하게 제시한다. 즉 그에 의하면 "〈네 이웃을 네 몸같이 사랑하라〉는 명령은 인간의 공격본능을 막는 가장 강력한 억지 책이고, 문명적 초자아의 비심리학적 방식을 보여주는 좋은 본보기이다. 이 명령을 수행하는 것은 불가능하다."[127] 따라서 승화와 초자아의 확장을 통해 쾌락본능과 죽음본능을 벗어나려는 문명화 과정은 실패할 위험 속에 놓여 있으며, 그러는 한에 있어서 문명은 해체될 위협과 함께 늘 "불안한 토대 위에서 유지"[128]되고 있을 뿐이다.

프로이트에 의하면 인간의 자기보존이라는 생명 원칙에 근거해 있는 문명은 쾌락을 단념할 것을 요구함으로써 인간의 행복과는 화해할 수 없는 불화를 야기한다. 또한 사회적인, 문명적인 억압에도 결코 굴복하지 않는 인간에게 내재한 쾌락본능과 죽음본능은 파괴적인 힘을 통해 문명의 해체를 지속적으로 위협한다. 따라서 인간의 삶은 문명과 쾌락 사이의, 그리고 문명과 파괴 사이의 팽팽한 긴장 속에서 유지되고 있으며, 인간이 쾌락과 함께 행복을 선택하는 순간, 인간은 문명의 파괴와 함께 자기보존을 포기하는 결과를 초래하게 된다. 문명과 행복, 그리고 파괴 사이에서 인간이 처한 이러한 딜레마는 인간의 모든 행위와 삶의 내용을 궁극적으로 생명본능과 죽음본능으로 환원시키는 프로이트 이론의 생물학

---

127 S. Freud, 같은 책, 326쪽.
128 S. Freud, 같은 책, 49쪽.

주의에 의해 야기된다. 자신의 이론적 토대인 정신분석학을 개인의 심리적인 병리현상에 대한 분석으로부터 출발하는 프로이트는 자신의 이론을 인간의 삶의 표현인 문명에 대한 논의과정을 거쳐 사회적 영역으로 확장한다. 그러나 그는 결국 자신의 문명이론을 궁극적으로 생물학적인 본능이론에 의존함으로써, 즉 영원히 변하지 않는 인간의 본능을 전제하고, 오직 이러한 본능으로부터 문명의 역사를 추론해냄으로써 문명과 인간의 삶의 상호적인 얽힘 속에서 야기되는 다층적인 사건들을 지나치게 단순화한다. 즉 그는 인간의 삶에 내재된 다원성을 생물학적인 층위로 제한한다. 물론 프로이트는 '승화'라는 개념을 통해 인간 삶의 실현과 이에 따른 행복의 가능성을 열어두지만, 이러한 가능성은 아주 제한적일 뿐이며, 문명의 궁극적인 내용을 구성하는 승화는 쾌락본능의 억압에 따른 고통의 감소라는 소극적 의미로 축소된다.

또한 그는 문명이 궁극적으로 생명본능, 특히 자기보존본능에 근거해 있는 것으로 이해함으로써 자기보존본능이라는 생물학적 가치를 인간의 행위를 규제하는 유일한 원리로 제시한다. 따라서 그에게서 문명과 쾌락본능의 갈등은 실제로는 쾌락본능과 자기보존본능, 그리고 생명본능과 죽음본능이라는 인간에 내재해 있는 본능 사이의 갈등으로 환원되며, 따라서 문명의 역사 속에서 끊임없이 변화하는 인간의 삶의 방식의 다양한 가능성은 원천적으로 차단된다. 또한 그의 이론은 문명이 인간의 행복을 억압한다는 점에서 기본적으로 문명에 대한 비판을 함축하고 있지만 동시에 문명을 인간의 자기보존을 위해 불가피한 것으로 정당화함으로써 오히려 문명을 절대적으로 긍정하는 "염세주의적 역설"[129]을 함축하고 있

---

129 허경은 프로이트의 문명에 관한 이론에 의하면 "논리적으로 문명의 발전이 더 많은 억압을 불러올 수밖에 없음을 의미"할 뿐이며 따라서 "프로이트의 이론 구조에

다. 그에게 문제가 되는 것은 문명이 인간의 행복을 억압한다는 사실에 대한 비판보다는 "문명 발달이 인간의 공격본능과 자기파괴본능에 의한 공동생활의 방해를 억누르는 데 성공할 것이냐, 성공한다면 어느 정도나 성공할 것이냐"[130]하는 것이다. 죽음의 본능에 맞서 싸워서 승리함으로써 인간의 자기보존이라는 문명의 중요한 목적을 달성하기 위해 프로이트는 문명의 편에 서며, 이와 함께 인간의 쾌락과 행복 추구에 대한 단념을 정당화한다. 따라서 프로이트의 정신분석학은 자기보존본능을 인간을 규정하는 절대적인 원리로 제시한 근대의 대표적인 철학자인 홉스의 철학적 사유의 연장선 속에 있다고 할 수 있다. 프로이트는 다양한 방식으로 인간 삶을 조정하는 거대한 문명에, 그리고 홉스는 절대적인 국가 권력에 자기보존문제를 해결하는 과제를 내맡기지만, 결국 문명이나 국가 권력은 인간을 행복하게, 혹은 자유롭게 하지는 못한다. 그러나 프로이트는 무의식의 세계를 발견하고, 사회적으로 금기시되었던 인간의 성적본능을 새롭게 조명함으로써 이성 중심의 근대적 사유에서 탈피하며, 이와 함께 인간에 대한 이해의 지평을 확장시키는 데 기여한다.

는 출구가 없다"고 비판한다. 허경, 「프로이트와 니체, 욕망의 '억압'과 '긍정'」, 『철학연구』 제 41집 (철학연구회, 2010), 210쪽.

[130] S. Freud, 같은 책, 329쪽.

IV.
현대성의 해체와 야만화된 자기보존

•
•
•
•
•

　현대성의 위기를 다양하게 진단했던 마르크스와 니체 그리고 프로이트의 철학적 사유는 20세기 초에 발생한 1·2차 세계전쟁, 나치즘 그리고 구 소련 사회의 전체주의의 경험과 함께 근대적 이념을 총체적으로 문제시한 탈현대 철학자들에게 비판적으로 계승된다. 20세기 나타난 이러한 비극적 사건들은 '비이성'의 극치를 보여줌으로써 인간의 이성성에 치명적인 상처를 입힌다. 특히 현대를 대표하는 정치·사회 철학자인 호르크하이머와 아도르노 그리고 아렌트는 현대적 야만이라 할 수 있는 나치즘으로부터 도피한 유대인 철학자들이며, 그들은 이러한 야만의 궁극적인 원인을 근대적 정신 속에서 발견한다. 호르크하이머와 아도르노는 근대의 이성적 주체에 대한 비판을 자신들의 철학적 사유의 중심 주제로 삼으며, 특히 근대 이후 지배적인 원리로 작동하는 "자기보존을 위한 도구적 이성" 속에서 현대적 야만의 단초를 발견한다. 아렌트는 유럽의 근대 이후 자기보존이 절대적 가치가 됨으로써 야기된, 정치에 대한 경제의 승리로 표현되는 "공적 영역의 상실"을 비판한다. 탈현대를 지향하는 현대 프랑스의 대표적인 철학자인 들뢰즈는 자본의 증식이라는, 현대사회를 지배하는 동일성의 원리 속에 감추어진 "욕망의 식민화"를 문제 삼는다. 이들은 모두 '현대성' 자체를 폭력과 야만의 원천으로 이해하며, 이성적 주체에 근거한 '현대성'의 해체를 주장한다.

호르크하이머와 아도르노는 "새로운 종류의 야만성"[1]으로 규정한 나치즘을 역사의 발전과정 중에 우연히 나타난 정치적 현상으로 이해하기보다는 자기보존의 원리에 근거해 있는 현대적 주체의 필연적인 귀결로 이해한다. 그들은 현대 이후 모든 진리의 기준이 되었던 계몽적 이성이 사실은 자기보존을 실현하기 위한 도구임을 밝혀낸다. 또한 이러한 자기보존의 원리는 타자를 억압하고 지배하고자 하는 힘의 논리를 함축하고 있음을 드러냄으로써 인간의 자기보존원리에 내재한 폭력성을 폭로한다. 그들에 의하면 자기보존이라는 유일한 목적을 실현시키기 위해 힘을 확장하는 계몽적 이성의 과정은 자기보존 이외의 모든 가치들을 무력화시키는 과정이다. 특히 그들은 근대 이후 종교적 교리 대신에 세계의 진리를 밝히는 것으로 이해되었던 계몽적 이성이 자기보존에 철저히 종속된 도구적 성격만을 지니게 됨으로써 현실의 병리적 현상들을 극복할 수 있는 능력을 상실하며, 이와 함께 새로운 야만에 길을 내어준 것으로 규정한다. 그들에 의하면 결국 자기보존을 견고하게 하려는 계몽적 이성의 기획은 야만적인 나치즘을 통해 드러난 것처럼 "계몽의 자기파괴"로 귀결된다. 그들은 근대의 계몽적 이성에 대한 분석을 통해 배타적인 자기보존의 원리에 근거해 있는 계몽정신이 타자를 파괴하고 궁극적으로는 자기파괴로 전환되는 역설을 보여줌으로써 유럽의 근대 이후를 지배해 온 미래에 대한 낙관적 전망을 포기한다.

---

[1]   M. Horkheimer / Th. W. Adorno, *Dialektik der Aufklärung* (Frankfurt a. M.: Fischer, 1981), 1쪽.

'현대성'에 대한 이러한 문제의식은 아렌트의 철학적 사유에서도 유사하게 나타난다. 아렌트에 의하면 17세기에 시작된 유럽의 근대사회는 공동의 문제에 대해 함께 논의하는 공적 영역인 정치적 세계를 상실하고 사적인 생존문제만이 주된 가치가 되는 "세계소외"[2]의 시대이다. 세계소외를 통해 표현되는 근대 사회는 경제적인 것이 지배적인 가치가 됨으로써 다양성을 억압한다. 궁극적으로 세계소외는 나치즘과 전체주의가 발생할 수 있는 토양을 제공한다. 이와 함께 그녀는 현대사회의 위기를 노동과 경제가 절대적 가치를 지님으로써 초래하게 되는 정치의 상실에서 찾는다. 그녀에 의하면 근대 이후 모든 인간의 활동이 생명의 보존을 위한 필수품의 확보와 그것을 풍부하게 공급하는 노동활동이라는 공통분모로 평준화되면서 인간은 결국 "노동하는 동물"로 전락한다. 사회는 거대한 가계로 변화한다. "정치적인 것"은 "경제적인 것"으로, 인간의 자유로운 행위는 생명활동을 위한 노동으로 대체된다. 이와 함께 인간의 자기보존은 오직 자유의 상실을 대가로 가능하게 된다. 그녀는 근대적 정신에 대한 이러한 비판과 함께 "정치적인 것", 즉 공적 영역의 회복을 시도한다. 그러나 그녀의 이러한 정치 철학적인 노력은 자기보존만을 추구하게 하는 사회적 구조나 경쟁에 근거한 경제체제를 문제시하기 보다는 자기보존이 중심적인 가치가 되는 사회적 현상만을 비판함으로써 구체성과 현실성을 상실하게 된다.

호르크하이머와 아도르노 그리고 아렌트가 자기보존욕망 속에서 현대성이 지닌 폭력성을 간취해 낸 것과는 달리 들뢰즈와 가타리는 인간의 욕망을 능동적이며 생성적인 에너지로 이해한다. 그들에게서 욕망은 단순히 자기보존 속에, 혹은 자기완성이나 자기실현 속에 소진되지 않는다.

---

2   H. Arendt, 『인간의 조건』, 이진우 · 태종호 옮김 (서울: 한길사, 2009), 54쪽.

고정된 실체로서의 근대적 자아를 거부하는 들뢰즈와 가타리는 인간을 모든 생명체와 마찬가지로 지속적으로 욕망하는 존재, 즉 끊임없는 욕망의 흐름 속에 놓여있는 존재로 이해한다. 욕망하는 존재로서 인간의 자아는 근대의 이성적 주체처럼 통일된 형태가 아닌, 근본적인 분열과 차이 속에 존재한다. 이성 대신에 욕망을, 동일성 대신에 차이를 드러내보이고자 하는 들뢰즈와 가타리는 인간의 욕망을 오직 자본의 가치증식이라는 하나의 동일한 원리에 포획시키는 파시즘적 체제인 자본주의적 경제구조를 비판한다. 그들에 의하면 자본주의적 경제체제는 인간의 욕망을 획일화함으로써 차이에 근거한 욕망을 왜곡한다. 그들은 이러한 왜곡된 욕망 속에서 현대성의 위기를 발견하며, 욕망의 탈영토화 속에서 새로운 사회변혁의 가능성을 모색한다. 즉 그들에게서 사회변혁은 사회전체의 모순을 분석하고 해체하려는 거대담론을 통해서가 아니라, 균열을 야기하며 새롭게 생성하고 창조하는 탈주하는 욕망을 통해 가능하다. 이와 함께 들뢰즈와 가타리는 대중의 분자적 욕망에 의존한 미시정치학을 주장한다. 어떠한 실체적 사유도 거부하는 그들의 철학적 논의는 근대적 정신으로부터 가장 멀리 벗어나 있다. 그들은 탈현대라는 지평 속에서 근대적 이성에 생소한, 자기보존을 넘어선 욕망과 차이들, 다양성의 미학을 철학의 중심적인 주제로 옮겨 놓으며, 욕망을 사회와 역사를 움직이는 궁극적인 원천으로 이해한다.

1. 호르크하이머(M. Horkheimer) / 아도르노(Th. W. Adorno): 주체의 형성과 타자, 그리고 자기보존

1) 근대적 주체와 타자

데카르트는 자신의 유명한 명제, "나는 사유한다, 고로 존재한다"를 통해 존재와 진리의 근거를 인간의 사유로 환원시킴으로써 이성이 절대적인 권위를 갖게 된 현대의 서막을 알린다.[3] 그러나 독백적 사유를 통해 자기 자신에 대한 확실성을 지니게 된 데카르트적 주체는 고립된 자아 속에 함몰됨으로써 궁극적으로 타자를 배제하는 기제를 필연적으로 함축하게 된다.[4] 자신만을 유일한 확실성의 근거로 규정하는 주체는 자신 이외의 모든 대상을 객체로 분리시키며, 이와 함께 대상들의 의미를 주체로 귀속시킨다. 오직 사유하는 자아 속에서 자기 자신에 대한 확실성을 발견하는, 근대를 지배하는 중요한 원리인 데카르트적 주체는 궁극적으로는 주관성의 권리에 대한 무한한 인정을 토대로 하는 칸트의 도덕적 주체 속에서 구체적인 모습을 지니게 된다. 자율성에 근거한 칸트의 도덕적 주체는 개인의 내면성 속에서 선의 원리를 발견함으로써 자신에게 모든 것을 판단하는 심판관의 자리를 부여한다. 헤겔은 이러한 현대적 주체를 타자로

---

[3] 헤겔은 인간의 사유 속에서 모든 확실성의 원리를 찾는 데카르트를 "근대철학의 참된 창시자"로 규정한다. 헤겔에 의하면 "새로운 세계의 철학은 [...] 데카르트와 함께" 시작된다. G. W. F. Hegel, *Vorlesungen über die Geschichte der Philosophie III*, Werke in zwanzig Bänden Bd. 20 (Frankfurt a. M.: Suhrkamp, 1971), 120쪽 이하.

[4] 정미라, 「근대성과 자기보존문제 – 홉즈의 정치 철학을 중심으로 –」, 『범한철학』 (범한철학회 2011), 156쪽 참조.

부터 자신을 구분해주는 "차이의 본질적인 규정"으로 이해하며, 이러한 주체성의 개념이 보편화된 자신의 시대인 근대를 역사적 발전을 위한 결정적인 전환점으로 파악한다.[5]

물론 헤겔은 현대 사회를 규정하는 새로운 원리로서의 주체성을 역사의 발전을 위한 긍정적인 계기로만 포착하지는 않는다. 헤겔은 "개별자의 무한한 자유"와 "특수자의 권리" 속에서 표현되는 현대의 고립적인 주체 속에서 타자와의 "분열"을 감지해냄으로써 현대적 주체가 지닌 한계를 극복하려 시도한다. 데카르트나 칸트가 자신을 절대적인 존재로 정립하는 고독한 주체의 사유 속에서 주관주의적이며 자율적인 능력만을 감지해냄으로써 주체를 모든 타자와의 관계로부터 단절된 고독한 개별적 자아로 이해하는 반면, 헤겔은 이성이 지닌 보편적인 능력을 통해 주체를 타자와 매개시킴으로써 현대 사회의 지배적 이념이 된 고립적 주체를 상호 주관적 주체로 대체하고자 한다. 현대적 주체를 순수한 주관성으로 포착하든 혹은 상호 주관적으로 포착하든 간에 주체에 대한 현대의 이러한 논의는 인간의 이성에 대한 무한한 신뢰를 토대로 하고 있다.

그러나 유럽의 근대가 이성적 주체에 대한 무한한 신뢰로부터 시작하였다면, 20세기 이후 진행된 다양한 폭력적 사건들은 인간의 이성능력에 대한 무한한 신뢰를 더 이상 허용하지 않는다. 특히 나치즘이라는 "새로운 야만"의 경험은 이성의 무력함을 깨닫게 했을 뿐 아니라, 인간의 우월

---

5 헤겔에 의하면 "주체의 특수성의 충족된 상태를 누릴 수 있는 권리는 [...] 고대와 현대를 구분하는 데 있어 전환점이자 중심점을 이룬다. [...] 이러한 권리의 무한한 형태는 새로운 형태의 세계를 이루는 보편적이고 현실적인 원리로 만들어졌다." G. W .F. Hegel, *Grundlinien der Philosophie des Rechts*, Werke in zwanzig Bänden 7 (Frankfurt a. M.: Suhrkamp, 1970), §124 주해.

성을 나타냈던 이성의 권위에 치명적인 손상을 입게 하였다.[6] 인간의 이
성능력은 의심스러운 것으로 되었으며, 더 나아가 이성에 근거해 있는 자
기 동일적인 주체는 무엇보다도 타자에 대한 배제와 지배를, 그리고 폭력
을 은폐하고 있는 것으로 비판된다.

'프랑크푸르트 학파(Frakfurter Schule)'의 대표적 사상가라 할 수 있는
호르크하이머와 아도르노는 현대성에 대한 비판을 자신들의 철학적 화
두로 제시한다. 마르크스와 니체, 그리고 프로이트는 다양한 관점에서 이
미 현대성을 문제시 하였지만, 나치즘이라는 현대적 야만을 경험한 호르
크하이머와 아도르노는 이들과는 다른 층위에서 현대적 정신에 대한 총
체적인 분석과 함께 현대적 이성이 지닌 폭력성을 고발하고, 이와 함께
보다 근본적으로 현대성 자체에 대한 의문을 제시한다. 특히 그들은 기존
의 종교적 권위로부터 벗어나 자연과 세계에 대한 이해를 인간 자신의 이
성에 근거지우는 근대적 주체개념 속에서 오직 타자를 배제하고 지배하
는 원리만을 간취해 낸다. 현대성을 대표하는 철학자인 칸트에 의하면 계
몽적 주체는 "인간이 미성숙 상태로부터 벗어나 타인의 지도 없이 자신
의 오성을 사용할 수 있는"[7] 존재로서 무엇보다도 인간의 자율적 능력에
근거해 있다. 그러나 호르크하이머와 아도르노에 의하면 이러한 자율성
은 궁극적으로 인간 자신을 이 세계의 주인으로 내세움으로써 자신을 자
연으로부터 분리시키고, 이와 함께 자연을 자신과 대립된 객체로 이해한

6　20세기 이후 서양철학, 즉 비판이론이나 프랑스 구조주의, 그리고 실존주의 철학
　이 다양한 관점에서 이성에 대한 비판으로부터 시작한다는 것은 이러한 역사적 맥
　락에서 살펴볼 때 우연한 일이 아니다.

7　I. Kant, "Beantwortung der Frage: Was ist Aufklärung?", *Kants
　Gesammelte Schriften* Bd. VIII, Akademie Ausgabe (Berlin: Gruyter,
　1912), 35쪽.

다. 따라서 자율성은 자연을 지배해야 될 대상으로 간주하는 인간 사유의 절대적인 권력화로서 "주체성"일 뿐이다.[8] 계몽적 주체에 대한 이러한 비판과 함께 호르크하이머와 아도르노는 현대적 야만의 원천을 자기보존에 근거한 근대적 주체 속에서 찾는다. 그들은 타자를 배제함으로써 자기 동일성을 견고히 하는 주체의 시원을 근대를 넘어 고대 그리스 신화까지 거슬러 올라가며, 궁극적으로 신화 속에 등장하는 영웅적 인물인 오디세우스에게서 발견한다.[9]

호르크하이머와 아도르노는 그들의 공저인 『계몽의 변증법』에서 오디세우스를 근대 사회의 "시민적 개인의 원형"[10]으로서 타자를 배제하고 지배함으로써 자기 동일적 주체를 형성하는 전형적 인물로 규정한다. 오디세우스는 트로이 전쟁에서 승리를 거둔 후 고향인 이타카로 가는 도중 다양한 경험을 하게 되는데, 이러한 경험의 내용은 오디세우스가 자연신들의 위협과 유혹으로부터 자신을 지켜냄으로써 성공적으로 자신의 목표인 "고향과 확고한 소유에로의 귀의라는 자기보존"[11]을 이루어 내는 과정을 담고 있다. 무엇보다도 그들은 호머의 『오디세이아』 신화에 나오는 오디세우스의 성공적 귀향이 고대 신화에 나오는 영웅들의 육체적인 강인

---

8   호르크하이머와 아도르노에 의하면 계몽적 이성은 모든 살아있는 자연적 생명을 "주체성"에 밀어 넣는다. 즉 "주체성에서 이성이란 사물의 고유한 실체를 자신의 내부로 집어삼켜 이성 자체의 단순한 자율성 속으로 증발시켜버리는 화학적 장치다." M. Horkheimer / Th. W. Adorno, *Dialektik der Aufklärung* (Frankfurt a. M.: Fischer, 1981), 81쪽.

9   호르크하이머와 아도르노는 오디세우스 신화를 통해 신화와 계몽이 동일하다는 사실보다는, "이들 간의 상호적 함의를 드러냄으로써 계몽의 자기 모순성을 보여주고자 한다". 노성숙, 「계몽과 신화의 변증법」, 『철학연구』 (철학연구회, 2000), 219쪽.

10   M. Horkheimer / Th. W. Adorno, 같은 책, 42쪽.

11   M. Horkheimer / Th. W. Adorno, 같은 책, 45쪽.

함과 용기 있는 행동으로서가 아니라, 책략에 의해 가능했음을 주목한다. 즉 그들에 의하면 오디세우스가 자신을 해체시키고자 하는 자연신들로부터 자신을 지켜낼 수 있었던 궁극적 이유는 다양한 책략 속에 표현된 자기보존을 위한 이성의 도구화이다.[12]

호르크하이머와 아도르노는 오디세우스 신화를 자연과 일체감 속에 있던 애니미즘 상태에서 벗어나 주체가 자연인 객체로부터 분리됨으로써 주체의 자기 동일성이 확고해지는 주체 형성의 역사로 이해한다.[13] 그들은 자연을 자신에게 대립해 있는 낯선 힘으로 간주하는 오디세우스가 자신의 해체를 위협하는 자연의 폭력으로부터 자신을 지킬 수 있었던 궁극적인 힘을 자연신들을 기만하고, 속이며, 협상하는 오디세우스의 책략, 즉 오디세우스의 이성능력 속에서 발견한다. 오디세우스 신화 속에서 표현된 이러한 도구적 이성은 인간에게 공포의 대상이었을 뿐 아니라 위협적이었던 자연으로부터 인간의 자기보존을 가능하게 한 유일한 수단이다. 자연으로부터 분리됨으로써 자연을 자신과 다른 객체로 인식하게 된 주체는 자신의 이성을 통해 자연이 지닌 타자성을 제거하고 자연을 자신의 것으로 만듦으로써 궁극적으로 자연을 지배하게 된다.[14] 따라서 자기

---

12 이와 관련하여 호르크하이머와 아도르노는 "책략은 합리적이 된 저항"으로 규정한다. M. Horkheimer / Th. W. Adorno, 같은 책, 55쪽.

13 호르크하이머와 아도르노에 의하면 주체와 객체가 분리되기 이전의 주술적 세계에서는 미메시스를 통해 인간이 자연과 관계한다. 미메시스는 인간이 주변 세계를 닮으려는, 즉 자연을 모방하려는 행위 속에서 표현된다. M. Horkheimer / Th. W. Adorno, 같은 책, 33쪽 참조.

14 티엔에 의하면 호르크하이머와 아도르노가 오디세우스를 통해 표현하려고 했던 "주체형성의 근원적인 역사는 자연 지배를 통한 자기보존의 근원적인 역사, 즉 도구적 이성의 근원적인 역사"를 나타낸다. A. Thyen, *Negative Dialektik und Erfahrung. Zur Rationalität des Nichtidentischen bei Adorno* (Frankfurt a. M.: Suhrkamp, 1989), 98쪽.

보존 속에 나타난 주체의 자기주장은 필연적으로 타자에 대한 지배를 함축하게 된다. 왜냐하면 "자연은 주체가 형성되는 순간부터 그에 대립해서 그 주체에게 두려움을 산출하는 전적으로 이질적인 타자가 되기 때문이다".[15] 또한 자신에게 낯선 타자인 외적 자연에 대한 주체의 지배는 자신의 내적 자연, 즉 자신의 본능에 대한 지배를 요구한다. 그와 동시에 이러한 자연에 대한 지배는 사회적 지배관계로 확장된다. 자기보존에 근거한 자기 동일적 주체의식은 모든 타자를 – 이러한 타자가 외적인 자연으로, 혹은 자신의 자연적 본능으로, 혹은 타인으로 이해되든 – 지배함으로써 가능하게 되며, 주체의 형성과 밀접하게 결부된 문명의 역사는 결국 총체적 지배의 역사가 된다.[16]

특히 『오디세이아』에 나오는 사이렌 신화는 주체의 타자에 대한 지배관계를 나타내는 대표적인 알레고리다. 자연신인 사이렌은 아름다운 노래를 통해 인간으로 하여금 자신의 자아를 해체하도록 유혹하지만, 오디세우스는 자신의 육체를 돛대에 묶어 움직이지 못하게 한 상태로 노래를 향유하며 선원들의 귀는 밀랍으로 막아 아름다운 노래에 대한 향유를 차단하고 계속적으로 노를 저을 수 있게 함으로써 사이렌의 유혹을 벗어난다. 결국 자연신인 사이렌에 대한 승리의 결과인 오디세우스와 선원들의 생존은 오디세우스가 자신의 육체를 억압하고, 이를 통해 향유와 노동이

---

15 정현철, 「계몽의 변증법에서 변증법의 계몽으로」, 『헤겔연구』, (한국헤겔학회, 2010), 417쪽.

16 쇨너는 이러한 지배의 과정을 통해 자연적인 질서가 아닌, 지배질서로서 "이차적인 질서"가 형성되며, 이와 함께 인간도 지배에 근거한 "이차적인 본성"이 만들어 진다고 한다. A. Söllner, *Geschichte und Herrschaft. Studien zur materialistischen Sozialwissenschaft 1929-1942* (Frankfurt a. M.: Suhrkamp, 1979), 191쪽.

라는 지배관계를 견고히 함으로써 가능하게 된 것이다. 노래를 듣는다는 쾌락에의 향유는 자아의 해체라는 위협과 결부되어 있지만, 오디세우스는 육체를 결박함으로써 이러한 노래를 향유하면서도, 자신을 상실하지 않는다. 그는 자신의 이성을 도구화하는 책략을 통해 타자, 즉 사이렌이라는 외부 자연과 선원들 그리고 자기 자신조차 지배함으로써 향유하는 자로서의 자기 자신에 대한 정체성을 유지하는 근대적 주체의 전형적인 모습을 보여준다.

　자연의 유혹으로부터 자신을 상실하지 않은 오디세우스의 자기 동일적 주체성은 자신에게 낯선 타자인 외적인 자연과 타인 그리고 자신의 내적 자연인 자연적 본능으로부터 자신에게 대립해 있는 타자성을 완전히 제거하고 이러한 것들을 오직 자기 동일적인 주체를 위해 존재하게 함으로써 비로소 완성된다. 즉 자기 상실로부터 자신을 지켜내려는 주체의 자아 정체성은 자신을 포함한 모든 것을 대상화하고 지배할 수 있을 때 비로소 유지된다. 따라서 주체와 타자의 관계는 매개될 수 없는 적대성을 통해 표현된다. 주체는 운명론적으로 "자신을 자연 밑에 굴복시킬 것인지 아니면 자연을 자신의 지배하에 둘 것인지를 선택"해야 하는 "양자 택일"을 해야 한다. "이러한 양자택일이 불가피하다는 것은 지배가 불가피하다는 것과 같다".[17]

　호르크하이머와 아도르노는 오디세우스를 통해 표현된 신화적 은유와 함께 주체의 자기보존이 외적 자연을 지배함으로써 가능하다는 것을 보여주며, 이러한 지배의 원리를 자신에게 낯선 모든 타자로 확장시킨다. 또한 그들은 주체의 자기보존이 필연적으로 타자에 대한 배타성만을 함축하고 있음을 드러냄으로써 주체가 타자와 매개될 수 있는 가능성을 완

17　M. Horkheimer / Th. W. Adorno, 같은 책, 32쪽.

전히 차단한다. 즉 "타자를 배제하는 주체의 자기보존이 타자 안에서, 그리고 타자를 통한 자기보존"[18]으로 지양될 수 있는 자기보존의 긍정적 계기는 모두 상실된다. 결국 그들의 공저인 『계몽의 변증법』에서 "계몽의 긍정적 개념을 마련"[19]하고자 했던 호르크하이머와 아도르노의 시도는 자신들의 논의를 배타적인 자기 동일적 주체개념에 의존함으로써 실패하게 된다.

그들의 이러한 비관주의적 전망은 유럽의 근대 사회에서 비로소 형성된 근대의 배타적인 주체개념을 전 역사로 확장시키는 데 기인한다. 즉 그들은 특정한 사회에 나타나는 배타적 주체라는 경험적 사실을 일반화함으로써 주체에 내재해 있는 타자 관계성을 간과한다. 홉즈에 있어서처럼 자기보존이라는 자연의 원리로부터 도출되든, 혹은 헤겔의 상호인정이라는 이성개념에 의해 매개되든 정치사회의 원리는 주체가 타자와 맺는 상호 관계성을 함축하고 있다. 또한 이러한 상호 관계성의 원리는 그들이 오디세우스 분석에서 보여준 것처럼 모든 관계를 지배와 피지배의 관계로 환원되도록 방치하지 않으며, 타자에 대한 배타성을 극복할 수 있는 가능성을 함축하고 있다.[20] 그들은 경쟁에 의존한 자본주의적 경제체제라는 일정한 역사적 맥락에서 발생한 현대 사회의 주체개념을 고대 신

---

18   U. Guzzoni, *Sieben Stücke zu Adorno* (Freiburg/München: Karl Alber, 2003), 57쪽.

19   M. Horkheimer / Th. W. Adorno, 같은 책, 5쪽.

20   예를 들어 하버마스는 주체의 타자와의 화해 가능성을 "의사소통적 합리성" 속에서 발견할 수 있다고 한다. 즉 "개인들의 자유와 유토피아적 관점은 개인들의 의사소통적인 사회관계 속에 들어 있다. 그것은 인류의 언어적 재생산 메커니즘 속에 이미 내장되어 있다." 하버마스는 이러한 의사소통적 이성을 통해 단순히 기능주의적으로 도구화된 이성을 극복할 수 있다고 본다. J. Habermas, 『의사소통행위이론』, 장춘익 옮김 (서울: 나남, 2006), 578쪽.

화의 영웅인 오디세우스에게까지 확대 해석함으로써 근대적인 주체성을 고대에서부터 현대까지 전 역사를 관통하고 있는 중심적인 원리로 탈역사화한다. 그러나 근대적 주체가 지닌 배타성에 대한 그들의 비판은 근대의 주체가 처해 있는 조건, 즉 상호 경쟁에 근거해 있는 자본주의적 조건을 항구적인 것으로 받아들일 때만, 그리고 이러한 조건 속에서 형성된 근대의 주체개념을 실체화할 때만 정당화될 수 있다.[21]

2) 계몽정신과 야만

호르크하이머와 아도르노는 자신들의 공저인 『계몽의 변증법』에서 20세기를 규정하는 비극적 사건이라 할 수 있는 나치즘의 원인을 분석하고자 한다. 그들은 전통적인 마르크스주의적 입장에서 자본주의 사회에 대한 비판을 견지했던 초기와는 달리 "왜 인류는 참된 인간적인 상태로 나아가는 대신에 새로운 종류의 야만성에 빠지게 되었는가?"[22]라는 질문과 함께 "새로운 야만성"인 나치즘을 자신들의 비판의 핵심으로 삼는다. 그들은 나치즘을 역사의 발전과정 중에 우연히 나타난 정치적 현상으로 이해하기보다는 자기보존의 원리에 근거해 있는 근대적 주체의 필연적인 귀결로 파악함으로써 나치즘에 대한 비판을 결국은 현대성 전체에 대한 비판으로 확장시킨다. 또한 그들은 근대적 주체에 내재해 있는 자기보존원리가 지닌 폭력성을 근대를 넘어, 고대 신화의 세계를 지배하는 원리로 확대 해석함으로써 나치즘을 인간의 자기보존욕망에 운명론적으로 결부된 야만으로 이해하게 된다. 따라서 그들은 이러한 폭력을 극복할 수 있

---

[21] 하버마스는 호르크하이머와 아도르노가 주체와 타자와의 화해의 이념을 포기하는 것은 근대의 주체 철학의 조건에서 벗어나지 못한 때문이라고 비판한다. J. Habermas, 같은 책, 563쪽 이하 참조.

[22] M. Horkheimer / Th. W. Adorno, 같은 책, 1쪽.

는 가능성을 완전히 단념하게 된다.[23]

　호르크하이머와 아도르노는 나치즘을 통해 나타난 "새로운 종류의 야만"의 궁극적 원인을 근대적 계몽정신에서 찾는다. 그들은 근대 이후 인간의 자유를 실현하는 역사적 진보의 원리로 이해되었던 계몽정신이 오히려 퇴행의 싹을 함축하고 있음을 밝히면서 계몽정신에 내재한 야만성을 추적한다. 그들은 계몽 이후 진행되어 온 현대 사회의 다양한 "병리현상"[24]들을 진단하면서 이러한 병리적인 현상들이 필연적으로 나치즘으로 귀결될 수밖에 없다는 사실을 증명함으로써 현대사회의 다양한 병리현상들의 최종적인 종착지를 나치즘 속에서 찾는다. 따라서 나치즘은 그들에게 현대 사회에서 나타난 우연적이며 일회적 사건이라기보다는 계몽정신에 운명적으로 결부된 야만성의 현대적 표현이다.

　호르크하이머와 아도르노는 현대의 다양한 병리현상을, 그리고 궁극적으로는 나치즘이라는 현대적 야만을 가능하게 한 핵심적인 기제를 자기보존의 원리 속에서 찾는다. 그들에 의하면 신화시대부터 계몽에 이르기까지 인간의 전 역사를 관통해 온 자기보존의 원리는 타자를 억압하고 지배하고자 하는 힘의 논리에 의존해 있다. 또한 자기보존이라는 유일한 목적을 실현시키기 위해 힘을 확장하는 계몽의 과정은 자기보존 이외의 모든 가치들을 무력화시키는 과정이다. 특히 그들은 근대 이후 종교적 교리

23　이러한 연관 속에서 하버마스는 『계몽의 변증법』을 현대에 있어서 "가장 어두운 책"으로 규정한다. J. Habermas, 『현대성의 철학적 담론』, 이진우 옮김 (서울: 문예출판사, 1996), 136쪽.

24　호네스는 호르크하이머와 아도르노가 『계몽의 변증법』에서 무엇보다도 자본주의 문화에서 신뢰를 얻고 있는 사태를 완전히 새롭게 바라 볼 수 있는, 즉 "우리의 세계가 병리적이라고 규정할 수 있는 제도와 관행들로 이루어진 사회"라는 사실을 알리고자 한 것으로 이해한다. A. Honneth, 『정의의 타자』, 문성훈·이현재·장은주·하주영 옮김 (서울: 나남, 2009), 107쪽.

대신에 세계의 진리를 밝히는 것으로 이해되었던 계몽적 이성이 자기보존에 철저히 종속된 도구적 성격만을 지니게 됨으로써 현실의 병리적 현상들을 극복할 수 있는 능력을 상실하며, 이와 함께 새로운 야만에 길을 내어준 것으로 규정한다. 그들에 의하면 결국 자기보존을 견고하게 하려는 계몽적 이성의 기획은 야만적인 나치즘을 통해 드러난 것처럼 계몽의 자기파괴로 귀결된다. 그들은 근대의 계몽적 이성에 대한 분석을 통해 배타적인 자기보존의 원리에 근거해 있는 계몽정신이 타자를 파괴하고 궁극적으로는 자기파괴로 전환되는, 즉 "자기유지와 자기파괴가 서로 분간하기 어려울 정도로 중첩"[25]되는 계몽적 역설을 보여주고자 한다.

자기보존에 근거해 있는 계몽의 프로그램은 "세계의 탈마법화" 과정을 통해 진행된다. 주술적, 신화적 세계에서 인간이 이해할 수 있는 영역 바깥에 놓여 있었던, 따라서 인간에게 두려움과 공포의 원천이었던 자연은 신적 능력을 부여 받은 경외의 대상이었다. 그러나 계몽정신은 자연에 신성을 부여했던 신화의 근본 원리가 사실은 "신인동형론", 즉 주관적인 것을 자연에 투사시키는 것에 근거해 있음을 밝혀낸다. 계몽정신에 의하면 자연 속에 내재한 "신령들과 데몬들은 자연현상에 겁을 먹은 인간의 자화상이라는 것이다".[26] 신화의 비밀을 밝혀냄으로써 계몽정신은 인간을 이 세계의 주인으로 내세운다. 자연은 신적 요소를 모두 상실하며, 인간의 이성에 의해 모든 것을 포착하고자 하는 계몽정신과 함께 이해할 수 없는 것, 이질적인 것들은 인간 사유로부터 축출된다. 즉 알 수 없는 것은 인간에게 불안과 공포의 대상이었으며, 계몽화된 정신은 "파악할 수 없는 것

---

[25]　M. Horkheimer / Th. W. Adorno, 같은 책 82쪽.

[26]　M. Horkheimer / Th. W. Adorno, 같은 책, 10쪽.

을 존재나 사건으로 인정하지 않음으로써"[27] 이러한 불안을 극복한다. 즉 미지의 것이 더 이상 없을 때 인간은 공포로부터 면제될 수 있기 때문이다. 따라서 이성 또한 더 이상 세계 밖의 것들을 사유해서는 안 되며, 주어진 세계를 넘어서고자 하는 이성적 시도는 계몽정신에 의해 불경스러운 것으로 단죄된다.

세계의 이러한 탈마법화 과정은 인간의 사유로부터 상상력을 배제하고 사물을 있는 그대로 포착하며, 그것에 질서를 부여하고 체계를 수립하는 인간의 이성능력의 철저한 도구화를 통해 수행된다.[28] 도구적 이성은 자연을 통일된 체계로만 파악함으로써 자연적 사물이 지닌 다양성과 차이들을 제거한다. "계몽의 이상은 세부에 이르기까지 모든 것을 도출해낼 수 있는 '체계'"[29]이기 때문이다. 이와 함께 모든 자연물은 자신의 고유한 특성을 상실하며, 언제나 교환가능할 뿐 아니라 대체 가능한 사물로 변화한다. 자연은 계몽화된 인간에게 더 이상 어떠한 신비스러운 힘도 지니고 있지 않을 뿐 아니라, 자신의 고유한 생명력마저 박탈당함으로써 단순한 물질적 소재로 전락한다. 즉 "형상들의 다양성은 위치와 배열로, 역사는 사실성(Faktum)으로, 사물은 질료로 환원된다"[30]. 호르크하이머와 아도르노에 의

---

27 M. Horkheimer / Th. W. Adorno, 같은 책, 10쪽.
28 인간의 문명의 역사를 탈마법화 과정에서 찾는 베버는 종교에서의 합리화 과정을 한편으로는 주술적 사고로부터 탈피로, 그리고 다른 한편으로는 철저한 체계화 과정으로 이해한다. "한 종교가 나타내는 합리화 단계를 평가하는 데에는 무엇보다도 두 가지의 - 여러 측면에서 서로 내적 연관을 갖는 - 척도가 있다. 하나는 그것이 주술을 벗어난 정도이다. 다른 하나는 그것이 신과 세계의 관계에, 그리고 그에 상응하여 세계에 대한 자신의 윤리적 관계에 체계적 통일성을 부여한 정도이다." M. Weber, *Gesammelte Aufsätze zur Religionssoziologie*, 제 1권 (München: UTB, 1963), 569쪽.
29 M. Horkheimer / Th. W. Adorno, 같은 책, 10쪽.
30 M. Horkheimer / Th. W. Adorno, 같은 책, 10쪽.

하면 계몽정신이 끊임없이 추구해온 자연에 내재한 질의 파괴를 통한 자연의 사물화와 함께 인간의 자연에 대한 총체적 지배가 완성된다.

　호르크하이머와 아도르노는 이러한 근대적 계몽정신의 전형을 힘, 즉 권력과 지식을 동일시하는 근대 사상가인 베이컨(F. Bacon)의 사유 속에서 발견한다. 지식은 오직 인간이 자연을 지배하는 데 종사할 뿐이며 이러한 지배를 통해 인간의 자기보존은 더욱 견고해진다. 베이컨에 의하면 "학문의 진정한 목표와 사명은 그럴듯하고 온화한 즐거움을 주며 가슴에 와 닿는 품위 있는 말이나 그 어떤 일깨움을 주는 논리가 아니라, 생활에 도움을 주는 활동이나 작업"[31]에 있을 뿐이다. 즉 지식은 더 이상 진리 추구를 목표로 하지도, 사물의 본질을 통찰하는 행복감을 목표로 하지도 않으며, 오직 인간의 자기보존을 위한 수단으로만 의미를 지니게 된다. 이와 함께 인간의 이성에 의해 모든 것을 파악하고자 하는 계몽정신은 궁극적으로 인간의 자기보존과 이를 위한 자연지배의 원리 속에서 남김없이 소진된다.

　자연의 탈마법화 과정과 이성의 도구화는 자기보존을 위해 자연을 지배하고자 하는 계몽정신에게 필연적인 과정이다. 이러한 과정을 통해 자기보존을 유일한 절대적인 목적으로 이해하는 계몽화된 주체는 자연을 단순히 자기보존을 위한 물질적 수단으로만 간주한다. 인간이 자연으로부터 배우고 싶어하는 것은 자연과 인간을 완전히 지배하기 위해 자연을 이용하는 법이다. 자연은 더 이상 고유한 특성을 지닌 살아있는 생명체가 아니라 주체의 자기보존에 봉사하는 화석화된 물질로서만 존재하게 된

---

[31]　F. Bacon, "Valerius Terminus, of the Interpretation of Nature," *Miscellaneous Tracts Upon Human Philosophy, The Works of Francis Bacon,* Band 1 (London: Basil Montagu, 1825), 281쪽, M. Horkheimer / Th. W. Adorno, 같은 책, 8쪽에서 재인용.

다. 따라서 계몽화된 세계에서는 오직 "유용성"이 모든 관계를 규정하는 중요한 척도가 되어 주체가 타자와 맺는 모든 관계를 규정한다. 타자가 지닌 의미와 질은 파괴된다. 타자의 존재 가치는 주체의 자기보존에 쓸모 있음과 없음, 즉 유용성에 의해 평가된다. 따라서 모든 형이상학을 배제하고 진리의 기준을 오직 유용성의 원리에서 찾는, 근대 이후 지배적 이념이 된 실용주의적 사유는 자기보존을 절대적 가치로 생각하는 계몽정신의 필연적 귀결이라 할 수 있다.

마르크스가 죽어 있는 사물, 즉 상품에 살아있는 생명력을 부여하는 것을 물화로 이해했다면 호르크하이머와 아도르노에게 있어서 "유용성"의 원리에 의해 표현되는 물화는 모든 살아있는 것을 죽은 관계로 환원시키는 것이다. 이러한 물화는 자연과 타인과의 관계에서만 야기되는 것이 아니라 주체가 자기 자신과 맺는 관계를 총체적으로 규정하는 원리이기도 하다. 즉 계몽적 주체는 자기보존을 위해 타자를 지배해야 하는데, 이러한 타자 지배는 우선적으로 자기 지배를 함축하고 있기 때문이다. 이와 함께 그들은 문명의 역사를 관통해 온 인간의 본능이나 감정의 억압, 즉 "자기부정"에 주목한다. 그들에 의하면 자기부정은 인간이 자기보존을 위해 자연의 폭력으로부터 벗어나는 과정에서 형성되어 온 문명화된 사회에 필연적으로 내재해 있는 핵심적인 기제이다. 인간은 이러한 자기부정을 통해 주체적 자아가 되지만 동시에 자신의 자연적 본능이나 감정을 억압함으로써 차가운 이성만을 지닌, 즉 "가슴속에 돌처럼 차갑고 단단한 심장을 가진"[32] 화석화된 인간으로 변한다. 즉 자연의 냉혹함과 폭력으로부터 벗어나고자 했던 인간은 자신의 자연성을 모두 파괴하고 자신이 그러한 폭력을 닮음으로써 비로소 자연의 지배로부터 벗어나는 것이 가능

---

[32]   M. Horkheimer / Th. W. Adorno, 같은 책, 66쪽.

하게 된다.[33]

> "인간의 자기 자신에 대한 지배는 '자아'라는 것을 만들지만 지배
> 가 봉사하고자 하는 바로 그 주체를 파괴할 소지를 언제나 잠재적으
> 로 지니고 있다. 왜냐하면 자기보존을 가능하게 하는 것은 바로 이
> 삶의 기능이며 보존되어야 할 무엇도 바로 이 삶이지만, 지배당하고
> 억압당하며 자기보존에 의해 해체되는 것은 바로 생동하는 삶 자체
> 이기 때문이다."[34]

호르크하이머와 아도르노는 계몽이 진행해온 탈마법화와 자기보존을
위한 이성의 도구화에 필연적으로 함축되어 있는 물화의 과정, 즉 외적
자연, 타인 그리고 자기 자신에 대한 총체적인 물화 속에서 현대적인 야
만의 싹을 발견한다. 물화된 의식은 모든 살아 있는 것들을 생명이 없는
자신을 위한 사물로만 이해하며, 따라서 타자의 고통과 타자에 대한 어떠
한 폭력에도 "무감동"한 차가운 이성으로 무장함으로써 "새로운 야만의
싹"이 자랄 수 있는 토양을 제공한다. 즉 "물화에 대한 부정"[35]을 자신의
속성으로 삼아야 할 이성이 도구적인 기능으로만 작동함으로써 어떠한
감정에도 흔들리지 않는 "초연한 무감동"에 익숙해진다. 계몽정신은 냉
혹함을 무기로 오직 자기보존이라는 절대적 가치를 위해 외적 자연이나

---

33 피셔는 호르크하이머와 아도르노가 『계몽의 변증법』의 오디세우스 신화를 통해
  보여주려고 했던 것은 단순히 인간의 외적 자연 지배에 대한 문제가 아니라 무엇
  보다도 "사회적인 야만", 즉 "계몽화된 문명이 현실 속에서 야만으로 회귀"될 수
  밖에 없는 필연성을 제시하고자 한 것으로 이해한다. K. Fischer, *Verwilderte
  Selbsterhaltung* (Berlin: Akademie, 1999), 132쪽.
34 M. Horkheimer / Th. W. Adorno, 같은 책, 51쪽.
35 M. Horkheimer / Th. W. Adorno, 같은 책, 4쪽.

혹은 타인 그리고 자신의 내적 자연을 소외시켜 결국에는 타자에 대한 폭력을 정당화한다. 따라서 철저히 계몽화된 세계는 아우쉬비치의 야만 앞에서 "초연한 무감동"과 함께 "생각 없음"으로 무장함으로써 주어진 명령만을 맹목적으로 수행하는 수많은 아이히만으로 넘쳐나게 된다.[36]

3) 총체적 지배로서 문화 산업

인간의 자기보존을 위한 유용성, 즉 실용주의적 사고가 지배하는 현대 사회에서 칸트 이후 순수 이성을 통해, 그리고 실천이성을 통해 진리를 밝히고 도덕성을 가능하게 하는 것으로 이해되었던 이성 능력은 오직 자연에 대한 인간의 지배를 강화하는 단순한 수단으로 전락한다. 자기보존을 위해 모든 능력을 소진하는 이성은 그 밖의 다른 사유능력을 모두 상실한다. 궁극적으로 인간의 이성은 자기보존 이외의 사건에는 "생각 없음"으로 무장된다. 호르크하이머와 아도르노는 본래적인 이성 기능의 상실이 필연적으로 동반하는 '생각 없음'을 현대 사회를 지배하는 문화 산업이 추동하고 있는 것으로 이해한다. 그들에 의하면 문화 산업은 자본의 독점에 의해 문화가 양산되는, 즉 인간의 고유한 정신활동의 표현인 문화가 오직 자본의 증식을 위해 기획되고 생산되는 것을 의미한다. 모든 것을, 생명력 있는 것조차 화석화된 물질적인 것으로 환원시켜 상품화한 산업이 그러하듯이 "어떤 사상도 상품으로, 또한 언어는 상품을 위한 선전

---

36 아렌트는 유대인 학살의 주범이라 할 수 있는 아이히만의 재판과정을 통해 아이히만의 야만성의 궁극적 원인이 그 자신에게 내재해 있는 어떤 특별한 악마적인 성향에 의해서가 아니라, 아무런 감정 없이, 혹은 아무런 생각없이 주어진 명령만을 충실히 수행하는 "무감동"과 "생각 없음"에 있음을 발견하고, "무사유가 인간 속에 존재하는 모든 악을 합친 것보다 더 많은 파멸을 가져올 수" 있는 것"으로 이해한다. H. Arendt, 『예루살렘의 아이히만』, 김선욱 옮김 (서울: 한길사 2006), 391쪽.

이 되는"[37] 문화 산업은 인간의 정신이 깃든 문화와 예술을 교환가치가 있는 단순한 상품으로 전락시킨다.

현대 사회에서 문화 산업이 생산해 낸 문화와 예술은 더 이상 고통과 절망, 행복과 희망 등 인간의 삶의 다양한 내용들을 담아내는 형식이 아니다. 오늘날 문화는 끊임없이 만들어지고 소모되는 다른 상품들과 마찬가지로 대중들의 여가시간을 채우는 오락과 유희로 변질된다. 따라서 문화 산업은 더욱 더 많은 대중들이 문화를 소비할 수 있도록 "소비자의 욕구를 만들어내고 조정하고 교육"[38]시키며, 이를 통해 즐거움과 기쁨을 도모하도록 한다. 그러나 "기뻐한다는 것은 동의하고 있다는 것"이며 "즐거워한다는 것은 사회의 전체 과정에 무감각해질 수" 있다는 것을 의미한다.[39]

> "즐긴다는 것이 의미하는 것은 항상 무엇인가에 대해 더 이상 생각하지 않은 것, 고통을 목격할 때조차 고통을 잊어버린 즐김의 근저에 있는 것은 무력감이다. 즐김은 사실 도피다. 그러나 그 도피는 일반적으로 얘기되듯 잘못된 현실로부터의 도피가 아니라 마지막 남아 있는 저항 의식으로부터 도피하는 것이다. 오락이 약속해주고 있는 해방이란 '부정성'을 의미하는 사유로부터 해방이다."[40]

자본에 의해 기획된 문화는 이처럼 인간의 의식을 지배함으로써 인간으로 하여금 현 체제에 대해 저항하고 비판하는 '부정성'의 정신을 소멸

---

37 M. Horkheimer / Th. W. Adorno, 같은 책, 1쪽.
38 M. Horkheimer / Th. W. Adorno, 같은 책, 129쪽.
39 M. Horkheimer / Th. W. Adorno, 같은 책, 130쪽.
40 M. Horkheimer / Th. W. Adorno, 같은 책, 130쪽.

시킨다. 즐거움과 오락 속에서 그리고 유흥들의 홍수 속에서 인간은 함께 소모되며, 자신들이 즐기는 것들과의 거리 두기를 통해 자율적으로 사유할 수 있는 기회를 박탈당한다. 특히 현대 사회에 중요한 대중문화 중의 하나인 영화는 관객들에게 현실에서 경험할 수 있는 모습들을 화면을 통해 그대로 재현함으로써 즐거운 이야깃거리를 제공한다. 고대부터 중요한 오락이었던 연극이 관객과 배우의 역할을 분명하게 구분함으로써 관객들이 무대 위의 장면과 무대 위에서 전개되는 이야기들에 거리두기를 할 수 있었던 것에 반해, 영화에서는 이러한 구분이 모호해진다. 특히 기술의 발전과 함께 영화는 현실 세계를 재현하는 능력이 섬세해진다. 따라서 영화 속의 세계와 현실 세계의 분리가 희미해짐에 따라 관객들은 현실과 영화의 내용을 동일시하게 된다. 호르크하이머와 아도르노는 영화와 현실의 이러한 동일시가 관객으로 하여금 영화의 이야기들로부터 빠져 나와 이러저러한 상상력을 발휘하고 반성적인 성찰을 할 수 있는 여지를 남겨놓지 않음으로써 관객들이 적극적으로 사유하는 것을 불가능하게 만든다고 비판한다. 관객들은 영화를 생산한 자본의 기획에 따라 즐기며, 즐거움으로 소비된 시간들에 만족하고, 그러한 유흥 속에서 고통스러운 현실은 영화의 장면 속으로 사라진다. 그들은 단지 문화를 소비함으로써 자신을 소비하며, 현실에 대한 고통과 진지한 통찰, 그리고 삶에 대한 성찰로부터 도피함으로써 주어진 현실에 순응하게 된다.

호르크하이머와 아도르노는 기술의 발전이 인간의 의식을 단순히 수용하기만 하는 수동적인 상태로 변화시키는 것으로 이해하며, 대중매체, 특히 라디오를 구체적인 사례로 제시한다. 그들에 의하면 라디오는 "청취자들을 서로 엇비슷한 방송 프로그램들에 권위적으로 복종"시킴으로써

"그들을 수동적인 객체"로 만든다.[41] 라디오 그리고 TV나 영화 등 대중 매체의 발달은 근대 이후 인간에 대한 지배적인 관념이었던 자율적 주체라는 칸트적인 신화를 해체시킨다. 인간은 능동적으로 사유하며 비판하고 적극적으로 무엇인가를 생산하는 대신에 단순히 듣고 이해하며 주어진 것을 소모하는 수동적인 존재로 전락한다. 무엇인가를 생산하는 것은 문화 산업이 전담하게 된다. 문화 산업의 관심은 개인들의 욕구를 만족시키는 것이라고 하지만, 실제로는 자본의 축적을 위해 이러한 욕구 자체를 스스로 조작하고 부추김으로써 자신들이 원하는 방식으로 조정한다. 결국 개인들은 문화 산업이 원하는 방식대로 소비하며 순응할 뿐이다.

문화 산업이 야기하는 순응주의는 정치적인 권력의 폭력적인 지배에 의한 순종보다 더욱 더 총체적인 방식으로 인간을 지배한다. 정치적인 독재자는 인간의 육체를 공략할 수 있을 뿐이다. 문화 산업은 인간의 영혼을 지배하며 어느 한 순간이 아닌 여가 시간을 포함한 모든 순간 속에서 자신들이 생산해 낸 상품들을 흡수하기를 요구함으로써 인간을 총체적으로 지배한다.

> "(문화라는) 폭군은 육체를 자유롭게 놓아두는 대신에 곧바로 영혼을 공략한다. 지배자는 이제 더 이상 '너는 나처럼 생각하라, 그렇지 않으면 죽음을 당할 것이다'라고 말하지 않는다. 그는 이렇게 말한다. '나처럼 생각하지 않은 것은 자유다. 너의 생명이건 재산이건 계속 네 것으로 남아 있을 것이다. 그렇지만 오늘 이후 너는 우리들 사이에서 이방인이 될 것이다.'"[42]

---

[41] M. Horkheimer / Th. W. Adorno, 같은 책, 109쪽.
[42] A. de Tocqeville, *De la Democratie en Amerique,* Band II (Paris, 1864),

문화 산업은 또한 자신들이 생산해 낸 상품들을 대량으로 생산하고 대량으로 소비하도록 부추겨, 이러한 행렬에 동참하지 않은 소비자들을 소외시킨다. 특히 기술의 합리성에 의한 대량 생산을 통해 적은 시간을 투자하여 더욱 더 많은 상품의 생산이 가능하게 된다. 문화 산업은 자신을 배후에서 조정하는 자본의 증식이라는 목적을 달성하기 위해 소비자들에게 상품들을 대량으로 소비하도록 은밀한 방식으로 강요한다. 예술과 문화라는 이름으로 위장된 문화 산업은 자신들이 생산해 낸 상품에 '문화적'이라는 권위를 부여함으로써 자신들의 상품을 소비하지 않은 자들을 '비문화적인' 존재로 낙인찍거나 혹은 시대에 뒤떨어진 자들이라는 이데올로기를 유포한다. 결국 모두가 문화 산업에 의해 대량으로 생산된 상품들을 기꺼이 소비함으로써 소비자들은 서로 서로 유사해진다. 문화 산업은 이러한 유사성을 누구나 추구해야 할 가치를 담지하고 있는 '유행'으로 포장한다. 그리하여 문화 산업은 이러한 '유행'을 따르는 것이 자신의 측면에서는 시대정신을 구현하는 것으로, 소비자의 관점에서는 시대정신을 실현하는 것으로 착각하게 한다.

호르크하이머와 아도르노는 문화 산업이 대량 생산에 의한 상품들의 유사성과 이들에 의해 지배되는 인간의 의식의 유사성을 통해 궁극적으로 생산과 소비의 통일성에 의존한 '체계의 통일성'을 만들어 내는 것으로 이해한다. 끊임없이 유사하거나 동일한 내용을 쏟아내는 라디오와 TV의 뉴스와 음악 그리고 오락들에 의해 인간의 의식은 점령당한다. 그들은 자본에 의해 제공되는 동일한 것들을 사유하고 동일한 것들을 느끼며 점차 서로 동일하게 되어간다. 또한 닭장 같은 집들처럼 유사해진 주택양식이나 수없이 동일하게 만들어진 '규격품'들은 인간의 삶의 양식을 더욱

151쪽, M. Horkheimer / Th. W. Adorno, 같은 책, 120쪽에서 재인용.

더 유사하게 만든다. 기술의 발전은 이러한 동일성을 더욱 가속화시킨다. 특히 기술의 발전으로 끊임없이 동일한 상품을 재생산하는 과정에 대해 문화 산업은 "수많은 사람들에게 수많은 장소에서 동일한 상품에 대한 동일한 욕구를 충족" 시키기 위한 불가피한 방식이며, 동일한 규격품은 "본래 소비의 욕구에서 나왔으며, 그 때문에 규격품은 별 저항 없이 받아들여진다" 사실을 강조한다.[43] 대량으로 복제되는 규격품들에 의해 예술이 지닌 고유성은 해체되고, 예술은 단순한 상품으로 전락함으로써 예술과 더불어 이를 향유하는 인간의 의식 그리고 이를 생산하는 인간의 정신이 사물화된다. 인간의 의식과 정신을 지배하는 문화 산업은 총체적인 사물화를 통해 자본의 지배력을 더욱 더 강화하는 데 기여한다.

인간의 여가 시간은 문화 산업이 제공하는 획일적 생산물들을 소비하는 것으로 채워지면서 소비자는 무엇을 소비할 것인지조차 고민할 필요가 없다. 즉 "소비자가 직접 분류할 무엇은 더 이상 남아있지 않다. 생산자들이 소비자를 위해 그러한 분류를 이미 다 끝내 놓았기 때문이다."[44] 문화 산업은 소비자들이 자신들의 경제적 수준에 따라 충분히 소비할 수 있도록 치밀한 계산에 따라 다양한 상품을 제공한다. 그러나 상품의 다양성은 상품의 질의 다양성은 아니다. 상품들 사이의 차이는 오직 경제적 가치로, 즉 생산을 위해 투자된 자본의 양의 차이로 환원된다. 인간이 소비하는 상품의 질의 상실과 함께 문화 산업은 인간으로부터 다양한 종류의 감각능력조차 빼앗아 결국 차이를 상실한 인간들은 대량으로 복제되는 생산물과 마찬가지로 복제 가능한 존재가 된다. 대량으로 복제하는 문화 산업에 의해 예술의 고유성이 상실되듯이 대량으로 소비하는 객체로

---

43 M. Horkheimer / Th. W. Adorno, 같은 책, 109쪽.
44 M. Horkheimer / Th. W. Adorno, 같은 책, 112쪽.

전락한 개인들은 자신들의 특수성을 상실한다. 개인들은 차이가 없는 동일한 '대중'으로서 언제든 대체 가능한 존재가 된다.

> "문화 산업은 '유적 존재'로서 인간을 고약한 방식으로 실현시켰다. 모든 사람은 다른 사람에 의해 대체 가능하다. 그는 교체 가능한 복제물에 불가하다. 하나의 개인으로서 각자는 절대적으로 대체 가능한 존재로서 절대적인 무(無)다."[45]

호르크하이머와 아도르노는 20세기 이후 지배적인 삶의 양식이 된 문화 산업을 분석함으로써 인간의 정신적 삶인 예술과 문화 속에 스며든 물화의 과정을 구체적으로 밝히고자 한다. 자본의 증식이라는 시대적 과제에 의해 움직이는 산업이 문화와 결탁함으로써 계몽정신은 인간의 물질적이며 사회적인 삶뿐만 아니라 정신적이며 문화적인 삶까지 규정하는 원리로 작동하기 때문이다. 그들에 의하면 예술과 문화는 인간 사유의 '부정성'이 표현되는 장소로 현실 세계의 부조리함과 고통에 대한 저항할 수 있는 중요한 매개체이다. 그러나 인간의 고유성과 독자성을 드러내는 예술과 문화가 산업으로 전락하면서 예술적 심미성은 단순한 오락과 유흥으로 변질된다. 문화 산업이 제공하는 오락과 유흥은 결국 현실 세계의 부조리함에 대한 저항보다는 오히려 고통스러운 현실을 잊게 함으로써 궁극적으로 현실에 순응하게 한다. 결국 부조리한 현실에 대한 저항 의식의 상실은 더 나은 미래에 대한 가능성과 희망을 차단시킨다. 따라서 호르크하이머와 아도르노가 계몽정신의 분석과 인간의 내면까지 물화시키는 문화 산업을 해부함으로써 도달하게 된 역사적 비관주의는 더 이상 어

---

45 M. Horkheimer / Th. W. Adorno, 같은 책, 131쪽.

떤 해방의 출구도 찾을 수 없는 것으로 보인다. 그러나 그들이 행한 문화 산업에 내재한 자본주의적 음모와 획일화에 대한 폭로는 문화의 보편적인 양식이 된 현대 사회의 문화 산업에 대해 진지한 성찰을 할 수 있는 단초를 제공해준다.

4) 자기보존의 원리와 이성

호르크하이머와 아도르노에 의하면 근대적 이성은 칸트의 정의처럼 "다른 사람들의 인도를 받지 않고 자신의 오성을 사용할 수 있는" 자율적 능력이나 혹은 헤겔이 이해하듯이 자립적인 개인들이 자신들을 타인과 매개시킬 수 있는 "상호인정" 능력이 아니라 사실은 "자기보존의 원리"를 관철하는 것이다. 현대성과 계몽적 이성, 자기 동일적인 주체성 그리고 고대 신화에 대해 호르크하이머와 아도르노가 행한 비판은 궁극적으로 신화시대부터 인간의 모든 행위의 추동력이라 할 수 있는 자기보존원리에 대한 비판으로 수렴되어 진다. 홉즈 이래 정당한 권리를 부여받았던 자기보존문제는 호르크하이머와 아도르노에게는 신화 이래 인류의 역사를 관통하는 가장 어두운 그림자이다. 이러한 자기보존의 원리는 호르크하이머와 아도르노에 의하면 필연적으로 자연과 다른 인간에 대한 지배, 즉 인간의 타자로서 규정된 외적인 자연과 자신의 내적 자연에 대한 폭력 그리고 사회적 지배관계를 야기한다. 그러나 자기보존은 모든 생물체와 마찬가지로 인간이 자신을 보존하고 유지하고자 하는 것을 목표로 하는 모든 인간의 정당한 행위라는 실천적인 의미를 내포하고 있다. 인간의 생물학적인 권리인 자기보존과 관련하여 호르크하이머와 아도르노가 행한 비판은 두 가지 관점에서 이루어진다.

첫 번째는 자기보존을 위한 실천적인 행위 방식에 관한 것이다. 그들은 자기보존이 자신을 유지하고자 하는 수동적인 태도가 아니라, 적극적으로 자연과 관계하는 방식이라고 본다. 자기보존에 근거한 자연과의 관계방식은 필연적으로 자연에 대한 지배 그리고 타인에 대한 지배를 함축한다는 것이다. 그들은 타자에 대한 지배에 근거해 있는 자기보존의 방법이 특수한 사회적 형태, 즉 근대 이후 자본주의적인 사회형태에 국한된 것이 아니라 신화시대를 포함한 인간의 전 역사과정에서 나타나는 것으로 이해한다.

두 번째 비판은 자기보존이 전체 사회를 지배하는 총체적인 원리가 되었다는 것이다. 즉 인간은 자기보존 이외의 어떠한 숭고한 이상도 지니지 않으므로, 모든 행위와 사고는 자기보존이라는 유일한 가치판단에 의해 규정된다는 것이다. 따라서 자기보존이 지배적인 가치가 된 근대 이후에는 유용성의 원리가 모든 것을 평가하는 기준이 된다. 이와 함께 사물화가 전면적으로 진행된 기술 지배적인 산업사회가 전체 사회를 관통하게 된다. 그들에 의하면 합리성에 근거한 계몽화된 세계에서 "자기보존에 대한 합리적 고려 없이 직접적인 삶에 자신을 내맡기는 사람은 [...] 원시인으로 후퇴"[46]하는 것을 의미한다. 자기보존문제와 관련된 호르크하이머와 아도르노의 비판은 이중적인 방식으로 행해진다. 그들은 한편으로는 자기보존의 타자 지배적 성격을 밝히기 위해 고대 신화에까지 거슬러 올라가는 계보학적인 방법을 사용하며, 다른 한편으로는 기술이 지배하는 산업사회의 사유양식과 문화양식에 대한 내재적 비판을 수행한다. 그들은 자신들의 주저인 『계몽의 변증법』에서 계보학적인 방식과 비판적인 방식을 상호 중첩된 형식으로 서술한다. 이러한 방식을 통해 그들은 자기보존의 원리가 인간이 숙명적으로 감내해야 하는 자기파괴의 원리임을 나타

---

[46]   M. Horkheimer / Th. W. Adorno, 같은 책, 30쪽.

내보이고자 한다.

자기보존은 고대와 중세의 사유에서도 중요한 의미를 지닌 개념이었다. 스토아주의적인 전통이나 아리스토텔레스적인 전통에서 종의 보존과 개체의 유지를 의미하는 자기보존은 자연의 합목적성에 따르는 실천적 행위이다. 그들의 이론적 전통에 의하면 인간은 자기보존 행위를 통해 자기완성을 지향한다. 따라서 자기보존적인 행위는 자연의 올바른 질서를 인간의 삶 속에서 실현시키는 윤리적 의미를 함축하고 있었다.[47] 그러나 근대적 사유에서 자기보존은 더 이상 종의 보존이나 자연적 질서를 실현시키는 것으로, 이와 함께 자기완성이라는 숭고한 목적을 위한 부차적 활동으로 이해되지 않는다. 자기보존을 인간의 절대적 권리로 이해한 홉즈의 사유 속에서 명확하게 표현되듯이 자기보존은 그 자체가 목적이다. 그것은 개인의 행위를 규정하는 중심원리로서 종의 보존이 아니라 오히려 종을 파괴할 수 있는 힘을 담지하고 있는 것으로 간주된다.

호르크하이머와 아도르노는 자기보존을 인간의 행위를 추동하는 근본적인 원리로 이해한 홉즈의 이론을 비판적으로 계승한다. 그들은 자기보존을 위해 계약관계를 형성하고 절대군주를 옹호하는 것 속에 함축된 홉즈의 도구적 이성개념을 근대적 이성의 전형으로 받아들이지만, 동시에 이러한 도구적 이성에 의해 매개된 자기보존의 원리 속에서 오직 타자를 지배하고자 하는 폭력적 힘만을 간취해 낸다. 그들에 의하면 자기보존의 원리가 전 사회를 총체적으로 지배하게 된, 그리고 이성이 오직 자기보존을 위한 수단으로만 작동하는 계몽화된 세계는 자기파괴로 나아가는 퇴

---

[47] H. Blumenberg, "Selbsterhaltung und Beharrung", *Subjektivität und Selbsterhaltung*, H. Ebeling(Hrsg.) (Frankfurt a. M.: Suhrkamp, 1996). 145쪽 참조.

행의 싹을 필연적으로 함축하게 된다.

근대 이후 사회적 진보와 인간의 자유를 약속한, 그리고 모든 진리판단의 기준으로써 절대적인 가치를 부여받았던 이성은 사실은 자기보존을 위해 현실적 지배관계를 더욱 견고하게 하는 수단으로 작동한다. "인간에게서 공포를 몰아내고 인간을 주인으로 세우는"[48] 근대적 주체의 계몽적 이성이 사실은 인간의 자기보존을 위한 목표지향적인 실천적 행위에 가장 효율적으로 작용하는 도구였던 것이다. 특히 근대에 있어서 이성의 능력들은 "시민들에게 이미 항상 개인의 자기보존과 관련하여 정의되어왔다. [...] 로크의 규정에 의하면 이성은 지적 활동을 인도하는 것이다. 이러한 지적 활동이 어떤 목적에 기여하는 것이든 말이다. 그러나 모든 특정한 목적과의 이러한 분리선언은 이성이 단자들의 자기 이해관심의 마력으로부터 벗어나는 것과는 거리가 아주 먼 이야기이다. 오히려 이성은 단자들의 어떤 임의의 목적에도 더욱 더 기꺼이 봉사하는 절차들을 이룰 뿐이다."[49] 따라서 이성은 올바르게 판단할 수 있는 논리로서 세계를 이해하고 보편적 진리를 발견하려는 사유라기보다는 인간의 자기보존을 위해 조직하고 체계화하며 계산하는 능력이다. 이성은 모든 것을 포괄하는 경제체제의 단순한 보조수단이며, 자연과 세계, 즉 타자를 지배하기 위해 가장 효과적으로 작동되는 도구로 간주된다.

근대 이후 유럽에서 자유를 실현하는 능력으로 이해되었던 이성은 자신의 숭고한 기능을 상실하고 사회의 모든 병리적인 현상을 지속시키고 확장시키는 단순한 도구로 전락한다. 즉 이성은 타자 지배를 확고히 하기

---

48   M. Horkheimer / Th. W. Adorno, 같은 책, 7쪽.

49   M. Horkheimer, "Vernunft und Selbsterhaltung", H. Ebeling(Hrsg.), *Subjektivität und Selbsterhaltung* (Frankfurt a. M.: Suhrkamp, 1996), 47쪽.

위해 모든 타자를 체계화하고 개념화함으로써 동일성의 원리로 귀속시킨다. 개념화와 체계화는 모든 사물이 지닌 특수성을 배제하고 동일한 것으로 규정되어야 가능하다. 따라서 개념화하는 "이성은 동일성의 논리에 의해, 동일하지 않은 것을 동일하게 만드는 추동력에 의해 지배된다."[50] 따라서 이성에 의한 개념화 과정은 동일한 속성에 의해 규정되는 개념으로 포착되지 않은 것, 즉 특수하고 우연적인 것들을 억압하고 배제하는 폭력적 기제를 함축하게 된다. 또한 이성은 실증주의와 실용주의적 사고에서 나타난 것처럼 주어진 현실에만, 혹은 현실적으로 존재하거나 증명 가능한 것에만 관심을 갖는다. 이성에게 현실 세계를 벗어난 어떤 것도 용납되지 않는다. 유용성이 진리를 위한 가장 중요한 척도가 되며, 이와 함께 이성은 오직 자기보존을 위한 유용한 것에만 집착한다. 이러한 이성의 활동은 인간의 상상력을 파괴시킨다. 인간은 더 나은 세계에 대한 동경과 이상을 쓸모없는 일로 간주함으로써 사회 속에 내재하는 다양한 모순들을 반성하고 비판하는 능력을 상실한다. 호르크하이머와 아도르노 의하면 "실재하는 세계를 만들어가는 일로부터 사유를 분리시키는 것, 즉 현존하는 속박의 틀로부터 빠져나가려는 것은 과학의 정신에 미친 짓이거나 자기파괴로밖에 여겨지지 않는다."[51]

호르크하이머와 아도르노는 자기보존의 원리와 도구적 이성에 대한 비판을 현실에 대한 진단, 즉 자기보존이 유일한 목적이자 현실을 지배하는 궁극적인 원리가 되어버린 현실사회에 대한 현상적인 진단으로부터 출발한다. 그러나 그들은 이러한 현상적인 진단을 넘어 자기보존이 절대적인 목적이 되어버린 현실 사회의 궁극적인 원인을 해명하려고 시도하

---

50 S. Benhabib, 『비판, 규범, 유토피아』, 정대성 옮김 (서울: 울력 2008), 219쪽.
51 M. Horkheimer / Th. W. Adorno, 같은 책, 26쪽.

기 보다는 자기보존을 그리고 이를 위한 도구적 이성을 인간의 본성에 내재해 있는 것으로 실체화시킴으로써 자신들의 이론을 탈역사화한다. 계몽적 이성에 대한 그들의 총체적 비판은 현실 세계를 지배하는 자기보존의 원리보다는, 오히려 인간의 기본권인 자기보존을 위협함으로써 자기보존을 유일한 목적이 되게 만드는 사회적 기제, 즉 자본주의적인 경쟁체제에 향해 있을 때 비로소 현실성을 지닐 수 있다. 굶주린 사람들에게, 그리고 미래에도 여전히 굶주리게 될 수 있다는 불안 속에서 오직 자기보존을 위해 노력하는 사람들에게 자기보존적인 이성에 대한 그들의 비판은 공허한 외침이거나 사치스러운 관념적 절규로 간주될 수 있다.

결국 호르크하이머와 아도르노는 계몽적 이성에 대해 자신들이 행했던 비판을 자신들도 벗어나지 못하는 아포리아에 처하게 된다.[52] 이와 관련해 하버마스는 계몽적 이성에 대한 비판으로 소진된 그들의 공저인 『계몽의 변증법』을 "이성의 자기비판에 진리의 길을 제시하며, 동시에 이 완성된 소외의 단계에서도 아직 진리의 이념에 접근할 수 있다는 가능성을 부정"하는 "역설적 사건"으로 이해한다.[53] 물론 이러한 한계에도 불구하고 그들이 계몽적 이성에 대한 비판을 통해 보여주고자 했던 현대 사회의 "새로운 야만성"에 대한 고발은 유용성의 논리 그리고 자기보존의 논리에만 매몰된 현실을 벗어나 '부정성'과 '비판'의 논리로 현실을 접근할 수 있는 단초를 제공하며, '계몽의 계몽'이라는 시대의 절박한 과제를 충실하게 수행한 것이라 할 수 있다.

---

[52] 벤하비브에 의하면 "계몽과 문화적 합리화로 인한 재난적 상황이 이성을 구성하는 동일성 논리의 극치를 드러낼 뿐이라면, 바로 그 동일한 이성의 도구로 수행된 계몽의 변증법 이론은 스스로가 저주했던 그 지배의 구조를 영속화한다". S. Benhabib, 같은 책, 226쪽.

[53] J. Habermas, 같은 책, 556쪽.

2. 아렌트(H. Arendt): 노동과 자기보존, 그리고 세계소외

1) 필연성의 영역과 자유의 영역

20세기 대표적인 정치 철학자인 아렌트는 비판이론가인 호르크하이머와 아도르노와 마찬가지로 자신의 철학적 사유를 '현대성'에 대한 비판으로부터 시작한다. 특히 그들은 자기보존문제를, 경제와 유용성의 원리가 지배하는 현실 사회를 비판의 중심으로 삼는다는 점에서 이론적 유사성을 지니고 있다. 그러나 호르크하이머와 아도르노가 현대성을 총체적으로 문제 삼아 역사에 대한 비관주의적 관점으로부터 벗어나지 못했다면, 아렌트는 자기보존과 자본의 증식을 위한 "경제적인 것"이 지배적인 가치로 변질된 근대 이후의 사회적 상황을 비판하며 인간의 자유 실현을 가능하게 하는 '정치적인 것'의 회복을 시도한다. 그녀에 의하면 "경제적인 것"이 다른 동물들과 인간이 공유한 생존과 연관되어 있다면, "정치적인 것"은 인간만이 지닌 고유한 실존적 조건으로 단순한 생존을 벗어나 인간에게 자유의 토대를 마련해주는 실천적인 기제이다.

아렌트는 자신의 실천철학을 구성하는 핵심적인 요소인 "경제적인 것"과 "정치적인 것"을 인간의 삶의 실존적 조건인 "노동(labor)과 작업(work), 그리고 행위(action)"로부터 유추해 낸다. 그녀에 의하면 고대 이후 철학에서 중심적인 문제로 다루어지는 인간의 본성이나 본질은 오직 "신만이 알 수. 있고 정의 할 수 있는" "신학적 물음"이다. 그것은 인간의 인식능력을 벗어나 있을 뿐 아니라 개념적으로 정의하기도 어렵다.[54] 그러나 인간의 활동적 삶의 조건인 노동과 작업, 그리고 행위는 "인간이 지상에서 살아가는데 주어진 기본 조건들에 상응하기 때문에 인간의 근본

---

[54]   H. Arendt, 『인간의 조건』, 이진우 · 태종호 옮김 (서울: 한길사, 2009), 58쪽.

활동"[55]이라 할 수 있다. 그녀가 제시한 인간의 조건 중의 하나인 노동은 "인간신체의 생물학적 과정에 상응하는 활동"[56]이다. 노동은 인간의 생명을 유지하기 위해 필수적인 것이다. 인간의 다른 실존적 조건인 작업은 공작인의 특성으로서 노동의 산물처럼 단순히 소비되지 않은 지속성을 지닌 사물들을 만들어 낸다. 특히 인간은 작업을 통해 자연적인 세계로부터 탈피하여 자신이 만든 인위적인 세계 속에 거주하게 된다. 문명의 발전은 이러한 작업능력과 밀접한 연관 속에 있다고 할 수 있다. 그러나 생존의 필연성에 의해 규정되는 노동과 이러한 목적을 달성하기 위한 수단을 생산하는 작업은 사적 영역에 속하기 때문에 자유로운 활동이 아니다. 노동은 인간이 탄생부터 죽음에 이르기까지 생명을 보존해야 한다는 생물학적인 필연성과 연결되어 있으며, 작업은 인간의 필요와 욕구에 따라 오직 유용한 것만을 생산해야 한다는 필연성에 의해 규정되기 때문이다.[57]

아렌트는 필연성이 지배하는 영역으로부터 벗어나 언어적 소통을 통해 타인들과 관계를 맺는 것을 가능하게 하는, 자신을 외부로 현시하는 '행위'에 의해서 비로소 인간의 자유가 가능한 것으로 이해한다. 아렌트의 정치이론의 핵심개념인 행위는 자유를 실현시키는 "공적 세계"에 근거한 정치적 공동체의 토대를 이룬다. 행위는 인간의 실존적 조건으로부터 유추된 "다원성으로서 인간 조건, 즉 보편적 인간이 아닌 복수의 인간들이 지구상에 살며 세계에 거주한다는 사실에 상응한다"[58]. 행위는 물질적인 매개 없이 오직 인간들 사이에서 행해지는 활동으로서 "평등하며 서로 다

---

55   H. Arendt, 같은 책, 55쪽.
56   H. Arendt, 같은 책, 55쪽.
57   H. Arendt, 같은 책, 62쪽.
58   H. Arendt, 같은 책, 56쪽.

른" 복수의 인간들이 자신을 드러내는 방식이다. 아렌트에 의하면 이러한 행위가 발생하는 곳이 "공적 세계"이다. 이러한 공적 세계는 자연적 필연성에 의해 지배되는 사적 영역으로부터 완전히 독립해 있으며, 동물과 완전히 구별되는 인간만의 고유한 특성을 드러내주는 정치적 공간이다.

아렌트는 이러한 공적 세계의 전형적인 모형을 역사적으로 고대 그리스 사회에서 발견한다. 노예와 시민이라는 신분제에 기반한 고대 그리스 사회에서 인간의 자유는 생존이나 자연적 욕구에 의해 규정되는 필연성의 영역을 벗어나야만 비로소 가능한 것으로 이해되었다. 생계를 위해 필요한 노동은 노예에게 귀속되었다. 자유인인 시민은 생존의 필연성과 관계없는 일, 즉 공적 영역이라 할 수 있는 폴리스의 일에 간여하거나 자신의 개인적인 관심사에 몰두할 수 있었다. 고대 그리스의 대표적인 철학자인 아리스토텔레스는 자유인의 세 가지 삶의 방식으로 육체적 쾌락을 향유하는 삶, 폴리스의 일에 간여하는 삶, 그리고 영원한 것을 탐구하는 철학자의 삶을 제시한다. 아리스토텔레스가 제시한 이와 같은 삶의 방식은 인간의 생물학적인 자기보존과 관련된, 생계에 필요한 모든 활동을 배제함으로써, 따라서 생계를 위해 오직 노동에만 종사하는 노예를 전제할 때 비로소 실현될 수 있다.[59] 자유인에 대한 아리스토텔레스적인 사유는 노예와 자유인으로 이분화된 신분제라는 사회적 조건에 의존해 있는 고대 그리스 사회의 고유한 특성을 반영한 것이다.

아렌트는 자유에 대한 고대 그리스 사회의 이해를 자신의 정치 철학적 토대로 삼는다. 물론 그녀는 필연성의 영역을 담당하는 노예의 존재를 인정하지는 않지만, 정치적 행위를 통해 표현되는 자유가 필연성의 영역으로부터 엄격히 분리될 때 가능하다고 생각한다. 그녀는 인간의 활동 중에

---

[59]   H. Arendt, 같은 책, 62쪽.

자연적 욕구와 특정한 목적에 의해 규정되는 노동과 작업을 필연성의 영역으로 그리고 자신을 외부로 현시함으로써 타자와의 관계성을 산출해내는 행위를 자유의 영역으로 규정한다. 이와 함께 그녀는 인간의 자유가 생물학적 욕구나 필연성으로부터 벗어나 언어적 행위를 통해 자신을 현시함으로써 타인과의 관계를 형성하는 '행위'에 의해서만 실현될 수 있음을 강조한다. 그녀에 의하면 노동은 오직 생존을 위해 필요한 것을 생산하는 인간의 활동일 뿐이다. 따라서 노동은 자연적 생명을 지속시킨다는 필연성에 의해 규정될 뿐 그 이상 어떤 의미를 지니지 않는다. 즉 노동은 "생명이외의 어떤 것도 생산하지 못한다."[60] 또한 생명이 탄생과 죽음이라는 자연적 순환운동에 의해 지배되듯이 생명을 존속하기 위한 활동인 노동은 생산과 소비라는 끊임없이 반복되는 순환과정에 노출되어 있다. 즉 "노동은 언제나 똑같은 순환 속에서 움직이며 이 순환은 생명유기체의 생물학적 과정에 의해 규정된다."[61]

아렌트는 노동을 생물학적인 연관성 속에서만 파악함으로써 단순히 소비만 하는 소모성과 반복성을 지닌 것으로, 그리고 이를 통해 노동을 지속성을 지닌 대상을 만들어내는 작업과는 구분되는 것으로 이해한다. 특정한 목적을 달성하기 위한 수단을 생산하는 활동인 작업은 인간으로 하여금 자신에게 필요한 다양한 도구들을 만들어냄으로써 자연세계와는 다른 인간만의 고유한 세계에서 생활하는 것을 가능하게 한다. 생산과 소비라는 끊임없는 순환과정에 종속된 노동과는 확연히 구분되는 인간의 고유한 실존적 조건을 구성하는 작업은 특정한 목적에 지배됨으로써 아무런 목적의식 없이 순수한 자기 표현적 활동인 행위에 의해 실현되는 자

---

60   H. Arendt, 같은 책, 143쪽.
61   H. Arendt, 같은 책, 153쪽.

유와는 상관이 없다. 따라서 아렌트는 노동과 작업을 모두 필연성의 지배를 받지만 서로 다른 인간의 실존적인 조건에 상응하는 활동으로 구분한다. 작업을 함축한 포괄적인 의미의 노동을 자신과 세계를 만들어내는 창조적 행위로 이해함으로써 노동 속에서 인간의 참된 본질과 자유 실현의 가능성을 발견했던 헤겔과 마르크스와는 달리 아렌트는 노동 속에서 오직 생존을 위한 반복적인 수고만을, 그리고 작업 속에서 목적 지향적인 수단을 생산하는 활동만을 행하는 것으로 이해한다.[62] 헤겔과 마르크스는 인간의 노동이 사유에 의해 매개된다는 점에서 동물적 활동과는 엄격히 구분하지만, 아렌트는 노동과 작업이 단순히 생존을 위한 활동이거나 혹은 생존을 위한 목적 지향적 활동이라는 점에서 동물적 행위와 유사한 것으로 이해한다. 따라서 인간의 실존적 조건으로서 아렌트가 행한 노동과 작업의 구분은 그녀의 정치 철학적인 체계 속에서 큰 의미를 지니고 있지는 않다. 아렌트의 정치 철학은 근본적으로 노동이 지배하는 필연성의 영역과 행위에 의해 표현되는 자유의 영역이라는 이분법적 사유에 근거해 있기 때문이다. 노동과 작업에 대한 아렌트의 이러한 구분은 인간의 실존적 조건을 명확하게 드러내고, 근대에 지배적 가치가 된 노동의 본질적

---

62 빌라는 노동에 대한 이해에 있어서 "아렌트 진영"과 "맑스와 헤겔 진영의 차이"를 단순히 "의미의 차이"로 규정한다. 그러나 이러한 차이는 의미 이상의 차이를 함축하고 있다. 헤겔과 맑스가 노동을 자기보존과 더불어 자아실현적 요소를 강조한데 반해 아렌트는 노동 속에서 오직 자기보존적 요소만을 발견하기 때문이다. 자기보존과 자아실현이라는 이중적 의미에서 노동을 파악할 때 노동은 인간의 자유와 밀접한 관련을 맺게 된다. 노동은 자기보존을 통해 자연의 필연성으로부터 해방이라는 소극적 의미의 자유와 자아실현을 통한 적극적 의미의 자유를 가능하게 하기 때문이다. 아렌트는 이러한 노동 속에서 오직 인간의 자기보존적 요소만을 간취해 냄으로써 노동을 부자유와 동일시 한다. D. R. Villa, 『아렌트와 하이데거』, 서유경 역 (서울: 교보문고, 2000), 70쪽.

의미를 밝히는 데 기여할 뿐이다.

아렌트에 의하면 노동은 인간의 자기보존을 위한 생물학적인 활동으로서 오직 본능에 따른 동물적인 행동에 지나지 않는다. 그녀는 "사람이 다른 동물적 형태의 삶과 공유하는 것을 인간적인 것으로 여기지 않은"[63] 고대 그리스적 사고를 토대로 생물학적인 필연성에 지배되는 인간의 존재를 인간적이기보다 동물적인 것으로 본다. 그리하여 그녀는 노동하는 인간존재를 "노동하는 동물"로 규정한다.

> "노동하는 동물의 개념에서 사용되는 '동물'이라는 단어는 전적으로 정당하다. 노동하는 동물은 단지 한 종일뿐이며, 기껏해야 지구에 거주하는 동물 종중에서 최고의 종일뿐이다."[64]

아렌트가 노동을 동물적 활동과 동일한 차원에서 이해하는 것은 무엇보다도 인간의 고유한 속성으로 이해되는 정치적 행위와 이러한 정치적 행위가 이루어지는 '공적 세계'의 중요성을 강조하기 위해서이다. 아렌트에 의하면 자연적인 필연성에 지배되는 노동하는 삶은 자유인의 삶이 아니며 인간은 이러한 필연성의 영역에 종속되지 않을 때, 즉 자기보존을 위한 노동에 의해 지배되는 삶을 살지 않을 때 비로소 진정으로 인간적인 인간, 즉 자유인이 될 수 있다. 물론 노동과 작업은 인간의 자기보존을 위해 반드시 필요한 인간 삶의 실존적 조건들이다. 그러나 노동과 작업은 인간의 자유로운 삶과는 관계가 없다. 오히려 이러한 것들이 삶의 모든 내용들을 구성할 때 인간은 자유로부터 멀어진다. 아렌트에게서 자유는

---

63   H. Arendt, 같은 책, 139쪽.
64   H. Arendt, 같은 책, 139쪽.

억압으로부터 해방을 의미하는 소극적 의미가 아니다. 그녀에 따르면 참
된 의미의 자유는 언어적인 행위를 통해 자신을 드러냄으로써 타인과의
관계를 산출해내는 적극성을 통해 실현될 수 있다.[65] 인간의 조건에 상응
하는 인간의 활동 중 노동과 작업은 타인의 존재와 상관없이 자연과만 관
계하는 독자적 활동이지만, 자유로서의 행위는 오직 타인들이 함께 존재
하는 곳에서 나타난다. 따라서 행위는 타인의 현존 속에서 자신을 드러냄
으로써 상호적인 소통이 이루어지는 공적 영역을 전제한다.

> "우리는 처음에 자유 또는 그것의 반대를 우리 자신과의 대화가
> 아니라 타인과의 대화 속에서 자각하게 된다. 자유는 사유의 속성이
> 나 의지의 특질이 되기 이전에 자유인의 지위에 수반되는 것으로 이
> 해되었으며, 이러한 지위는 그가 [...] 세계 속에 들어와 말과 행위를
> 통해 다른 사람들과 만날 수 있게 했다. [...] 자유는 동일한 지위에
> 있는 타인들의 동석(同席)을 필요로 했고, 또한 그들을 만날 공통의
> 공적 영역을 필요로 했다."[66]

자유가 실현되는 공적 영역은 노동이 지배하는 사적 영역과 완전히 분
리되어 개인적인 이해관계나 목적의식이 배제된 순수한 "현상의 공간"
이다. 공적영역에서 타인들에게 자신의 현존함을 알리는 행위를 수행함
으로써 드러나는 인간의 자유는 근대적인 의미의 개인주의적 자유가 아

---

[65] 벌린은 인간의 자유를 "침범을 막는다는 소극적 목표"로 구성되며 따라서 "~로부
      터의 자유"를 의미하는 소극적 자유와 "스스로 자신의 주인이 됨"을 구성요소로 하
      는, 따라서 "~을 향한 자유"로 나타나는 적극적 자유로 구분한다. I. Berlin, 『자유
      론』, 박동천 옮김 (서울: 아카넷, 2006), 344쪽 이하.
[66] H. Arendt, 『과거와 미래 사이』, 서유경 옮김 (서울: 푸른 숲, 2009), 202쪽 이하.

니라 타인과의 관계망 속에서 이루어지는 정치공동체의 자유라 할 수 있다.[67] 아렌트는 평등하고 서로 다른 인간들이 자신들을 드러낼 수 있는, 그리고 누구에게나 열려있는 정치 공동체인 공적 영역을 확고히 구축해야만 비로소 진정한 자유의 실현이 가능한 것으로 이해한다.

2) 현상의 공간과 공적 영역

아렌트의 정치 철학적 사유는 인간 활동의 영역을 개인적인 욕구와 필요가 지배하는 사적인 영역과 타인과의 관계를 통해 형성하는 공적인 영역으로 엄격히 구분하는 것으로부터 시작한다. 그녀의 정치 철학적 토대를 구성하는 이러한 구분은 무엇보다도 자기보존과 종족보존을 위한 생물학적 필요와 욕구가 지배하는 사적 영역으로부터 인간만의 고유한 활동인 정치적 행위가 지배하는 공적 영역의 독립성을 강조하는 데 있다. 그녀에 의하면 사적 영역은 인간의 자연적 욕구를 충족시키기 위한 영역으로서 필연성이 지배하는 반면, 공적 영역은 생물학적인 욕구와는 독립적으로 인간의 고유한 특성에 의해 만들어진 인위적인 세계이자 동시에 언어적 소통을 통해 비로소 드러나는 공간이다.

아렌트는 인간에게만 나타나는 이러한 공적 영역의 가능성을 역사적인 사실과 인간의 실존적 조건으로부터 유추해 낸다. 그녀에 의하면 고대 그리스 사회에서 자연적 공동체인 가정(oikos)으로부터 독립적으로 존재했던 정치적 조직체인 폴리스는 단순히 생존을 위한 삶을 넘어서 존재하는 영역으로 인간에게 고유한 삶의 활동이 있다는 것을 보여주는 구체적

---

67 김비환에 의하면 아렌트의 정치공동체는 "인간의 사회적 본질이 아닌 공적 본질에 기초를 두고 있으며, 경제적 또는 물질적 상호의존성이 아니라 존재론적인 상호의존성에 기초하고 있다." 김비환, 『축복과 저주의 정치사상』(서울: 한길사, 2001), 75쪽.

예시이다. 무엇보다도 인간의 "두 번째 삶인 정치적 삶"[68]이 이루어지는 폴리스에서는 힘과 폭력이 아닌 언어를 통한 설득이 인간의 관계를 규정하였다. 그 곳에서는 개인적인 생존문제가 아닌, 도시 공동의 삶, 즉 공적인 문제가 주된 논의의 대상이었다. 이러한 폴리스는 어떤 특정한 목적을 달성하기 위해 형성된 공간, 즉 "외재적 목적"을 실현하기 위한 공간이라기보다는 인간이 자신을 자유롭게 표현하기 위한 자율적인 행위를 통해 구성된 장소였다. 폴리스에서의 삶은 다수의 평등한 인간들이 언어적 행위를 통해 자신을 드러내며, 그들 모두에게 가치가 있다고 생각되는 사안에 대해 함께 논의하고 결정함으로써 공동의 삶의 세계를 만들어 내는 것을 통해 이루어졌다. 따라서 고대 그리스의 폴리스는 그 자체가 "자기 충족적인" 장소로서 평등한 개인들이 상호 소통하는 행위를 통해 자신들의 자유를 드러내는 곳이었다.[69]

아렌트는 고대 그리스 사회에서 폴리스가 가능할 수 있었던 인간의 실존적 조건을 '언어'와 '다원성'에서 찾는다. 언어는 인간이 자신을 드러내는 수단이며 강제적인 권력과 폭력이 아닌, 설득과 소통을 통해 인간들의 상호적인 관계를 가능하게 하는 기제이다.[70] 또한 다수의 서로 다른 인

---

68   H. Arendt, 『인간의 조건』, 76쪽.

69   아렌트는 유용성의 관점에서 국가를 이해하는 근대적 사유와 폴리스를 통해 표현된 고대의 정치행위를 명확히 구분하기 위해 국가를 어떤 특정한 목적을 실현하기 위한 수단으로 이해하는 "외재적 목적"을 지닌 정치체로, 그리고 그 자체가 궁극적 목적을 함축하고 있는 "내재적 목적"을 지닌 정치체로 구분한다. 한센은 아렌트의 이러한 구분에 따라 고대 정치적 행위가 이루어지는 폴리스는 "유의미한 것이지 유용한 것은 아니었다"고 한다. P. Hansen, 『한나 아렌트의 정치이론과 정치 철학』, 김인순 역 (서울: 삼우사, 2008), 105쪽.

70   이러한 맥락에서 홍원표는 "'언어와 공간의 관계'에 대한 일관된 이론화를 아렌트 정치 철학의 핵심주제"로 규정한다. 홍원표, 『한나 아렌트 정치 철학』 (서울: 인간사랑, 2013), 17쪽 이하.

간들이 함께 존재한다는 다원성은 언어적 소통이 요구되는 현실적 조건이라 할 수 있다. 특히 아렌트는 "공적 영역의 실재성이 수많은 측면과 관점들이 동시에 존재한다는 사실에 기초해 있다"[71]고 서술함으로써 다원성이 공적 영역을 가능하게 하는 토대임을 강조한다. 따라서 수많은 서로 다른 인간들이 존재한다는 사실에 근거해 있는 다원성은 공적영역에서 행위가 발생할 수 있는 단초를 제시할 뿐 아니라, 동시에 공적 영역이 인간 삶의 필연적인 조건임을 나타내는 핵심적인 요소이다.

다원성에 근거한, 사적인 것과 구별되는 '공적'이라는 것은 "누구나 보고 들을 수 있는 공중 앞에 나타남으로써 가장 폭넓은 공공성을 지닌다는 것"으로, 그리고 "세계가 우리 모두에게 공동의 것"이라는 사실을 통해 규정된다.[72] 즉 공적 영역은 무엇보다도 다양한 인간들이 서로에게 자신들을 드러냄으로써 만들어내는 공동의 세계이다. 자연적 공간과 구별되는 이러한 공적 세계는 인간이 만들어 낸 인위적 세계이자 인간에게 고유한 세계이다. 이 세계는 각자가 단순히 존재한다는 사실을 통해 만들어진 존재론적 공간이 아니라 서로 다른 인간들이 언어와 행위를 통해 상호 소통함으로써 함께 만들어가는, 즉 "유기체나 무기체처럼 단순히 존재하는 것이 아니라, 서로가 서로에게 뚜렷이 현상"하는 "현상의 공간"이다.[73] 따라서 아렌트가 공적 영역을 구성하는 것으로 제시한 현상의 공간은 다수의 평등한 인간들이 상호 소통하는 물리적 장소를 의미할 뿐 아니라 동시에 "사람들 사이에 존재하는 어떤 것"[74], 즉 인간들의 관계 속에서 발생하는 다양한 행위 자체를 의미한다. 그녀에 의하면 "사람들이 함께 모이는

---

71 H. Arendt, 같은 책, 110쪽.
72 H. Arendt, 같은 책, 102쪽 이하.
73 H. Arendt, 같은 책, 261쪽.
74 H. Arendt, 같은 책, 106쪽.

곳마다 그들 사이에는 세계가 출현하며, 모든 인간사가 일어나는 곳은 바로 이러한 사이에 존재하는 공간 가운데서이다."[75]

아렌트는 자연적 세계와 구별되는 인위적 세계로서 "현상의 공간"인 이러한 공적 세계를 자신의 정치 철학의 토대로 삼는다. 그러나 그녀는 역사적 사실과 인간의 실존적 조건으로부터 이러한 공적 영역이 어떻게 구성되는지에 대한 형식적 조건만을 해명할 뿐 공적 영역에서 행해지는 행위의 구체적 내용에 대해서는 전혀 언급하지 않는다.[76] 즉 그녀는 공적 영역에서 자기보존이나 종족 보존이라는 생물학적인 것과 관련된 것이 아닌, 오직 모두에게 "공동으로 가치가 있는 것"만이 논의의 대상이라는 추상적인 사실 이외에, "공동으로 가치가 있는 것"의 구체적 내용이 무엇인지에 대해서는 침묵한다. 그러나 아렌트의 공적 영역이 지닌 "내용의 비상한 공허성"[77]에도 불구하고 공적 영역이 지닌 의미는 생존이라는 필연성을 넘어서는 다른 세계가 존재한다는 사실과 함께 인간의 실존적 조건인 이러한 세계에 당위성을 부여하는 데 있다. 즉 그녀는 서로 다른 평등한 개인들이 누구나 자신을 드러낼 수 있고 언어를 통해 상호 소통할 수 있는 고유한 장소로서 공적 공간이 존재해야한다는 사실 그리고 인

---

[75] H. Arendt, 『정치의 약속』, J. Kohn 편집, 김선욱 옮김 (서울: 푸른숲, 2005), 146쪽. 사이토 준이치는 이러한 공적 공간을 "가치의 복수성을 조건으로 하여 공통의 세계에서 저마다의 방식으로 관심을 가지는 사람들 사이에서 생성되는 담론의 공간"으로 규정한다. 사이토 준이치, 『민주적 공공성』, 윤대석 · 류수연 · 윤미란 옮김 (서울: 이음, 2009), 28쪽 이하.

[76] 빌라는 아렌트의 공적영역이 지닌 형식적 성격 때문에 "의견의 다원적 영역이 보유하는 내적 가치를 회복"할 수 있었다고 한다. D. R. Villa, 『아렌트와 하이데거』, 서유경 역 (서울: 교보문고, 2000), 96쪽.

[77] H. F. Pitkin, "Justice: On Relating Private and Public", *Political Theory*, Vol. 9, No. 3, 1981, 336쪽.

간의 자율성에 근거한 이러한 공적 공간을 보존하고 창출해야 한다는 사실을 정치 철학적으로 정당화하고자 한다. 공적 영역에서 논의되는 구체적 내용은 역사적 조건에 따라, 그리고 각각의 사회가 처해 있는 상황에 따라 다를 수밖에 없다. 따라서 공적 영역에서 논의되는 내용들은 "주어진 것도 고정된 것도 아니며 수행의 과정을 통해 생성되는 것이다".[78] 공적 영역은 "타인의 지속적인 현존"[79]에 의존함으로써 인간으로 하여금 개인적인 욕망에 의해 지배되는 사적 영역의 주관적 세계로부터 벗어나 타인과의 관계를 형성하게 할 뿐 아니라 자신의 존재에 대한 객관적 실재를 획득하는 것을 가능하게 하기 때문이다.

아렌트는 이러한 공적 영역을 "가멸성"과 "불멸성"이라는 상호 모순적으로 보이는 이중적 특성을 지닌 것으로 규정한다. 이러한 공적 세계는 물리적 장소와 인간들 사이의 소통에 의해 만들어진다. 따라서 공적 세계는 그 자체로 지속성을 지니고 있는 것이 아니라 인간의 상호적인 행위가 사라지는 순간 언제나 소멸될 수 있는 위험을 함축하고 있다. 사적인 욕망의 충족이 지배적인 가치가 되어 모두가 자신들의 이익만을 추구하는 곳에서, 개인들이 모두 주관적 세계에 갇혀 고립됨으로써 상호 소통이 불가능하게 되는 곳에서, 그리고 모두가 동일한 한 가지 가치만을 지향함으로써 다양한 관점이 상실되는 곳에서 공적 세계는 사라진다. 그러나 개인의 욕망을 충족시키는 일이 주된 목적인 사적 영역이 개인의 죽음과 함께 사라지는 것과 달리, 공동의 세계인 공적 영역은 다음 세대를 통해 지속될 수 있다. 달리 말해 공적 세계는 인간 삶의 무상성을 벗어나 불멸성

---

78   D. R. Villa, 앞의 책, 92쪽.
79   H. Arendt, 『인간의 조건』, 74쪽.

에 대한 욕구, 즉 "지상의 잠재적 불멸성으로의 초월"[80]에 대한 욕구를 충족시킬 수 있는 장소이다. 인간의 생물학적 생명은 유한하지만 인간이 만들어 낸 공동의 세계는 여러 세대들의 공동의 작품일 뿐 아니라 기억과 여러 가지 문화적 양식을 통해 다음 세대로 전해질 수 있기 때문이다. 아렌트에 의하면 "공론영역의 공공성만이 우리가 시간의 자연적인 파멸로부터 보존하기를 원하는 것을 수용하여 수세기에 걸쳐 빛을 발하게 할 수 있다."[81]

"가멸성"과 "불멸성"이라는 공적 영역에 내재한 이중적 특성을 통해 아렌트는 공적 영역의 현존이 인간의 실존 조건에 대한 단순한 서술적 차원이 아닌 규범적 차원을 함축하고 있음을 암시한다. 무엇보다도 공적 영역은 한편으로는 동물과 구별되는 인간만의 고유한 영역을 나타내주는 기호이자 동시에 진정한 인간적 삶이 무엇인가를 보여주는 중요한 척도이다. 아렌트는 인간의 활동 조건으로부터 유추해 낸 공적 영역에 진정한 인간적 삶을 위해 끊임없이 지속시키고 유지해야 하는 당위성을 부여하며, 이와 함께 개인적인 욕망의 충족만이 절대적 가치가 됨으로써 공적 영역이 상실되어 가는 현대사회에 대한 비판적 규범을 제시한다. 또한 아렌트의 공적 영역에 대한 개념은 다양하고 평등한 인간들이 누구나 자신을 현시할 수 있음을 전제함으로써 권력자들의 언어에 의해 지배하는 사회에 대한 비판과 함께 무엇보다도 언어를 통해 자신을 드러낼 수 없는 사회적 약자들, 즉 사회에서 소외된 여성이나 외국인 그리고 성적 소수자들에게 자신들의 목소리를 낼 수 있게 해야 한다는 다원적 사회에 대한 윤리적 요청을 동시에 함축하고 있다.

---

80 H. Arendt, 같은 책, 108쪽.
81 H. Arendt, 같은 책, 108쪽.

3) 인간의 조건과 정치적 행위

인간에게 고유한 삶의 공간으로서 공적 영역에 대한 아렌트의 논의는 인간의 자유에 관한 그녀의 이해방식과 밀접하게 연관이 있다. 아렌트는 자유에 대한 전통적인 이해방식과는 달리 자유를 억압으로부터의 해방을 의미하는 소극적인 자유로, 혹은 자신의 의지를 관철시키는 주체의 적극적인 능력이나 다양한 것들 중에 어느 하나를 선택할 수 있는 활동으로 생각하지 않는다. 그녀에게서 자유는 행위 하는 것이며, 따라서 "자유의 출현은 행위의 수행과 동시에 발생"할 뿐 아니라 "인간은 이전이나 이후도 아닌 행위 하는 동안만큼은 [...] 자유롭다. 그 까닭은 자유롭게 되는 것과 행위 한다는 것은 동일한 것이기 때문이다."[82]

아렌트가 자유와 동일한 의미로 이해하는 행위는 생존을 위한 노동활동이나 공작인으로서 지속성을 지닌 물건을 만들어내는 작업과는 달리 어떠한 목적의식 없이 순수하게 자기를 표현하는 활동을 의미한다. 자신을 표현하는 활동인 행위는 아렌트에 의하면 무엇보다도 "타인의 지속적인 현존"을 전제한다. 타인의 존재 없이 행위는 이루어질 수 없기 때문이다. 행위는 오직 타인과 함께 하는 공간에서 타인과의 관계성을 산출해냄으로써 가능할 뿐 아니라 동시에 타인과의 관계성에 의해 촉발된다. 이러한 관점에서 살펴볼 때 아렌트에게서 행위는 고립된 개인의 행위를 의미하기보다는 타인들과 함께 하는 공동체 안에서 이루어지는 행위로서 정치적 행위이며, 행위를 통해 표현되는 자유는 개인주의적 자유가 아닌 타인과의 상호성을 전제한 공동체의 자유를 의미한다. 이러한 정치적 행위와 자유는 인간만이 지닌 특권으로서 자연적 욕망의 지배를 받는 동물과는 구별되는 인간의 고유한 특성을 드러낸다. 따라서 아렌트에게서 정치

82　H. Arendt, 『과거와 미래사이』, 209쪽.

적으로 행위 한다는 것은 모든 필연성으로부터 벗어나 자유롭다는 것을, 이와 함께 진정으로 인간적인 것을 실현한다는 것을 의미한다. 정치는 인간의 자유와 필수 불가결한 관계에 있을 뿐 아니라 "자유는 [...] 인간이 정치조직 속에서 공동생활을 하는 실질적인 이유이다. 자유가 존재하지 않는다면 정치적 삶 자체가 무의미할 것이다. 정치의 존재 이유는 자유이며 그것이 경험되는 장은 행위이다."[83]

아렌트는 자유가 실현되는 정치적 행위의 역사적 모델을 정치적 결사체라 할 수 있는 고대 그리스의 폴리스에서 발견하며[84], "정치적 동물"이라는 아리스토텔레스의 인간에 대한 규정을 자신의 행위이론의 토대로 삼는다. 행위와 언어에 의해 구성된 아리스토텔레스의 정치적 삶은 단순히 필요하거나 또는 유용하기만 한 모든 것을 완전히 배제하며, 생존을 위한 노동과 친밀성이 지배하는 가정의 자연적 결사체와는 완전히 독립된 자유인으로 구성된 정치적 공간인 폴리스를 전제한다. 그녀는 고대 그리스의 폴리스를 자신의 정치 철학적 체계 안에서 이상적인 정치체로 받아들이며, 근대 이후 유럽사회에서 지배적인 탈정치화 현상을 비판한다. 그녀는 고대의 폴리스에서 생존으로부터 독립된 자유로운 영역의 가능성을, 달리 말해 이러한 자유가 언어적 행위를 통해 구체적으로 실행되는 방식을 발견한다. 그러나 아렌트는 역사적 모델인 폴리스를 자신의 정치 철학의 이론적 근거로 삼지는 않는다. 아렌트는 오히려 역사 속에서 발생

83　H. Arendt, 같은 책, 199쪽.

84　한센에 의하면 폴리스는 아렌트에게 "역사적 현상이기도 하고 규범적 현상이기도 하다." 그는 폴리스를 "그리스인들에게 인간의 정치적 조직능력, 즉 정치적 삶이 왜 구축되었으며, 또한 만일 정치적 속성이 완전한 위엄을 부여 받는다면, 공적 영역을 필요로 하는 속성인 praxis와 lexis, 즉 행위action와 말speech이라는 독특하게 인간적인 속성을 왜 조건 지었는지를 알 것을 허용하는" "은유"로 규정한다. P. Hansen, 같은 책, 102쪽.

했던 이러한 폴리스가 인간의 삶에 어떻게 가능할 수 있었는지를, 즉 폴리스가 가능할 수 있었던 인간 삶의 조건이 무엇인지를 추적함으로써 자신의 고유한 철학적 토대를 구축한다.

아렌트는 생존의 필연성에 지배되는 동물과는 달리 행위를 통해 자유로운 인간적인 세계를 형성할 수 있는 인간의 능력을 인간이 이 세계에 창조되었다는 "탄생성"과 이 세계에 다수의 다양한 인간이 존재한다는 "다원성"이라는 인간의 실존적 조건으로부터 유추해 낸다. 그녀에 의하면 탄생성은 노동과 작업을 하는 인간의 조건에도 부합한다. 이 세계에서 인간의 탄생은 생존을 위해 노동을 해야 한다는 사실뿐만 아니라, 이러한 노동을 좀 더 효과적으로 수행하기 위해 유용한 물건들, 즉 지속성을 지닌 도구들을 생산하는 활동인 작업을 수행해야 한다는 사실을 함축하고 있기 때문이다. 그러나 그녀는 인간의 탄생성이 무엇보다도 행위와 연관되어 있음을 강조한다. 그녀에 의하면 인간은 단순히 태어난 존재로 살아가는 것이 아니라, 탄생과 더불어 이 세계에 "새로운 것을 시작하는 자"인 행위 주체로 자신을 드러낸다. 즉 각각의 인간이 이 세상에 탄생한다는 사실은 "유일하게 새로운 무엇이 이 세상에 존재"하게 되는 것을 의미하며, 동시에 이제껏 존재하지 않았던 새로운 것을 시작하는 것을 의미한다. 이와 같은 새로운 시작은 행위를 통해 현시된다. 따라서 모든 인간은 탄생과 함께 각각 "새로운 것을 시작하는 자", "행위하는 자"로서 자신을 이 세계에 드러낸다.[85]

아렌트는 탄생성과 더불어 행위를 가능하게 하는 인간의 조건을 다수의 서로 다른 인간들이 세계에 존재한다는 사실을 통해 드러나는 "다원성"으로 규정한다. 다원성은 '동일성'과 '차이성'이라는 이중적 성격을 지

---

85   H. Arendt, 『인간의 조건』, 237쪽 이하.

니고 있는데, 동일성은 모든 인간에게 동일한 요소로서 공통의 분모가 있다는 사실을 통해 설명된다. 즉 동일성은 상호적으로 소통할 수 있는 공동의 지반을, 그리고 공동체의 삶을 가능하게 하는 토대라 할 수 있다. 그러나 동시에 "새로운 것을 시작하는 자"로서 각각의 인간들은 서로 완전히 다르다. 이러한 차이가 존재하지 않는다면 행위 한다는 것은 어떤 의미를 지닐 수 없다. 모든 인간들이 동일하기만 하다면 서로에게 자신을 드러낼 필요성이 사라지기 때문이다. 즉 "어떤 누구도 지금껏 살았고, 현재 살고 있으며, 앞으로 살게 될 다른 누구와 동일하지 않다는 방식으로만 우리 인간은 동일하다."[86] 아렌트에 의하면 다원성이라는 인간의 조건에 함축되어 있는 인간들 사이의 차이는 행위를 통해 드러날 뿐 아니라 동시에 행위에 객관적 의미가 부여되는 중요한 기제이다. 물론 자신을 외부에 표현하는 자율성에 근거한 행위는 차이에 의해 촉발되는 것은 아니다. 그러나 인간은 행위를 함으로써 자신을 밖으로 드러내며, 이를 통해 자신과 타인의 차이를 알게 될 뿐만 아니라 타인들과의 소통을 통해 서로의 차이를 인정하기도 하고, 극복하기도 하는 관계성을 산출해내기 때문이다.

표현적 계기와 소통적 계기를 통해 구성되는 아렌트의 정치적인 행위는 인간의 실존적인 조건인 다원성으로부터 야기된다. 인간이 모두 동질적이거나, 혹은 각각 고립되어 존재한다면 어떠한 소통행위도 불필요하기 때문이다. 따라서 다원성은 정치적 행위의 "필요조건일 뿐 아니라 가능조건이라는 의미에서 절대적 조건"[87]이며, 정치적 행위 자체의 구체적 내용을 규정하고, 동시에 이러한 정치적 행위를 추동하는 궁극적 힘이라

---

86   H. Arendt, 같은 책, 57쪽.
87   H. Arendt, 같은 책, 56쪽.

할 수 있다. 또한 다원성은 인간이 타인에 대해 자신이 '누구'인지를 드러내고 타인과의 소통을 통해 자신을 만들어가는 인간의 정체성 문제와 밀접하게 연관되어 있다. 인간의 고유한 정체성은 개인이 독자적이며 고립적으로 만들어가는 것이 아니라 타인들과 말하고 행위 하는 가운데 드러날 뿐 아니라 이러한 행위를 통해 비로소 형성되는 "순환적 구조"[88]를 지니고 있기 때문이다. 따라서 다원성은 인간에게 고유한 정치적 행위를 가능하게 함으로써 자신의 정체성을 드러내고, 타인들과의 소통 속에서 자신을 새롭게 형성해 나가는 것을 가능하게 하는 궁극적인 원천이다.

> "사람들은 행위하고 말하면서 자신을 보여주고 능동적으로 자신의 고유한 인격적 정체성을 드러내며 인간세계에 자신의 모습을 나타낸다. [...] 아무개가 어떤 사람인가(What) 하는 그의 속성, 즉 그가 드러내거나 감출 수 있는 그의 특성, 재능, 능력, 결점과는 달리 아무개가 도대체 누구인가(Who) 하는 그의 인격은 그가 말하고 행위 하는 것을 통해 드러난다."[89]

인간의 고유한 특성을 나타내는 행위는 특정한 목적 없이 오직 자신의 존재자체를 드러내고, 이러한 드러남 속에서 다양한 존재들이 상호적인 소통을 하는 활동을 의미한다. 아렌트는 노동과 작업으로부터 구분되는, "사물이나 물질의 매개 없이 인간 사이에 직접적으로 수행되는 유일한 활동"[90]인 행위만을 정치적인 것으로 이해한다. 따라서 그녀에게 인간의 배

---

[88] 김선욱, 『한나 아렌트 정치판단이론』 (서울: 푸른숲, 2002), 50쪽.
[89] H. Arendt, 같은 책, 240쪽.
[90] H. Arendt, 같은 책, 56쪽.

타적 특권으로서 정치적 행위란 생존이나 종족보존의 생물학적인 욕구에 의해 지배받지 않은 인간만의 고유한 삶의 양식의 표현이자, 동시에 사적인 이해관계로부터 벗어난 평등하고 자유로운 인간들이 함께하는 관계방식이다. 따라서 정치적 행위는 아렌트에 의하면 "독특하게 인간적이게 된다는 것이 무엇을 의미하는지에 대한 개념을 제공"하는 인간 고유의 활동이라 할 수 있다.[91] 이런 관점에서 살펴볼 때 아렌트의 정치적 행위는 타인들이 함께 현존하는 세계에서 자신을 드러내고 타인과 소통하는 활동으로서 다른 동물과 구별되는 인간만의 고유한 삶이 수행되는 과정 자체, 즉 "수행 지향적(performance-oriented)"[92] 행위라 할 수 있다.

아렌트는 행위의 정체 현시적 특징을 통해 어떤 특정한 의도나 목적과 상관없이 자신을 표현하는 행위의 자율성과 순수성을 나타내 보이고자 한다. 특히 행위를 통해 개인들이 자신의 정체성을 드러내는 "현상의 공간"이자 조직체인 정치는 자율적이며 순수한 행위의 지반 위에서 비로소 가능하다.[93] 아렌트의 정치에 대한 이러한 이해는 특정한 목적을 실현하기 위한 도구로, 혹은 갈등을 중재하고 질서를 만드는 수단으로 이해하는 오늘날 정치에 관한 일반적인 관념을 모두 배제시킨다. 또한 아렌트는 정

---

[91] 이런 관점에서 한센은 아렌트의 정치이론을 "정치적 존재론"으로 이해한다. P. Hansen, 같은 책, 19쪽 이하.

[92] D. R. Villa, 같은 책, 100쪽. 빌라는 아렌트의 정치 행위 이론이 아리스토텔레스의 "프락시스를 목적론적 틀 밖에서 사유하려는 지속된 시도"로 이해한다. D. R. Villa, 같은 책, 107쪽.

[93] 정치와 관련해 공간개념은 아렌트에게 매우 중요한 의미를 지닌다. 아렌트는 그리스에서 "정치적 자유는 공간적 구조물"이며 따라서 "폴리스를 떠나거나 폴리스에서 추방된 사람은 고향이나 조국을 상실한 것만이 아니라, 자신이 자유로울 수 있는 유일한 공간을 상실"한 것으로 이해한다. Hannah Arendt, 『정치의 약속』, 김선욱 옮김 (서울: 푸른 숲, 2011), 160쪽. H. Arendt, 『인간의 조건』, 261쪽 참조.

치로부터 강제력에 의한 지배나 행정적인 참여 그리고 욕구나 필요에 관련된 모든 일들을 제외시킨다. 궁극적으로 개인들이 자신을 현시하는 자기 충족적인 행위에 의해 나타나는 정치는 모든 동기와 목적을 배제하므로 그 자체가 최종적인 목적이라 할 수 있다.[94] 아렌트의 정치에 대한 이러한 이해는 정치를 인간의 궁극적 목적인 "좋은 삶"을 실현하기 위한 수단으로 이해하는 아리스토텔레스나, 혹은 인간의 생물학적 자기보존을 위한 수단으로 파악하는 홉즈와 같은 전통적인 정치에 대한 사유와는 근본적으로 구별된다. 그녀는 인간이 처해 있는 실존적 조건으로부터 정치에 대한 자신의 독특한 이해방식을 추론해내며, 이를 통해 인간의 자유의 원천을 오직 정치적인 행위 속에서 발견한다.

4) 현대성과 세계소외

아렌트는 인간의 조건으로부터 유추해 낸 정치적 행위와 자유를 토대로 근대 사회를 비판적으로 진단하며, 이와 함께 근대적 정신을 벗어난 새로운 정치사회의 모델을 제시하고자 한다.[95] 아렌트에 의하면 17세기

---

94 하버마스에 의하면 아렌트의 기본 의도는 "의사소통적으로 구조화된 행위영역들을 경제행위 체계와 행정행위 체계의 물화하는 고유 역학으로부터 지켜주는 제도를 확장하는 일"에 있다. J. Habermas, 『의사소통행위이론 2』, 장춘익 옮김 (서울: 나남출판, 2006), 507쪽.

95 아렌트는 근대와 현대 세계를 구분하며, 자신의 저서 『인간의 조건』에서 행해진 그녀의 분석이 유럽의 근대를 겨냥하고 있음을 명백히 한다. 그녀에 의하면 "17세기에 시작된 근대는 20세기 초에 끝이 난다. [...] 현대 세계는 원자폭탄이 처음 폭발했을 때 시작되었다. 나는 [...] 현대 세계는 이 책에서 논의하지 않겠다." H. Arendt, 같은 책, 54쪽.
케노반은 근대적 정신을 분석하는 아렌트의 주된 의도를 "우리 시대의 삶이 정상적이거나 표준적인 인간생활 형태가 아니라 표준에서 벗어난 삶이라는 것을 보여주는 데"서 찾는다. M. Cannovan, "The Contradictions of Hannah Arendt's

에 시작된 유럽의 근대사회는 "세계로부터 자아 속으로의 도피"가 지배적 현상이 된 "세계소외"[96]의 시대이다. 그녀에게서 "세계소외"를 통해 특징 지워진 근대는 20세기 세계를 전쟁으로 몰고 간 전체주의라는 병리적 현상과 밀접하게 결부되어 있다. 따라서 근대사회를 이해하려는 시도는 전체주의의 원인을 밝혀내는 작업을 필연적으로 함축하게 된다. 전체주의는 "새로운 것을 시작"하는 인간의 행위와 자유의 가능성을 완전히 박탈함으로써 다원성이라는 인간의 조건을 부정하는 정치체이다. 아렌트는 근대의 사회적 현상이 전체주의가 가능할 수 있는 토양을 제공한 것으로 이해한다. 따라서 근대 사회에 대한 그녀의 분석은 근대를 이해하려는 단순한 역사적 서사가 아닌, "근본 악"인 전체주의에 대한 비판과 저항을 동시에 함축하고 있으며[97], 더 나아가 인간의 정치적 행위가 보장되는 자유로운 공적 세계를 회복하고자 하는 정치적 의도를 내포하고 있다.

아렌트는 "세계 소외"가 야기된 근대사회의 위기를 무엇보다도 "사회적인 것의 발생"에서 발견한다. 인간이 자신을 자유롭게 표현할 수 있는 정치적 공간으로서 공적 영역은 자연적 욕구가 해결되는 사적 영역을 전제 하지만, 동시에 개인들이 사적 관심사로부터 완전히 벗어날 때 비로소 가능하다. 그러나 이러한 구분은 중세부터 서서히 무너지기 시작한다. 근대에는 공적 영역과 사적 영역이 "사회적인 것"으로 흡수됨으로써 공적 영역뿐 아니라 사적 영역 또한 소멸하게 된다. 이러한 현상은 무엇보다도 "공적인 것이 사적인 기능을 하는 까닭에 공적인 것이 사라지고, 사

Political Thought", *Political Theory,* No. 6, 1978, 81쪽.

[96] H. Arendt, 같은 책, 54쪽.

[97] 아렌트에 의하면 현실을 이해한다는 것은 "현실이 어떠하건 그 현실에 주의 깊게 대처하고 또 저항하는 것을 의미"한다. H. Arendt, 『전체주의의 기원 1』, 이진우 · 박미애 옮김 (서울: 한길사, 2008), 34쪽.

적인 것이 유일한 공동의 관심사로 남기 때문에 사적인 것이 사라짐으로써"[98], 즉 사적 영역으로서 생물학적인 필연성에 의존해 있는 노동과 경제가 "사회적인 것"이 되며, 이러한 "사회적인 것"이 공적인 관심사로 변형됨으로써 나타난다. 근대 이후 유럽 사회에서는 사회적인 것이 인간의 삶을 지배하는 중심적인 가치가 되었으며, 이와 함께 전체 사회를 움직이는 핵심적인 원리로 작동함으로써 자유의 영역인 공적 영역, 즉 "정치적인 것"이 소멸된다.

근대 사회에서 노동을 통해 형성된 재산은 생물학적인 생존을 위해 사용되고 소비되는 부가 아니라 끊임없이 증식됨으로써 영속성을 지니게 되는 자본의 성격을 갖게 된다. 따라서 자본을 소유한 소유주들은 부를 더 이상 생존을 위한 수단으로 이해하지 않는다. 그들의 궁극적인 목적은 자본의 증식이다. 따라서 그들은 "그들의 부를 통해서 공론영역에 접근하기보다, 보다 많은 부의 축적을 위하여 공론 영역이 자신들을 보호해 줄 것을 요구하였다."[99] 정치적인 것은 소유주들의 부를 보호하기 위한 수단으로 변질되었다. 이해관계를 벗어나 자율적인 행위가 이루어지는 자유로운 공간인 공적 영역은 점차적으로 쇠퇴하고 자본의 축적을 위한 사적인 이해관계가 공적 영역을 지배하게 된다. 이와 함께 유럽의 근대 사회는 자본 증식의 수단으로서 노동과 경제에 토대를 둔 "사회적인 것"이 보편적인 현상이 된다. 따라서 공적 영역은 더 이상 공동으로 가치 있는 것을 논의하는 장소가 아니라 오직 노동을 통해 자본을 증식시키는 공간이 되었으며, 이러한 공간에서는 "보다 많은 부를 위한 경쟁적인 투쟁으로부

---

[98] H. Arendt, 『인간의 조건』, 123쪽.
[99] H. Arendt, 같은 책, 121쪽 이하.

터 사적 소유주 상호간의 충돌을 막아주는 정부만이 공통적인 것"[100]으로 나타난다.

　노동과 경제적인 것에 토대를 둔 "사회적인 것"의 지배는 인간의 자율적인 행위를 통해 표현되었던 정치적 행위의 상실을 필연적으로 함축한다. "정치적인 것"이 생존이라는 필연성으로부터 벗어난 자유로운 행위였다면, "사회적인 것"은 오직 자기보존욕구에 의해 추동된 필연적인 행위이기 때문이다. 자본의 증식이라는 하나의 목적만이 존재하는 이러한 사회에서 인간세계를 구성했던 다양한 활동은 "삶의 필수품의 확보와 그 것을 풍부하게 공급하는 노동활동이라는 공통분모로 평준화"[101]된다. 타인과의 소통을 통해 형성된 공적 세계와 정치적 행위의 지속성은 노동과 소비에 의해 지배되는 "인간 종의 영원한 생명과정"[102]으로 대체된다. 모든 인간의 활동은 부의 축적과 자본의 증식이라는 하나의 경제적 목적을 향해 있으며, 그 밖의 모든 활동은 이러한 목적을 위한 수단으로 전락한다. "사회적인 것"이 초래하는 이러한 총체적인 물화 현상은 인간의 인격성뿐 아니라 타인과의 관계성을 파괴함으로써 다원성이라는 인간의 실존적 조건을 위협한다. 인간의 모든 활동에는 하나의 기준, 즉 경제적 가치를 창출하기 위한 유용성이라는 하나의 가치만이 지배하게 된다. 인간의 사유도 궁극적으로 "계산하는 능력"으로 전환되며, 이러한 능력을 벗어나는 인간의 다양한 사고와 경험은 배제된다.[103]

100　H. Arendt, 같은 책, 122쪽.

101　H. Arendt, 같은 책, 183쪽.

102　H. Arendt, 같은 책, 153쪽.

103　아렌트는 유대인을 집단수용소로 보내는 책임을 맡았던, 나치의 고위관리였던 아이히만의 범죄를 무엇보다도 "사유하지 않음", 즉 "무사고"에서 찾는다. 아이히만의 범죄는 사고의 상실이 궁극적으로 어떠한 결과를 초래하게 되는지를 극명하게 보여준 현대적 사건이다. 아렌트에 의하면 유용성만이 주된 가치가 됨으로써 사유

아렌트는 근대 이후 지배적인 현상이 된 "사회적인 것"을 정치적인 것과 엄격히 구분함으로써 인간의 삶에서 궁극적으로 상실된 것이 무엇인지를 분명하게 드러내고자 한다. 이러한 구분을 통해 그녀는 무엇보다도 경제적인 이해관계로부터 자유로운 공적 세계와 정치적 행위를 복원시키고자 한다. 그녀에게 공적 세계에 토대를 둔 정치적 행위는 인간적인 것을 나타내는 유일한 활동이다. 따라서 정치적 행위의 상실은 인간적인 것의 상실과 함께 인간이 "노동하는 동물"로 퇴보한다는 것을 의미한다. 아렌트에 의하면 모든 것이 하나의 가치로 수렴되는 근대 사회의 위기는 부의 축적을 위한 수단으로써 '노동'이 절대적 가치를 지니게 되면서 더욱 극명하게 나타난다. 생물학적인 생존에 봉사함으로써 인간 활동 중에서 가장 사적인 영역에 속했던 노동이 공적 영역을 차지하게 된다. 공적 영역에서 행해졌던 인간의 고유한 정치적 행위는 소멸되면서 인간은 "노동하는 동물"로서 오직 생명에 대한 관심만을 지니게 된다. 그녀에 의하면 근대 사회는 "노동한다는 것, 즉 자신의 생명과 가족의 생명을 보장하는 것 이외는 아무것도 필요하지 않게 되었다. 생명과 자연의 신진대사에 필요 없는 것은 잉여이거나 아니면 단지 인간을 다른 종과 구별시키는 특성이라는 점에서만 정당화되었다."[104] 따라서 근대적 인간은 생명을 최고선으로 규정함으로써 오직 생계를 유지하기 위해서만 일을 한다. 이와 함께 사회는 거대한 가계로 변화하며, '정치적인 것'은 '경제적인 것'으로, 인간의 자유로운 행위는 생명활동을 위한 노동으로 대체된다.

아렌트는 근대 사회의 이러한 세속화 과정이 무엇보다도 "자아에 대한

가 모두 계산능력으로 환원되는 근대는 이러한 범죄의 가능성을 필연적으로 함축하게 된다. H. Arendt, 『예루살렘의 아이히만』, 김선욱 옮김 (서울: 한길사, 2006).

[104] H. Arendt, 같은 책, 390쪽.

배타적 관심"과 함께 극단적 주관주의 경향을 야기했다고 진단한다. "노동하는 동물"로서 근대적 인간은 오직 자신의 사적 이익에만 관심을 갖게된다. 근대인은 타인과의 관계성을 창출하는 공적 세계를 상실하며, 따라서 타인과의 소통을 통해 만들어가는 객관적 세계는 사라진다.[105] 이러한 세계 상실, 즉 세계소외는 근대의 지배적 현상이 되었으며, 이와 함께 행위를 통해 자신을 현시함으로써 타인과 맺었던 모든 자유로운 관계는 오직 살기 위해 상호 의존하는 필연성의 관계로 변질된다. 그리고 서로 다른 인간들이 자신을 드러내며 소통했던 다원적 세계는 부를 축적하고 자본을 증식함으로써 생명을 보존하려는 오직 하나의 목적만을 지닌 고립된 개인들, 즉 "고독한 대중"으로 채워진다. 공적 세계의 상실과 함께 근대의 지배적 현상이 된 세계소외는 다원성의 파괴와 모든 관계로부터 단절된 원자화된 개인들을 통해 "모든 인간이 한 사람(One Man)"[106]이 되는 전체주의라는 "거짓된 정치"에 자양분을 제공하게 된다.[107]

물론 아렌트는 노동을 인간의 생존을 가능하게 하는 "인간의 근본 활동"으로 규정한다. 그러나 그녀는 현대사회에서는 모든 인간의 활동이 노동으로, 그리고 사적 이익을 확대하기 위한 수단으로 환원되는 것으로 이해한다. 그녀에 의하면 이러한 노동은 정치적 행위를 통해 표현되는 인간의 고유성을 파괴시키는 근본적인 원인이다. 노동은 무엇보다도 소통을

---

105 마르크스가 유럽의 근대 이후 시장경제 사회를 인간의 자아실현인 노동으로부터 인간의 자기소외로 규정하는데 반해 아렌트는 인간이 자신의 사적인 문제에만 관심을 갖게 됨으로써 "마르크스가 생각한 자기소외가 아니라 세계소외가 근대의 징표"인 것으로 이해한다. H. Arendt, 같은 책, 319쪽.

106 H. Arendt, 『전체주의의 기원 2』, 266쪽.

107 한센은 거짓된 정치형태들을 "진정한 정치의 조건이 부재하는 곳에 나타나는 진정한 정치의 왜곡된 표현"으로 이해하며, "거짓된 정치의 가장 중요한 표현을 전체주의"로 규정한다. P. Hansen, 같은 책, 172쪽.

통한 타인과의 자율적인 관계를 상실하게 함으로써 "세계소외"를 야기한다. 또한 노동은 정치적 행위를 가능하게 했던 다원성을 언제나 대체 가능한 노동력이라는 '동일성'으로 환원하며, 생존이라는 철저히 사적인 목적에만 몰두하게 함으로써 개인들을 고립시킨다. 노동이 지닌 이러한 "반정치적" 성격은 "노동의 동물이 차이성을 만들지 못하고 그래서 행위와 말을 할 수 없는 무능력"을 초래하며 궁극적으로 "거짓된 정치"인 전체주의를 가능하게 하는 동력으로 작용한다.[108]

현대 사회에서 노동하는 인간은 "극도로 외로운 분리 상태에서 살거나 대중의 무리 속으로 밀려들어가 살아"[109]감으로써 "무한히 많고 다양한 인간들을 마치 모든 인간이 하나의 개인인 것처럼 조직"[110]하는 총체적 지배를 위한 토대를 제공한다. 따라서 인류의 역사에 있어서 최대의 야만이라 할 수 있는 나치즘으로 대표되는 전체주의의 등장은 역사에서 나타난 우연하고 일시적인 정치적 현상이 아니라 인간의 모든 활동이 노동으로 환원되는 근대 이후 사회의 발전 과정의 필연적 귀결이라 할 수 있다. 무엇보다도 전체주의는 다원성의 해체와 고립의 점차적인 확산에 뿌리박고 있기 때문이다. 따라서 전체주의는 아렌트에게 있어서 단순한 과거의 사건이 아니라 노동이 지배적인 가치로 작용하는 현대 사회에 내재해 있는, 그리고 언제든지 나타날 수 있는 현재 진행형인 사건으로서 현대 사회의 위기를 나타내는 대표적인 징표이다.

근대 이후 "사회적인 것"의 등장과 함께 진행된 "공적 세계"의 파괴는 근대 사회를 궁극적으로 사유의 상실, 행위의 상실 그리고 세계의 상실로

---

[108] H. Arendt, 『인간의 조건』, 279쪽.
[109] H. Arendt, 『과거와 미래 사이』, 124쪽.
[110] H. Arendt, 『전체주의의 기원 2』, 218쪽.

귀착시킨다.[111] 아렌트는 근대에 대한 비판적 성찰을 통해 공적 세계에 토대를 둔 새로운 정치공동체를 모색하고자 한다. 그러나 그녀의 이러한 시도는 정치 철학적으로 의미 있는 논의들을 함축하고 있지만 동시에 몇 가지 이론적인 한계를 드러낸다. 그녀가 공적 세계의 역사적 모델로 제시한 고대의 폴리스는 노동을 전담한 노예제에 근거해 있으나 근대는 누구도 생존을 위한 노동으로부터 자유로울 수 없기 때문이다. 그리고 아렌트가 현대성의 위기로 진단한 노동의 보편화는 누구나 노동하고 동시에 향유하는 근대가 이룩해 낸 '평등'이라는 위대한 성과이기도 하다. 근대가 수행한 업적에 대한 고려 없이 "정치적인 것"으로부터 "경제적인 것"을 엄격히 분리하거나 혹은 노동이라는 필연성의 영역으로부터 독립된 공적 세계를 회복하려는 아렌트의 구상은 현대 사회에 가한 그녀의 비판의 적실성에도 불구하고 변화된 사회적 현실에 대한 고려 없이 과거를 현재에 이식시키려는 실현 불가능한 기획을 함축하게 된다.

다원성에 근거해 있는 공적 영역에 대한 논의를 통해 모든 인간이 자신의 고유성을 현시하는 자유로운 정치적 공동체의 가능성을 모색하고자 하는 아렌트의 논의는 전체주의를 경험한 현대 사회에 많은 시사점을 제공해준다. 또한 경제적인 것으로부터 분리된 정치적 행위의 순수성을 회복하고자 하는 그녀의 이론적 노력은 다양한 가치들이 경제라는 획일적인 가치로 환원되는 현대적 상황에 대한 적실한 비판적 시각을 보여준다. 그러나 "정치를 위한 '최고로 가능한 자율성'을 확보"[112]하려는 그녀

---

111 카텝은 아렌트를 "근대성 해체를 보고 싶어하는 문화 비판가"로서 "위대한 반근대주의자"로 규정한다. G. Kateb, *HANNAH ARENDT: Politics, Conscience, Evil* (Totow: Rowman & Allanheld, 1983), 183쪽.

112 M. Jay, "The Political Existentialism of Hannah Arendt", *Permanent Exiles* (New York: Columbia University Press, 1985), 242쪽.

의 시도는 정치적인 것을 순수한 상호 소통적인 행위로 제한함으로써 결국 "현대 사회에서 더 이상 적용이 불가능한"[113] 이론적 논의로 귀결되고 만다. 특히 그녀의 정치 철학의 토대를 이루고 있을 뿐만 아니라 근대 사회를 비판하는 핵심적인 기호인 공적 영역과 사적 영역, 필연성의 영역과 자유의 영역, 정치적인 것과 경제적인 것, 노동과 정치적 행위, 그리고 생명과 자유 등은 서로 대립적인 항으로 구성된 이분법적 구조를 지니고 있다.[114] 이러한 이분법적 대립 항들은 무엇보다도 그녀가 인간의 실존적 조건으로 제시한 노동과 작업 그리고 행위의 엄격한 구분에 의존해 있다. 그러나 노동과 작업 그리고 행위라는 인간의 실존적 조건들은 이론적으로 그리고 논리적으로 분리 가능하지만, 현실 속에서 인간은 이러한 조건들이 상호 밀접하게 융합된, 상호 교차적인 총체성 속에 존재한다. 따라서 분리될 수 없는 인간의 실존적 조건들을 인위적으로 분리함으로써 수행한 공적 영역과 정치적인 행위에 관한 그녀의 정치 철학적 논의는 현실성을 결여하게 된다.[115]

---

[113] J. Habermas, *Philophisch-politische Profile* (Frankfurt a. M.: Suhrkamp, 1991), 239쪽.

[114] 김선욱은 "아렌트가 이분법적 개념 쌍을 사용한 것은 [...] 정치적인 것의 특성을 구명"하기 위한 것으로 이해한다. 그에 의하면 "아렌트에게 중요한 것은 사회적인 것에 함몰되어 망각의 위기에 처해 있는 정치적인 것을 새롭게 재발견하고, 그것이 우연적이고 소멸되어도 상관없는 것이 아니라 인간 실존의 조건과 결부되어 있는 것임을 확인하는 작업이다." 김선욱, 같은 책, 57쪽.

[115] 김선욱은 아렌트에게서 "정치적인 것"과 "사회적인 것"이 밀접하게 상호 연관되어 있음을 주장한다. 그에 의하면 "양자가 가지고 있는 특성이 전적으로 다르기 때문에 서로 얽혀있되 분리 가능하며 또 혼돈되어서는 안 되는 것"으로 규정한다. 그러나 이러한 분리와 연결의 문제는 이론과 현실의 문제이다. 아렌트는 이론적으로 가능할 수 있는 분리를 현실 세계에서도 분리될 수 있는 것으로 이해하고, 이를 토대로 자신의 정치 철학적인 논의를 진행하는 오류를 범한다. 김선욱, 「한나 아렌트의 정치개념」, 『철학』 Vol. 67, (한국 철학회, 2001), 238쪽.

정치가 인간의 관계들을 규정하는 것이라면 – 더 좋은 삶을 위한 수단으로, 혹은 자기보존을 위한 수단으로 이해되든 혹은 아렌트에게서처럼 그 자체로 목적으로 이해되든 – 정치적인 실천적 행위는 경제나 노동 문제를 포함한 인간들이 추구하는 다양한 가치들에 대한 논의를 필연적으로 함축해야만 한다. 모든 인간들에게 우선적인 가치는 아닐지라도 생존을 위한 궁극적인 토대인 인간의 자기보존과 관련된 경제체제와 노동의 문제들이 이러한 논의들 속에서 배제될 때 정치적인 행위는 추상적으로 변질된다. 경제적인 것만이 정치적인 것은 아니지만 정치적인 것은 인간의 가장 기본적인 삶의 형식인 경제적인 논의를 필연적으로 포함해야 하기 때문이다. 또한 생존과 관련된 경제적인 것과 자신을 표현하는 행위인 정치적인 것은 인간의 삶 속에 상호 밀접하게 얽혀 있다. 경제적인 것에 의해 정치적인 것이 잠식되어 간다는 유럽의 근대 이후 사회적 상황에 대한 그녀의 비판적 진단은 현실 사회에 대한 의미 있는 논의의 단초를 제공한다. 그러나 경제적인 것을 정치적인 것으로부터 완전히 배제함으로써 순수한 정치적인 것을 회복하려는 그녀의 실천적 시도는 자기보존이라는 인간의 기본권이 훼손되는, 따라서 자기보존문제가 여전히 절실한 실존적 문제로 남아있는 현실 속에서 실현 불가능할 뿐 아니라 추상적이며 관념적이라는 비판으로부터 자유로울 수 없다.

번스타인은 "정치적인 것"이 "사회적인 것"과 불가분리적으로 뒤섞여 있음을 강조함으로써 아렌트의 이분법적 사고를 비판한다. R. J. Bernstein, "Rethinking the Social and Political", *Philosophical Profiles: Essays in a Pragmatic Mode* (Philadelphia: University of Pennsylvania, 1986), 254쪽 이하.

3. 들뢰즈(G. Deleuze) / 가타리(F. Guattari): 생산으로서 욕망과 미시 정치학

1) 생산으로서 욕망과 신체

이성보다는 욕망을, 동일성보다는 차이를 강조하는 들뢰즈와 가타리는 근대적 사유, 즉 '현대성'에서 가장 멀리 벗어나 있는 현대의 대표적인 철학자들이라 할 수 있다. 그들은 근대의 이성주의 철학인 헤겔을 현대성을 대변하는 상징적인 철학자로 비판한다.[116] 그리고 그들은 전통적인 철학적 사유에서 이성에 의해 조절되거나 억압되어야 하는 것으로 이해된 욕망으로부터 자신들의 사유를 시작하며, 욕망을 자신들의 철학의 토대로 구축한다. 들뢰즈와 가타리가 함께 저술한 『앙띠 오이디푸스』는 욕망에 대한 분석에서 시작하는데, 그들은 욕망을 홉즈처럼 자기보존을 위한 욕망으로, 프로이트처럼 행복의 유일한 원천인 성적 욕망으로 제한하지 않는다.[117] 그들의 욕망개념은 생명에서 나오는 역동적인 힘으로 묘사한 니체의 욕망개념과 유사하며, 일반적으로 이해되는 결여나 결핍이 아닌, 인간이 욕구하는 모든 것을 포괄한다. 따라서 그들에게 욕망은 내적인 결핍을 메우기 위해 외부 대상으로 향하는 수동적인 에너지가 아닌, 적극적으로 무엇인가를 생산하는 능동적인 힘이다.[118] 결핍이나 결여로서 욕망

---

[116] 들뢰즈는 특히 헤겔의 이성에 근거한 동일성 개념을 비판하며, 동일성을 지향하는 근대 철학에 대한 현대적 비판을 "반-헤겔주의"로 규정한다. G. Deleuze, 『차이와 반복』, 김상환 옮김 (서울: 민음사, 2004), 17쪽.

[117] "욕망"과 "리좀" 등 들뢰즈와 가타리의 핵심적인 사유들은 그들의 공저 『앙띠 오이디푸스』와 『천개의 고원』에 주로 서술되어 있다. 이 두 개의 저서가 중심적인 논의 대상일 때는 들뢰즈와 가타리를 함께 언급하고, 들뢰즈의 독자적인 작품인 『차이와 반복』을 중심으로 논의할 때는 들뢰즈만 명시한다.

[118] 마르크스는 자기보존욕망을 출발점으로 갖는 "사회적 생산"만을 중시하며, 프로이

이 궁극적으로 결핍을 메꿈으로써 욕망을 충족하려는 목적론적인 지향성을 지니며, 목적이 달성되는 순간 멈추거나, 혹은 자기완성이라는 목적을 위해 무한히 지속하는 것에 반해 들뢰즈와 가타리에게서 욕망은 어떠한 목적 없이 불쑥 나타나며, 단절되고, 또한 동시에 기계처럼 끊임없이 작동하는 것이다.[119]

> "〈그것〉은 어디서나 작동하고 있다. 때로는 멈춤 없이, 때로는 중단되면서 〈그것〉은 숨쉬고, 〈그것〉은 뜨거워지고, 〈그것〉은 먹는다. 〈그것〉은 똥을 누고 성교를 한다. [...] 〈그것〉은 기계들이다."[120]

들뢰즈와 가타리는 욕망을 형식적인 면에서 기계적인 것으로 규정한다. 욕망이 기계적이라는 것은 욕망이 의식적인 작용이 아니라 무의식적으로, 의지의 작용과 상관없이 나타나며, 각각의 욕망들은 파편적으로 표출되면서 동시에 상호 연결되기 때문이다. 또한 그들은 다양한 욕망들에 통일성을 부여하는 어떠한 주체도 상정하지 않는다. 따라서 일상적인 '나

트는 행복의 원천인 성적 욕망을 주된 논의의 대상으로 삼는다. 그러나 들뢰즈와 가타리는 자기보존욕망의 결과인 "사회적 생산"과 성적 욕망의 결과인 "환상하는 욕망의 생산"이 상호 밀접하게 연결되어 있는 것으로 이해한다. 그들은 "마르크스-프로이트의 평행론은 어디까지나 불모이고 무의미"한 것으로 규정한다. 그들은 생성적인 에너지인 욕망을 세계를 생성하는 중심적인 기제로 이해하며, 이러한 욕망 개념을 토대로 자신들의 철학적 사유를 시작한다. G. Deleuze · F. Guattari, 『앙띠 오이디푸스』, 최명관 옮김 (서울: 민음사, 1997), 51쪽 이하.

119 콜브록은 들뢰즈의 욕망을 "우리가 결여한 것에 대해 가지는 이미지가 아니라 – 모든 신체들의 모든 지각작용들과 감각적인 조우들을 포함하는 – 현동적 사건"으로, "신체 자체의 행위"로 이해한다. C. Colebrook, 『들뢰즈 이해하기』, 한정헌 옮김 (서울: 그린비, 2017), 215쪽.

120 G. Deleuze · F. Guattari, 같은 책, 15쪽.

는 욕망한다'가 아니라 다양한 욕망들이 생겨날 뿐이다. 또한 욕망 이전에 욕망을 야기한 그 무엇도 존재하지 않으며, 이러한 분절된 욕망들은 유기적인 총체성 속에서 파악되지 않는다. 원인도 없이, 목적도 없이 활동하는 욕망의 기계적인 성격은 아무런 것도 없는 무(無) 속에서 무엇인가를 생산해 낸다는 욕망의 내용적 성격을 동시에 규정한다. 즉 기계가 상품을 생산하기 위해 작동되듯이 욕망도 무엇인가를 생산하기 위해 활동하며, 따라서 욕망은 기계적인 활동일 뿐 아니라 동시에 생산적인 활동으로서 "기계적인 생산적 욕망"이라 할 수 있다.[121] 그러나 욕망의 이러한 생산적인 활동은 무의식적 욕망 자체에 내재해 있는 욕망의 근본적인 속성으로서 의도적이거나 의식적으로 행해지는 것은 아니다. 예를 들면 성적인 욕망은 성적인 대상을 욕망하는 것이 아니라, 의식하지는 않지만 구체적으로는 생명을 생산하고 유지하고자 하는 기계적인, 생산적 욕망이며, 식욕은 어떤 구체적인 대상을 먹고자 하는 욕망이 아니라 자신의 생명을 생산하려는 무의식적인 욕망에 의해 추동된다. 따라서 욕망은 식물이 자신의 잎사귀를 태양을 향해 움직이듯이 생명활동에서 나타나는, 즉 충족하려는 구체적인 목적의식 이전에 기계적으로 나타나는 생산적인 활동이다.

들뢰즈와 가타리는 기계적인 생산하는 욕망을 지속적인 흐름 속에 있으면서 동시에 분절적으로 나타나는 이중적 속성을 지니고 있는 것으로, 즉 "두개의 항으로 이루어진"기계들로 규정한다. 각각의 기계들은 "연결의 형태를 가지고 있는데, 흐름을 생산하는 기계와 이것에 연결되어 흐

---

[121] "들뢰즈와 가타리의 욕망 이론을 구성하는 개념들이 스피노자의 실체, 속성, 양태의 구조를 따라서 만들어졌다"고 주장하는 서동욱은 들뢰즈와 가타리의 욕망에 내재되어 있는 "생산하는 욕망 개념이 스피노자의 〈속성〉을 철학사적 원천"으로 삼고 있는 것으로 이해한다. 서동욱, 『들뢰즈의 철학』 (서울: 민음사, 2017), 165쪽.

름을 끊고 흐름을 채취하는 다른 기계가 있기 때문이다. [...] 욕망은 계속하는 흐름과 본질적으로 단편적이고 단편화된 부분적 대상들의 절단을 실현하는 일을 그치지 않는다. 욕망은 흐르게 하고, 흐르고 그리고 끊는다.”[122] 끊임없는 흐름 속에 있는 욕망은 현재 상태를 벗어나 다른 것과 연결되면서 탈주하고자 하며, 동시에 이러한 욕망은 다른 욕망들에 의해 절단되고, 절단된 욕망들은 다른 흐름들을 만들어 낸다. 들뢰즈와 가타리는 욕망에 내재해 있는 이러한 지속적인 흐름을 한곳에 정착하지 않고 새로운 곳을 찾아나서는 특성 때문에 “유목적”으로 규정한다. 끊임없는 흐름과 절단이 무한히 반복되는 욕망의 생산적인 활동 속에서 새로운 것들이 생성된다. 따라서 욕망의 흐름은 무한한 확장과 함께 무한한 생성을 가능하게 하는 궁극적인 원천이라 할 수 있다.

들뢰즈와 가타리는 욕망의 생산적인 이러한 힘을 세계의 모든 것을 생성하는 근원적인 힘으로 이해한다. 그것은 어떠한 외부적 압력에도 제어되지 않으며, 끊임없이 흐르고 넘치면서, 자신들이 생성한 현실세계를 벗어나 또 다시 새로운 세계로 나아간다. 세계는 욕망의 세계들이며, 각각의 개체들은 기계적인 욕망에 의해 서로 연결되기도 하고 단절되기도 한다. 따라서 세계의 개체들은 독립적으로 존재하는 것이 아니라 이러한 기계적 욕망에 의해 스스로 생산하면서, 동시에 다른 것들과의 접속을 통해 생산되는 변화 속에 존재한다. 즉 그들에 의하면 세계의 모든 것들은 “생산의 과정으로서 살고 있다. 이제 거기엔 인간도 없고 자연도 없으며, 오로지 이것이 저것을 혹은 저것이 이것을 생산하고 그리하여 기계들을 연결시키는 과정들이 있을 뿐이다. 도처에 생산하는 혹은 욕망하는 기계들, 즉 유적 생명 전체가 있다: 나와 나 아닌 것, 외부와 내부는 여기서 이제

---

122 G. Deleuze · F. Guattari, 같은 책, 20쪽.

는 더 이상 아무 의미도 없다."[123] 들뢰즈와 가타리는 인간을 포함한 세계 전체를 기계적 욕망의 생산에 의해 형성되는 유기적 관계망으로 이해한다. 어떠한 것도 고정된 실체로 존재하지 않으며, 기계적 욕망이 생산하는 것과 생산되는 것의 구별도 존재하지 않는다. 인간 또한 기계적 욕망들에 의해, 그리고 이러한 욕망이 연결되는 자연적 세계와의 연결 속에서 지속적인 변이에 놓여있는 존재일 뿐이다.

> "인간은 만물의 왕이 아니고, 오히려 온갖 형태 혹은 온갖 종류의 깊은 생명과 접촉하고, 별들 및 심지어 동물들과 연결되어 있으며, 끊임없이 기관-기계를 에너지-기계에 연결시키되, 나무를 자기의 신체에, 젖을 입에, 태양을 엉덩이에 연결시킨다: 우주의 기계들을 영원히 떠맡고 있다. [...] 인간과 자연은 서로 마주 대하고 있는 두 개의 항, 심지어 인과관계와 이해관계 혹은 표현의 관계(원인-결과, 주관-객관 등)에서 파악되는 두 개의 항이 아니고, 생산자와 피생산자가 본질적으로 하나를 이루고 있는 동일한 실재다."[124]

들뢰즈와 가타리에 의하면 지속적인 흐름 속에 있는 욕망은 단순히 유동적인 상태로 있는 것은 아니다. 욕망하는 기계가 생산하는 모든 것들은 신체에 등록되는데, 신체는 "욕망의 생산의 모든 진행을 등록하는 표면의 역할"[125]을 맡고 있다. 그러나 이러한 신체는 욕망하는 기계가 작동하기 이전에 독자적으로 존재하거나, 욕망을 창출해내는 근원적인 공간은

---

123 G. Deleuze · F. Guattari, 같은 책, 16쪽.
124 G. Deleuze · F. Guattari, 같은 책, 19쪽.
125 G. Deleuze · F. Guattari, 같은 책, 28쪽.

아니다. 오히려 신체는 욕망에 의해 비로소 만들어지며, 기계적인 욕망이 지속적인 흐름 속에 있기 때문에 이러한 신체는 고정된 형태로 존재하지 않는다. 또한 신체는 욕망의 생산물들이 새롭게 등록하고자 할 때 수동적으로 순수하게 받아들이지는 않는다. 신체는 자신의 표면에 등록하려는 기계적인 욕망의 생산물들에 대해 때로는 반발함으로써 기계적인 욕망과 충돌을 일으키며, 따라서 지속적인 변이 과정에 있다. 들뢰즈와 가타리는 이러한 신체를 "기관들 없는 신체"[126]로 규정한다. 그들에 의하면 신체는 일반적인 기관들, 예를 들면 입이나 눈과 같은 고정된 기관들이 아닌, 기계적인 욕망의 등록에 의해 비로소 구체적인 형태를 드러낸다. 즉 욕망이 없다면 신체의 기관은 아무런 것도 하지 않는 죽어 있는 것일 뿐이다. 예를 들면 먹고 싶은 욕망이 없다면 입은 의미 없는 어떤 것일 뿐이며, 먹고 싶은 욕망에 의해 입은 비로소 어떠한 기능을 행하는 것으로서 신체가 된다.[127] 또한 그들은 모든 세계를 생명으로부터 야기되는 욕망의 상호적인 관계 속에서 포착하듯이 신체 또한 단순한 인간의 신체를 의미하지는 않는다. 즉 기계적인 욕망이 등록되는 장소는 단순히 인간의 신체만이 아니며, "대지의 신체이거나 전제군주의 신체이거나 [...] 사회적 생산의 상수로서 모든 유형의 사회에 속한다."[128] 들뢰즈와 가타리는 기계적인 욕망의 생산이, 그리고 이러한 생산들이 등록되는 신체와 맺는 다양한 관계들이 개인적인 삶을, 사회체제를, 그리고 세계를 만들어내는 중심적인 동력으로 이해한다.

---

[126] G. Deleuze · F. Guattari, 같은 책, 25쪽.

[127] 신현준은 들뢰즈에 있어서 "기관없는 신체란 기관이 부재한 신체가 아니라, 기관화되지 않는 신체"로 규정한다. 이진경 · 신현준 외 지음, 『철학의 탈주』 (서울: 새길, 1999), 253쪽.

[128] G. Deleuze · F. Guattari, 같은 책, 28쪽.

2) 욕망의 코드화와 사회체제

들뢰즈와 가타리의 철학적 사유의 핵심 개념인 기계적 욕망은 개별적인 개체의 차원을 넘어 역사의 과정과 사회를 이해하는 중심적인 기호이다. 그들은 욕망의 속성인 지속적인 흐름을 차단하는 사회적 기제를 코드화로 규정한다.[129] 개인의 병리현상에 대한 관심으로부터 정신분석학적 사유를 시작한 프로이트는 욕망의 흐름을 차단하는 방식을, 즉 욕망이 현실세계에서 표출되지 못하게 하는 사회적 방식을 억압으로 설명한다. 이와는 달리 자본주의 사회의 구조적인 문제에 대한 관심에서 철학적 사유를 시작한 들뢰즈와 가타리에게 있어서 욕망의 코드화는 단순한 억압이 아닌, 욕망의 흐름을 유도하고 조직하는 사회적 기제를 의미한다.[130]

들뢰즈와 가타리는 프로이트의 정신분석학적 사유와 밀접하게 연관된 자신들의 저서를 『앙띠 오이디푸스』로 명명함으로써 오이디푸스에 반대(대항)한다는 사실을 명확하게 제시하고 있다. 그들은 신화 속의 인물인 오이디푸스를 토대로 인간의 근원적인 성적 본능과 사회적 규범의 내면화, 억압 등을 설명한 프로이트의 정신분석학에 대한 비판으로부터 자신들의 욕망 이론을 발전시킨다. 특히 그들은 개인의 욕망을 차단하는 사회적 기제가 단순한 억압이 아닌, 일정한 방향으로 흐르도록 조직하고 유도하는 코드화임을 나타내 보이고자 한다. 또한 프로이트는 억압에도 불구하고 현실세계에 나타나는 욕망을 개인적인, 혹은 사회적인 병리현상을

---

129 최명관은 『앙띠 오이디푸스』에서 "코드"를 "규준"으로, "코드화"를 "규준화"로 번역하고 있다. 그러나 들뢰즈와 가타리 철학에서 코드는 단순한 규준 이상의 의미를 지니고 있을 뿐만 아니라 그들의 철학의 핵심적인 개념이기 때문에, 규준이라는 번역어보다는 원어인 코드로 사용한다.

130 『앙띠 오이디푸스』를 번역한 최명관은 자신의 역자 후기에서 들뢰즈와 가타리에게 "욕망은 처음부터 사회적"이며, "정치적 경제적 상황과 밀접하게 관련"되어 있음을 명시하고 있다. G. Deleuze · F. Guattari, 같은 책, 591쪽.

초래하는 궁극적인 원인으로 진단함으로써 현실세계와 모순관계에 있는 욕망의 비극적 성격을 강조한다. 그러나 욕망을 쾌락본능을 포함한 모든 에너지로 이해한 들뢰즈와 가타리에게 욕망은 프로이트와 달리 현실세계를 벗어나는 역동적 기제이다. 그들은 욕망이 사회적 코드화에도 불구하고 지속되는 것으로, 욕망을 코드화하는 사회적 기제에 맞서 탈주하는 것으로, 이러한 코드화를 벗어나 탈코드화하는 역량을 함축하고 있는 것으로 이해한다.

그들은 욕망하는 기계가 사회적으로 나타날 때 사회적 기계로 규정하는데, 욕망하는 기계가 사회에 투사되면 사회가 하나의 욕망하는 기계로 작동하기 때문이다. 다양한 것들과 접속함으로써 자신을 무한히 확장하는 기계적 욕망은 이러한 기계적 욕망을 코드화하는 사회체(사회신체)에 의해 저지당하며, 결국 사회적 기계에 의해 작동되는 현실은 일정한 형태의 사회체로 나타난다.[131] 사회체는 "욕망을 코드화하고, 욕망의 흐름을 코드화한다. 욕망을 코드화하는 것 – 탈코드화하는 흐름들에 대한 공포와 불안을 코드화"[132]함으로써 사회체는 자신을 지속적으로 유지하고자 한다. 들뢰즈와 가타리는 욕망의 지속적인 흐름, 사회적인 코드화에 의한 욕망의 절단, 그리고 이러한 코드화로부터 욕망의 탈주를 통해 나타나는 사회체를 세 가지 유형, 즉 원시사회와, 전제군주가 지배하는 고대사회, 그리고 자본주의 사회로 구분한다.

---

[131] 사람들이 모인 곳에 일정한 규칙과 질서가 생겨난다는 의미에서 들뢰즈와 가타리가 사용한 사회체는 정치체로 이해될 수 있다. 그러나 들뢰즈와 가타리는 규칙과 질서라는 정치적 형식보다는 국가라는 형식적 기구가 생겨나기 이전부터, 즉 "야생의 원시사회체"에서 부터 욕망하는 기계에 의한 사회의 변화 과정이 나타나기 때문에, 그리고 사회를 모든 기계적 욕망이 등록되는 표면인 하나의 신체로 이해함으로써 사회체라는 표현을 사용한다. G. Deleuze · F. Guattari, 같은 책, 222쪽.

[132] G. Deleuze · F. Guattari, 같은 책, 213쪽.

최초의 사회체라 할 수 있는 원시사회에서는 욕망하는 사회적 기계가 토지라는 충만한 신체를 중심으로 작동한다. 들뢰즈와 가타리는 원시사회에서 작동하는 기계적 욕망을 "원시토지기계"로 규정한다. 원시토지기계의 모든 욕망은 토지를 중심으로 생성되고, 발생하고 넘쳐나며, 이러한 욕망과 생산을 조직하는 코드화는 아버지와 아들이라는 부계로 형성된 다양한 부족들에 의해, 자연신들과 제사, 공동의 노동 등을 통해 이루어진다. 원시사회에서는 한 개인의 강력한 권력에 의한 집단적인 통제가 발생하지 않으며, 코드화 과정도 다양한 형식으로 나타난다. 그러나 국가라는 정치조직의 탄생과 함께 성립하게 된 고대사회의 전제군주기계는 원시사회에서 다양하게 코드화된 기계적 욕망을 하나의 코드, 즉 전제군주로 코드화시킨다. 원시사회에서는 토지가 욕망의 중심이지만 전제군주 사회에서는 토지 대신에 국가가, 국가의 모든 조직체가 욕망의 중심을 이루며, 이러한 것의 정점에 전제군주가 있게 된다. 즉 "토지기계 대신에 국가라고 하는 〈거대기계〉, 즉 기능적인 피라미드가 등장"하며, "이 피라미드의 정점에는 부동의 시동자인 전제군주, 측면전동기관으로서는 관료조직, 근저에는 노동부품으로서의 마을사람들"[133]이 존재한다. 토지를 중심으로 다양한 욕망의 흐름들에 따른 다양한 코드화가 진행되었던 원시사회와는 달리 전제군주기계는 토지를 전제군주라는 하나의 신체위에 등록하며, 전제군주의 집약된 힘에 의해 코드화가 진행된다. 그리하여 "국가야 말로 토양의 진정한 소유자이다. 사회체로서의 충만한 신체는 토지이기를 그치고, 전제군주의 신체, 전제군주 자신 혹은 그의 신이 충만한 신체가 된다."[134]

---

133 G. Deleuze · F. Guattari, 같은 책, 294쪽.
134 G. Deleuze · F. Guattari, 같은 책, 293쪽.

들뢰즈와 가타리는 역사적 코드화 방식의 마지막 유형인 자본주의 사회에서 작동하는 "문명자본주의기계"의 기계적 욕망을 분석함으로써 자본주의기계가 지닌 의미와 한계를 드러낸다. 그에 의하면 자본주의 사회는 전제군주사회처럼 국가기계가 작동하는 사회이지만, 그러나 전제군주사회와는 전혀 다른 특성을 지니고 있다. 자본주의 사회를 이루는 기계적 욕망의 흐름은 국가나 군주가 아닌 '돈-자본'이며, 이러한 자본은 원시사회와 전제군주사회가 의존했던 토지와의 연결성을 벗어나게 할 뿐 아니라, 코드화를 이탈하는 탈코드화를 가능하게 한다. 토지의 생산은 제한이 있으나 자본은 무한한 축적이 가능하며, 이러한 축적을 위한 수단이 되는 기술의 발전은 어떠한 코드화도 거부하기 때문이다.

> "자유노동자에게 있어서는, 사기업화에 의한 토양의 탈토지화; 사유에 의한 생산용구들의 탈코드화; 가족과 협동조합의 해체에 의한 소비재의 상실; 끝으로 노동 자체나 기계에 도움이 되는 노동자의 탈코드화가 진행된다. 그리고, 자본에 있어서는, 돈의 추상에 의한 부의 탈토지화, 상업자본에 의한 생산의 흐름들의 탈코드화, 금융자본과 공공의 부채에 대한 국가들의 탈코드화, 산업자본의 형성에 의한 생산수단들의 탈코드화 등이 진행된다."[135]

자본주의기계의 흐름은 탈토지화와 탈코드화에 근거해 있으며, 따라서 자본주의 사회에서 기계적 욕망의 흐름은 해방되며, 욕망의 생산은 무한히 확장된다. 자본주의 사회는 기계적 욕망의 흐름이 가장 자유롭게 진행되고 욕망의 능동적인 에너지가 무한히 분출되는 사회이다. 자본주의 사

---

[135] G. Deleuze · F. Guattari, 같은 책, 338쪽.

회에서 기계적 욕망의 흐름을 막으려는 어떠한 코드화도 결국 탈코드화에 의해 실패한다. 자본주의기계는 욕망의 흐름을 통해 욕망과 생산을 무한히 확장하고, 소비의 증대와 함께 자본의 무한한 증식을 가능하게 한다. 이와 함께 자본주의기계는 욕망의 흐름을 절단하려는 전통적인 가치나 규범을 모두 탈코드함으로써 기존의 모든 가치와 규범을 무너뜨린다.

들뢰즈와 가타리는 어떠한 도덕이나 이념도, 혹은 국가의 권위도 거부하는 자본주의기계의 이러한 자유로운 흐름이 궁극적으로 자본의 무한한 증식이라는 흐름 속으로 수렴되는 것으로 이해한다. 원시토지기계가 생산을 위해, 그리고 축제를 통해 함께 소비함으로써 부계를 중심으로 한 부족의 욕망들을 코드화하였으며, 전제군주기계는 군주라는 통일체에 의해, 그리고 "전제군주와 그 대리인들의 사치스러운 〈최대한의 소비〉"를 위한 기계적 욕망의 코드화가 수행되었다고 할 수 있다. 이에 반해 자본주의기계는 다양한 흐름들에 의해 소비를 생산을 위한 것으로, 그리고 추상적인 자본을 축적하기 위한 것으로 변형시킨다. "사치 자체를 한 수단으로 삼고, 탈코드화한 모든 흐름을 생산에 포개어, 〈생산을 위한 생산〉을 생기게 한다. 이 생산을 위한 생산은 [...] 새로운 충만한 신체인 자본에 결부시키는 조건"[136]에 의해 수행된다.

따라서 자본주의기계의 모든 탈코드화는 자본의 증식이라는 하나의 원칙에 향해 있으며, 자본주의 사회는 자본주의기계의 욕망이 자본의 증식이라는 원칙에 벗어나지 않도록 조작한다. 들뢰즈와 가타리는 이러한 조작을 "공리계"로 규정하는데, 공리계는 이전 사회에서 규범과 가치를 통해 욕망의 흐름을 절단하는 코드화와는 달리 자본의 증식이 가장 효과적으로 수행될 수 있도록 작동하는 다양한 기제이다. 따라서 자본주의 사

---

[136] G. Deleuze · F. Guattari, 같은 책, 336쪽 이하.

회는 한편에서는 기계적 욕망의 흐름에 의해 탈코드화가 지속적으로 발생하며, 동시에 공리계를 통해 이러한 흐름이 조작되는 분열증적 사회라 할 수 있다.

> "이 현대사회들은 한쪽 극에 울타리를 치지만, 다른 한 쪽 극을 통해서는 흐르거나 흘러나온다. 이 현대사회들은 끊임없이 자기로부터 후퇴하는 동시에 자기보다 앞서간다."[137]

들뢰즈와 가타리는 이러한 두 극단을 자본주의 사회를 이끄는 중심적인 동력으로 이해한다. 그러나 자본주의 사회에서 공리계에 의해 수행되는 기계적 욕망의 은밀한 조작은 궁극적으로 욕망의 무한한 해방과 지속적인 흐름을 절단하거나 저지할 수 없다. 자본주의 사회에서 작동하는 기계적 욕망은 탈코드화하면서 지속적인 흐름을 통해 생산적이며 능동적인 욕망의 힘을 무의식적으로 무한히 분출한다.

3) 리좀과 차이

들뢰즈와 가타리가 『앙띠 오이디푸스』 속편이자 완결편으로 지칭하는 『천개의 고원』은 뿌리줄기식물인 리좀이라는 은유로부터 시작한다.[138] 그들에 의하면 리좀과 구분되는 '뿌리식물'인 수목은 뿌리를 땅속에 확고히 두고 있으며 땅위에서 줄기와 잎을 전개하는 나무를 의미한다. 나무는 중심 줄기를 축으로 하여 잎들과 줄기들로 구성되어 있으며, 이들은 모두

---

137 G. Deleuze · F. Guattari, 같은 책, 385쪽.
138 G. Deleuze · F. Guattari, 『천개의 고원』, 김재인 옮김 (서울: 새물결, 2003), 7쪽 참조.

뿌리와 유기적으로 연결되어 있다. 즉 나무는 뿌리와 중심 줄기를 중심으로 전체적인 위계질서가 확실하게 형성되어 있다. 그에 반해 '뿌리줄기 식물'인 리좀은 중심이 되는 확고한 뿌리가 없이 줄기들로 연결되어 있으며, 단일한 표면 위에서 줄기들이 끊임없이 뻗어나감으로써 다른 것들과 만나고, 이러한 과정 속에서 새로운 것들을 만들어내는 동태적 운동 속에 있는 식물이다. 따라서 리좀은 수목처럼 어떠한 위계적 질서도, 그리고 뿌리와 줄기와 잎의 유기적 연관성도 지니고 있지 않으며, 단지 지속적인 운동 속에 있는 식물이다.

들뢰즈와 가타리는 이러한 리좀을 기계적 욕망과 동일한 "무의식의 생산 자체"[139]로 규정한다. 리좀은 기계적으로 흐르면서 끊임없이 새로운 것을 생성하며, 탈코드화를 통해 기존의 가치들을 전복시키는 욕망처럼 이러한 평면적 운동을 통해 견고하게 뿌리내린 수목을 넘어뜨릴 수 있는 에너지를 지니고 있다.

> "리좀은 시작하지도 않고 끝나지도 않는다. 리좀은 언제나 중간에 있으며 사물들 사이에 있고 사이-존재이고 간주곡이다. 나무는 혈통 관계이지만 리좀은 결연 관계이며 오직 결연 관계일 뿐이다. 나무는 '~이다'라는 동사를 부과하지만, 리좀은 '그리고 …… 그리고 …… 그리고 …… '라는 접속사를 조직으로 갖는다. 이 접속사 안에는 〈이다〉라는 동사를 뒤흔들고 뿌리 뽑기에 충분한 힘이 있다."[140]

들뢰즈와 가타리는 욕망의 구조와 유사한 리좀이 지닌 상징성을 통해

---

139 G. Deleuze · F. Guattari, 같은 책, 41쪽.
140 G. Deleuze · F. Guattari, 같은 책, 55쪽.

이성 중심의 '동일성'에 근거한 근대적 정신을 비판하고, 욕망의 의미와 함께 욕망에 내재한 "차이"의 의미를 드러내고자 한다. 그들에 의하면 서양의, 특히 근대의 이성 중심적인 사유는 수목형 모델을 따르고 있다. 근대적 정신을 대표하는 데카르트는 사유하는 나, 즉 이성적 능력을 지닌 주체에 대한 확실성에 근거해 모든 진리를 추론해 낸다. 데카르트 이후 유럽의 근대는 근본적인 통일성을 지닌 수목형 나무의 뿌리와 같이 이성을 중심으로 세계를 이해하며 "식물학에서 생물학, 해부학 그리고 인식 형이상학, 신학, 존재론, 모든 철학……에 이르기까지. 뿌리-기초, 바닥, 뿌리 및 토대"[141]적 사유가 지배한다. 그러나 위계적 질서 체계와 함께 모든 것을 이성이라는 근원으로 환원하는 이러한 수목적 사유방식은 사물들 사이에 나타나는 다양성과 차이를 이해할 수 없다. 줄기들이 뻗어나감으로써 새로운 것들과 접속하고, 이러한 과정 속에서 새로운 것들을 생성하는 리좀은 그 자체가 다양체이고 차이이며, 이러한 리좀적 사유를 통해서만 다양체로 끊임없이 생성되는 차이들을 포착할 수 있다.

> "다양은 사실상 실사로서, 다양체로서 다뤄져야 한다. 그래야만 주체나 객체, 자연적 실재나 정신적 실재, 이미지와 세계로서의 〈하나〉와 더 이상 관계 맺지 않게 된다. 리좀 모양의 다양체들은 나무 모양을 한 가짜 다양체들의 정체를 폭로한다. 여기에는 대상 안에서 주축 역할을 하는 통일성도 없고 주체 안에서 나뉘는 통일성도 없다."[142]

---

[141] G. Deleuze · F. Guattari, 같은 책, 41쪽.
[142] G. Deleuze · F. Guattari, 같은 책, 20쪽 이하.

리좀을 통해 표현되는 차이는 기계적 욕망과 함께 들뢰즈와 가타리의 철학적 사유를 지배하는 중심적인 개념이다. 특히 들뢰즈는 자신의 대표적인 저서 중의 하나인 『차이와 반복』의 핵심적인 주제가 "차이 자체를, 즉자적 차이를 사유하는 데 있으며, 차이나는 것들의 상호관계를 사유"[143] 하려는 데 있음을 명시하고 있다. 그에게 있어서 기계적 욕망이 현실세계를 움직이는 원리라면 차이는 현실세계를 구성하는 원리이며, 따라서 세계를 이해하는 사유의 근본적인 원리라 할 수 있다.

들뢰즈는 차이가 생성되는 근원적인 것으로서 초월적인 존재를 상정하지 않는다. 즉 그는 초월적인 존재자가 먼저 존재하고, 그로부터 모든 다양한 것들과 함께 차이가 생성되는 것으로 믿는 유럽의 전통적인 사유를 비판하며, 차이가 모든 것의 근원임을 나타내보이고자 한다. 그에 의하면 존재자로부터 다양한 차이들이 생성되는 것이 아니라, 차이들에 의해 비로소 존재자가 드러난다. 대상을 규정하는 개념들인 유사성과 동일성, 그리고 유비와 대립들의 근거가 되는 것은 어떤 존재자가 아니라 궁극적인 차이이다. 이러한 개념들은 차이를 가능하게 하는 원리가 아니라, 오히려 차이의 생산물이자 결과물이다. 존재하는 모든 것들은 기계적 욕망에 의해 생산되며, 따라서 대상들의 현존하는 모습들은 원래의 형태들이 아닌, 기계적 욕망의 내적 에너지의 출현으로 나타난 것이다. 따라서 표면 위에 드러난 고정된 형태로서 존재자로 보이는 것은 사실은 욕망들에 의해 지속적인 변이과정 속에 있다. 따라서 차이는 존재자들을 구분하는 개념적 원리라기보다는 존재자를 "만드는 어떤 것, 만들어지고 있는 어떤 것"[144]으로서 존재자의 생성 자체를 의미한다. 이러한 "차이, 바로 그

---

[143] G. Deleuze, 『차이와 반복』, 18쪽.
[144] G. Deleuze, 같은 책, 86쪽.

것이야말로 환원 불가능하고 반항적인 어떤 바탕을, 상호 유기적인 것으로 나타나는 표면적인 균형 아래 계속 움직이고 있는 바탕을 증언하고 있는 것"[145]이다.

기계적 욕망처럼 리좀은 다른 것들과의 접속과 연결을 통해 지속적으로 새로운 것들을 생산하는데, 이러한 생산 자체가 차이이다. 기계적 욕망이 세계를 생성하는 에너지라면, 차이는 이러한 에너지가 구체적인 형태로 드러난 것이라 할 수 있다. 물론 차이의 이러한 구체적인 모습은 인간의 지각으로 포착되지는 않는다.[146] 차이가 생성되자마자 또 다른 차이의 생성으로 나아가기 때문이다. 들뢰즈는 생성하는 것 자체로 표현되는 이러한 차이를 세계를 창조하는 긍정적인 힘으로 규정한다. 즉 "차이는 본질적으로 긍정의 대상, 긍정 자체다. 긍정은 본질적으로 그 자체가 차이다."[147] 일반적으로 존재자를 동일성으로 포착하는 사유는 존재자와 다른 것, 즉 존재자와 구분되는 차이나는 것을 존재자에 대한 대립이나 모순으로 파악한다. 이와 함께 차이는 존재자에 반하는 부정의 의미를 지닌 것으로 이해된다. 예를 들면 이성적인 능력이 있는 백인 남성이 인간을 대표하는 참된 존재자로 이해되는 사회에서 백인 남성과 다른(차이가 있는) 흑인과 여성은 비이성적이며, 백인 남성과 모순되는 부정적인 존재로 간주된다. 즉 동일성으로서(백인 남성과 동일한 존재자) 존재자와의 차이는 부정적인 의미를 함축하게 된다.

---

[145] G. Deleuze, 같은 책, 100쪽.

[146] 콜브룩은 차이의 본질이 "지각 불가능성"에 있다는 것을 강조한다. "지각된 차이는 이미 동일화되거나 환원되거나 '수축된' 것이다. 우리가 빨강과 파랑의 차이를 지각할 수 있는 것은 색 각각의 진동이 갖는 차이를 지각하지 못하기 때문이다. 요컨대 우리의 눈은 복합적인 자료들을 빨강이나 파랑이라는 단일한 음영 혹은 대상으로 수축시킨다." C. Colebrook, 같은 책, 109쪽.

[147] G. Deleuze, 같은 책, 136쪽.

동일성에 근거한 존재자가 아닌, 끊임없이 생성되는 차이로부터 모든 존재하는 것들을 이해하려는 들뢰즈는 부정 없는 차이, 즉 긍정으로서 차이의 개념을 강조한다. 그러나 이러한 긍정은 모든 것을 맹목적으로 받아들이는 복종을 의미하지는 않는다. 그는 『차라투스트라는 이렇게 말했다』에서 니체가 정신의 발전의 세 단계 중 첫 번째 단계로 제시한 낙타의 사례를 들어 모든 것을 감내하는 긍정을 비판한다. 그에 의하면 "낙타는 '예'라고 말한다. 그에게 긍정한다는 것은 [...] 사람들이 그에게 지우는 짐들(신적 가치들)을, 그 스스로 떠맡는 짐들(인간적 가치들)을, 그리고 짊어질 것이 더 이상 없을 때는 자신의 피로해진 근육의 무게(가치들의 부재)를 짊어"[148]지는 것을 의미한다. 이러한 긍정은 이미 자신을 부정적인 존재로, 즉 자신을 절대적인 존재자인 신과는 차이가 있는 다른 존재자로, 즉 부정적인 존재자인 죄인으로 전제할 때 가능한 것이다. 그러나 들뢰즈에 의하면 "긍정이 일차적이다. 긍정은 차이, 거리를 긍정한다. 차이는 가벼운 것, 공기 같은 것, 긍정적인 것이다."[149] 들뢰즈의 철학적 사유의 핵심적인 개념인, 다양성의 원천이자 긍정의 힘인, 그리고 새로운 것들이 만들어지는 토대인 이러한 차이는 현실세계에 존재하는 차이들에 대한 인정의 당위성과 함께 새로운, 긍정의 세계로 나아갈 수 있는 단초를 제공함으로써 절대적인 긍정의 미학을 함축하고 있다.

> 　"차이는 긍정이다. 이 명제는 많은 의미를 지니고 있다. 가령 차이는 긍정의 대상이라는 것, 긍정 자체는 다양체의 성질을 띤다는 것, 긍정은 창조라는 것, 그뿐 아니라 긍정은 창조되어야 한다는 것 등

148　G. Deleuze, 같은 책, 138쪽.
149　G. Deleuze, 같은 책, 140쪽.

을 의미한다. 긍정은 차이를 긍정하는 긍정으로, 그 자체가 차이인 긍정으로 창조되어야 한다."[150]

4) 미시 정치학

들뢰즈와 가타리는 기계적인 욕망을 모든 생명체의 활동 원리이자 동시에 세계의 구성 원리로 이해한다. 그들에 따르면 이러한 욕망의 흐름에 의해 구성되는 세계와 세계의 역사는 위계적인 질서 속에 있는, 전체적인 통일성을 유지하는 수목형이 아닌, 수평적인 흐름인 리좀과 같이 새로운 것들과 접속하고 연결됨으로써 지속적인 변화과정 속에 있게 된다. 그러나 역사 속에서 나타난 다양한 사회체들은 기계적 욕망의 흐름을 코드화함으로써 사회를 수목형으로 조직한다. 그리고 이러한 사회 구조 속에서 유럽의 모든 학문과 문화 등은 수목적인 형식을 취하게 된다. 들뢰즈와 가타리는 오랫동안 유럽을 지배해온 수목적인 뿌리 중심의, 즉 이성 중심의 사유방식을 비판하며, 탈주하는 욕망의 흐름 속에서 새로운 사회체의 가능성을 탐색한다. 따라서 욕망에 관한 그들의 이론은 인간을 포함한 생명체의 이해에 머무르지 않고 사회와 정치, 그리고 역사의 변화를 포괄하는 사회·정치 이론이라 할 수 있다.

인간의 행위의 궁극적인 원인을 욕망 속에서 발견한 프로이트는, 고대 오이디푸스 신화의 모델에 따라 자기보존욕망과 쾌락욕망이 대립적인 것으로, 이와 함께 자기보존욕망에 근거해 있는 문명의 발전이 인간의 쾌락욕망을 불가피하게 억압하는 것으로 이해한다.[151] 그러나 들뢰즈와 가

---

150 G. Deleuze, 같은 책, 142쪽.
151 프로이트의 정신분석학은 궁극적으로 오이디푸스 신화를 모델로 하고 있으며, 오이디푸스의 어머니에 대한 사랑을 쾌락욕망으로, 이와 함께 아버지를 적으로 간주하는 것으로부터 출발한다. 프로이트에 따르면 아버지는 오이디푸스가 이길 수 없

타리에게서 기계적 욕망은 모든 생명체에 내재해 있는 에너지이며, 세계와 역사를, 그리고 역사의 변화를 가능하게 하는 긍정적인 힘이다. 욕망을 개인의 심리적인, 혹은 생물학적인 현상으로 이해하는 프로이트와 달리, 들뢰즈와 가타리는 욕망을 생산적이며, 사회와 세계를 창조하는 생명체가 지닌 능동적인 역량으로 이해함으로써 욕망을 정치적인 것과 결부시킨다. 욕망을 코드화하는 방식에 따라 구분되는 원시토지기계와 전제군주기계, 그리고 자본주의기계는 역사의 흐름 속에 등장하는 사회체이지만, 동시에 욕망의 코드화에도 불구하고 지속적으로 탈코드화를 진행하는 욕망의 능동적인 힘을 나타내주는 구체적인 기제이다. 들뢰즈와 가타리는 욕망이 지닌 이러한 능동적인 힘을 '혁명적인 것'으로 규정한다. 그들에 의하면 "욕망은 [...] 혁명적인 것이기 때문에 사회를 위협한다. [...] 욕망은 더 넓은 대양을 꿈꾸고, 기존 질서 속에 저장되지 않는 낯선 흐름들을 흐르게 한다. 욕망은 혁명을 〈원하지〉 않는다. 그것은 그 자체, 무의식적으로 자기가 원하는 것을 원함으로써 혁명적이다."[152]

그들은 자신들이 분석한 마지막 사회체인, 현재의 자본주의기계 속에서도, 지속적인 흐름과 함께 나타나는 욕망의 이러한 혁명적 성격을 발견한다. 그러나 그들은 혁명을 마르크스처럼 주체의 의지에 의해 수행하는 것으로 이해하지 않는다. 혁명은 자본주의기계를 부정하고 파괴함으로써, 이와 함께 완전히 새로운 사회체를 조직함으로써 완수되는 것이 아니

는 거대한 존재이며, 따라서 오이디푸스의 자기보존욕망은 어머니에 대한 자신의 쾌락욕망을 억압하고, 아버지가 답습한 사회적 규범을 내면화함으로써 아버지와 화해할 것을 요구한다. 따라서 자기보존욕망에 의존해 있는 개인들은 이러한 욕망의 억압과 규범의 내면화 과정을 거치며, 사회와 문명의 존속은 이러한 욕망의 억압을 토대로 가능하게 된다.

152 G. Deleuze · F. Guattari, 『앙띠 오이디푸스』, 179쪽 이하.

다. 기계적 욕망에 의해 야기되는 혁명은 무의식적으로 발생하지만, 한꺼번에 분출하는 것이 아니다. 이러한 혁명은 지속적인 흐름을 통해 현존하는 세계에 균열을 일으키고, 이러한 균열을 확장시킴으로써 현존하는 세계를 무너뜨리고 새로운 것을 창조함으로써 이루어진다. 들뢰즈와 가타리의 표현에 의하면 기계적 욕망의 흐름에 의해 나타나는 이러한 균열은 "처음에는 똑똑 떨어지는 빗물처럼 아주 미세한 것일 수 있다."[153] 그러나 이러한 미세한 균열은 궁극적으로 전체를 변화시키는 단초를 제공한다. 따라서 욕망의 혁명적 성격은 오직 무의식적으로 행하는 욕망의 탈주 속에서 드러날 뿐이다.

들뢰즈와 가타리는 욕망의 흐름에 의해 기존 세계에 균열이 발생하는 것을 '미시정치'로 규정한다. 미시정치는 모든 사회적 관계를 여자와 남자, 혹은 노동자와 자본가라는 이항적 구조 속에서 파악하지 않는다. 미시정치는 여자와 남자를 구성하는 '분자'들, 즉 흐름들 속에 표현된 다양한 요소들을 포착하며, 이를 통해 여자와 남자라는 견고한 이항적 대립을 해체시킨다. 이항적 구분 속에서 전통적으로 여자를 규정하는 감성적인 측면과 부드러움은 남자들에게도 나타나며, 남자를 규정하는 이성적인 측면과 강인함은 여자들에게도 나타난다. 이러한 이항적 구조를 벗어나, 분자적인 것들을 통해 나타나는 미시적 측면들을 추적할 때 여자와 남자의 관계는 더 이상 견고한 틀 속에 있지 않고, 유연한 흐름 속에 놓이게 되며, 이러한 흐름은 이항적 구조에 의존해 있는 기존의 대립적인 관계에 균열을 일으키게 된다.

들뢰즈와 가타리는 자본주의 사회를 계급관계, 즉 자본가와 노동자라는 이항적 구조로 이해하며, 이러한 구조를 새로운 정치적 구조로 대치함

---

153 G. Deleuze · F. Guattari, 『천개의 고원』, 411쪽.

으로써 계급관계에 내재한 모순과 대립을 지양하고자 하는 마르크스의 정치적 시도의 한계를 지적한다. 그들에 의하면 "사회는 그 사회의 모순들에 의해 규정된다는 주장은 잘못된 것이다(특히 마르크스주의의 경우가 그러하다). 사태를 거시적으로 보았을 때나 올바른 주장일 뿐이다. 미시정치의 관점에서 볼 때 사회는 그 사회의 도주선들에 의해 규정되는데, 이 도주선들은 분자적인 것이다. 항상 무엇인가가 흐르거나 도주하고 있으며, 이항적인 조직화 [...] 기계로부터 달아난다."[154] 물론 그들은 "모든 정치는 거시정치인 동시에 미시정치"[155]임을 강조함으로써 거시정치 자체를 부정하는 것은 아니다. 그러나 거시정치는 총체화와 중앙 집중화를 통해 "전체주의 국가"를 구축하게 되는 위험을 함축하고 있으며, 궁극적으로는 "미시적-결정들, 매력들, 욕망들의 세계에 잠기게 된다."[156] 따라서 그들은 이항적인 대립적 관계인 계급대신에 욕망의 지속적인 흐름에 노출되어 있는 대중을 추적하며, 대중들의 욕망의 흐름들을 추적한다.

특히 자본주의 사회는 욕망의 탈코드화를 극단으로 진행하는 사회체이다. 전통적인 사회가 사회적 질서와 권력의 집중을 위해 종교적인 방식으로, 혹은 정치적인 방식으로 욕망의 코드화를 수행하는 것과는 달리 자본주의 사회는 욕망의 탈코드화를 통해 기존의 모든 도덕적 규범과 가치를 파괴한다. 자본주의적 욕망, 즉 자본주의기계는 자본의 무한한 증식만이 유일한 목적인데, 이러한 목적은 욕망의 탈코드화에 의존해 있기 때문이다. 따라서 헤겔이 "욕망의 체계"[157]로 규정한 자본주의 사회는 욕망의

---

[154] G. Deleuze · F. Guattari, 같은 책, 412쪽.
[155] G. Deleuze · F. Guattari, 같은 책, 406쪽.
[156] G. Deleuze · F. Guattari, 같은 책, 421쪽.
[157] G. W. F. Hegel, *Grundlinien der Philosophie des Rechts*, Werke in zwanzig Bänden Bd. 7 (Frankfurt a. M.: Suhrkamp, 1970), §188.

질적인, 양적인 무한성에 근거해 있다. 그러나 자본주의 사회에서 욕망의 이러한 탈코드화가 욕망의 진정한 해방을 의미하는 것은 아니다. 자본주의 사회에서 작동하는 자본주의적 욕망, 즉 자본주의기계는 자본의 증식을 훼손하는 어떠한 욕망도 허용하지 않으며, 자본의 증식을 위해 공리계를 작동함으로써 기계적 욕망의 흐름을 조작하고, 왜곡하며 차단한다. 그러나 자본주의 사회의 공리계는 궁극적으로 기계적 욕망의 능동적인 힘을 차단하지 못하며, 기계적 욕망의 지속적인 흐름은 자본주의 사회를 넘어 새로운 세계로 탈주한다. 들뢰즈와 가타리는 욕망의 이러한 능동적인 에너지 속에서 사회 변혁의 가능성을 발견한다. 즉 그들은 기계적 욕망의 끊임없는 흐름과 탈주 속에서 자본주의 질서를 넘어설 수 있는 해방의 단초와 함께 사회를 변혁할 수 있는 역동적인 힘을 간취해 낸다. 그들에게 있어서 기계적인 욕망은 욕망을 차단하려는 어떠한 사회적 기제에도 불구하고, 이를 넘어서서 세계를 새롭게 생산하고 생성하는 능동적인 에너지이기 때문이다. 즉 "욕망은 그 자체가 [...] 혁명적"[158]이기 때문이다. 또한 그들은 이러한 변화를 자본주의 구조를 총체적으로 바꾸려는 거시정치를 통해서가 아니라 리좀과 같이 사회의 다양한 연결망 속에서 낯선 것들과의 접속을 통해 새로운 것들을 끊임없이 창조해내는 미시적 차원의 분자적 운동을 통해 가능한 것으로 이해한다.[159] 근대의 이성 중심적 사유를 벗어나, 탈근대를 지향하는 들뢰즈와 가타리는 욕망을 세계를 이해하고 세계를 구성하는 중심적인 원리로 이해하며, 이성 속에서 사회 변혁의 힘을 발견한 계몽주의적 사유와 달리 생명체에 내재한 욕망의 지속적인

---

[158] G. Deleuze · F. Guattari, 같은 책, 180쪽.

[159] 서동욱은 들뢰즈가 혁명의 가능성을 "혁명을 표상하는 집단에서가 아니라, 욕망(부분충동)의 본성에서 발견"하는 것으로 이해한다. 서동욱, 같은 책, 202쪽.

흐름 속에서 사회 변화의 힘을 발견한다. 근대의 시작과 함께 홉즈의 자기보존욕망으로부터 정당성을 부여받은 인간의 욕망은 스피노자에게서는 윤리의 토대로, 그리고 니체에게는 개인의 역량을 증대하는 에너지로, 그리고 궁극적으로 들뢰즈와 가타리에게서 사회를 변혁할 수 있는 해방의 원리로서 확장된 의미로 이해된다.

참고문헌

●
●
●
●
●

강영안, 『자연과 자유사이』, 서울: 문예출판사, 2001.

김비환, 『축복과 저주의 정치사상』, 서울: 한길사, 2001.

김상환, 『니체, 프로이트, 맑스 이후』, 서울: 창작과 비평사, 2003.

김석, 「쾌락자아와 현실자아」, 『철학과 현상학 연구』, 한국현상학회, 2013.

김선욱, 「한나 아렌트의 정치개념」, 『철학』 Vol. 67, 한국 철학회, 2001.

김원철, 「스피노자의 도덕 심리학」, 『철학연구』 제 49집, 고려대학교 철학연구소, 2014.

노성숙, 「계몽과 신화의 변증법」, 『철학연구』, 철학연구회, 2000.

박창렬, 「근대 자연법사상과 경제적 자유주의」, 『경제학 연구』 Vol 47, No. 3, 한국경제학회, 1999.

박기순, 「스피노자의 인간 본성개념」, 『근대철학』, 서양근대철학회: 2012.

백승영, 「신화적 상징과 철학적 개념 - 디오니소스와 디오니소스적인 것」, 『니체연구』 No. 12, 한국니체학회, 2007.

사이토 준이치, 『민주적 공공성』, 윤대석 · 류수연 · 윤미란 옮김, 서울: 이음, 2009.

서동욱, 『들뢰즈의 철학』, 서울: 민음사, 2017.

이진경 · 신현준 외 지음, 『철학의 탈주』, 서울: 새길, 1999.

정낙림, 「니체철학에 있어서 디오니소스적인 것의 의미」, 『철학논총』 Vol.4 No.3, 새한 철학회, 2004.

정미라, 「정치사회와 상호승인」, 『철학연구』 제60집, 철학연구회, 2003.

_____, 「근대성과 자기보존문제」, 『범한철학』, 제61집, 범한철학회 2011.

_____, 「스피노자 철학에 있어서 자기보존욕망과 이성」, 『철학논총』 제78집, 새한철학회, 2014.

_____, 「정치사회와 상호승인」, 『철학연구』 제60집, 철학연구회, 2003.

_____, 「헤겔에 있어서 국가의 이념」, 『대동철학』 제22집, 대동철학회, 2003.

_____, 「욕망에서 문명으로」, 『철학탐구』 제53집, 중앙철학연구소, 2019.

_____, 「주체의 형성과 타자, 그리고 자기보존」, 『범한철학』 제65집, 범한철학회, 2012.

_____, 「정치적 행위와 자유」, 『철학논총』 제76집, 새한철학회, 2014.

_____, 「공적영역의 상실과 현대사회의 위기」, 『철학논총』 제81집, 새한철학회, 2015.

허경, 「프로이트와 니체, 욕망의 '억압'과 '긍정'」, 『철학연구』 제 41집, 철학연구회, 2010.

홍영미, 「스피노자의 코나투스 이론」, 『철학연구』 Vol. 73, 철학연구회, 2006.

홍원표, 『한나 아렌트 정치 철학』, 서울: 인간사랑, 2013.

Arendt, H., 『정치의 약속』, G. Kohn 편집, 김선욱 옮김, 서울: 푸른숲, 2005.

_____, 『예루살렘의 아이히만』, 김선욱 옮김, 서울: 한길사, 2006.

_____, 『전체주의의 기원 1』, 이진우 · 박미애 옮김, 서울: 한길사, 2007.

_____, 『인간의 조건』, 이진우 · 태종호 옮김, 서울: 한길사, 2009.

_____, 『과거와 미래 사이』, 서유경 옮김, 서울: 푸른 숲, 2009.

Aristoteles, 『정치학』, 손명현 옮김, 서울: 동서문화사, 2007.

Bacon, F., "Valerius Terminus, of the Interpretation of Nature," *Miscellaneous Tracts Upon Human Philosophy, The Works of Francis Bacon*, Band 1, London: Basil Montagu, 1825.

Benhabib, S., 『비판, 규범, 유토피아』, 정대성 옮김, 서울: 울력 2008.

Berlin, I., 『자유론』, 박동천 옮김, 서울: 아카넷, 2006.

Bernstein, R. G., "Rethinking the Social and Political", *Philosophical*

Profiles: Essays in a Pragmatic Mode, Philadelphia: University of Pennsylvania, 1986.

Blumenberg, H., "Selbsterhaltung und Beharrung", H. Ebeling(Hrsg.), *Subjektivität und Selbsterhaltung*, Frankfurt a. M.: Suhrkamp 1996.

Cannovan, M., "The Contradictions of Hannah Arendt's Political Thought", *Political Theory* No. 6, 1978.

Colebrook, C., 『들뢰즈 이해하기』, 한정헌 옮김, 서울: 그린비, 2017.

Delbos, V. / Blondel, M., 『스피노자와 도덕의 문제』, 이근세 옮김, 서울: 선학사, 2006.

Deleuze, G. · Guattari, F., 『앙띠 오이디푸스』, 최명관 옮김, 서울: 민음사, 1997.

_____, 『천개의 고원』, 김재인 옮김, 서울: 새물결, 2003.

Deleuze, G., 『스피노자의 철학』, 박기순 옮김, 서울: 민음사, 1981.

_____, 『차이와 반복』, 김상환 옮김, 서울: 민음사, 2004.

Descartes, R., 『방법서설·성찰』, 최명관 역, 서울: 서광사, 1983.

Elster, G., 마르크스 이해하기, 진석용 옮김, 서울: 나남, 2015.

Fischer, K., *Verwilderte Selbsterhaltung*, Berlin: Akademie, 1999.

Freud, S., 『문명속의 불만』, 김석희 옮김, 서울: 열린책들, 2004.

_____, 『새로운 정신분석강의』, 임홍빈 · 홍혜경 옮김, 서울: 열린책들, 2014.

_____, 『정신분석학의 근본 개념』, 윤찬기 · 박찬부 옮김, 서울: 열린책들, 2015.

_____, 『꿈의 해석』, 김인순 옮김, 서울: 열린책들, 2018

Fromm, E., 『마르크스를 말하다』, 최재봉 옮김, 서울: 에코의 서재, 2005.

Guzzoni, U., *Sieben Stücke zu Adorno*, Freiburg/München: Karl Alber, 2003.

Habermas, J., 『현대성의 철학적 담론』, 이진우 옮김, 서울: 문예출판사, 1996.

_____, *Philophisch-politische Profile*, Frankfurt a. M.: Suhrkamp, 1991.

_____, 『의사소통행위이론』, 장춘익 옮김, 서울: 나남, 2006.

Hansen, P., 『한나 아렌트의 정치이론과 정치 철학』, 김인순 역, 서울: 삼우사, 2008.

Hegel, G. W. F., *Differenz des Fichteschen und Schellingschen Systems der Philosophie, Jenaer Schriften 1801-1807*, Werke in zwanzig Bänden Bd. 2, Frankfurt a. M.: Suhrkamp, 1970.

_____, *Über die wissenschaftlichen Behandlungsarten des Naturrechts, Jenaer Schriften 1801-1807*, Werke in zwanzig Bänden Bd. 2, Frankfurt a. M.: Suhrkamp, 1970.

_____, *Phänomenolgie des Geistes*, Werke in zwanzig Bänden Bd. 3, Frankfurt a. M.: Suhrkamp, 1970.

_____, *Grundlinien der Philosophie des Rechts*, Werke in zwanzig Bänden Bd 7, Frankfurt a. M.: Suhrkamp, 1970.

_____, *Enzyklopädie der philosophischen Wissenschaften III*, Werke in zwanzig Bänden Bd. 10, Frankfurt a. M.: Suhrkamp, 1970.

_____, *Vorlesungen über die Philosophie der Geschichte*, Werke in zwanzig Bänden Bd. 12, Frankfurt a. M.: Suhrkamp, 1970.

_____, *Vorlesungen über die Geschichte der Philosophie II*, Werke in zwanzig Bänden Bd. 19, Frankfurt a. M.: Suhrkamp, 1971.

_____, *Vorlesungen über die Geschichte der Philosophie III*, Werke in zwanzig Bänden Bd. 20, Frankfurt a. M.: Suhrkamp, 1971.

Hobbes, T., *Leviathan*, Frankfurt a. M.: Suhrkamp, 1984. (『리바이어던』, 최동웅 · 최진원 옮김, 서울: 동서문화사, 2009.)

_____, 『시민론』, 이준호 옮김, 서울: 서광사, 2013.

Honneth, A., 『정의의 타자』, 문성훈 · 이현재 · 장은주 · 하주영 옮김, 서울: 나남, 2009.

Horkheimer, M. / Adorno, Th. W., *Dialektik der Aufklärung*, Frankfurt a. M.: Fischer, 1981. (『계몽의 변증법』, 김유동 옮김, 서울: 문학과 지성사, 2001.)

Horkheimer, M., "Vernunft und Selbsterhaltung", H. Ebeling(Hrsg.), *Subjektivität und Selbsterhaltung*, Frankfurt a. M.: Suhrkamp, 1996.

Gay, M., "The Political Existentialism of Hannah Arendt", *Permanent Exiles*, New York: Columbia University Press, 1985.

Kant, I., "Beantwortung der Frage: Was ist Aufklärung?", *Kants Gesammelte Schriften* Bd. VIII, Akademie Ausgabe, Berlin: Gruyter, 1912.

Kateb, G., *HANNAH ARENDT: Politics, Conscience, Evil*, Totow: Rowman & Allanheld, 1983.

Kersting, W., *Thomas Hobbes*, Hamburg: Gunius, 1992.

Kojève, A., *Hegel*, Frankfurt a. M.: Suhrkamp, 1975.

Lacan, G., 『욕망 이론』, 권택영 옮김, 서울: 문예출판사, 2003.

_____, 『정신분석학의 네 가지 근본 개념』, 맹정현 · 이수련 옮김, 서울: 새물결, 2008.

Macpherson, C. B., *Die politische Theorie des Besitzindividualismus*, Frankfurt a. M.: Suhrkamp, 1973.

Marcuse, H. / Fromm, E., 『프로이트 심리학 비판』, 오태환 옮김, 서울: 선영사, 2016.

Marx, K., *Ökonomisch-philosophische Manuskripte aus dem Jahre 1844*, Marx/Engels Werke, Ergänzungsband, Schriften bis 1844, Erster Teil, Berlin: Dietz, 1973. (『경제학-철학 수고』, 강유원 옮김, 서울: 이론과 실천, 2009.)

_____, *Die deutsche Ideologie*, Marx/Engels Werke 3, Berlin: Dietz, 1958.

_____, *Manifest der Kommunistischen Partei*, Marx/Engels Werke 4, Berlin: Dietz, 1958.

_____, *Das Kapital Dritter Band*, Frankfurt a. M.: Marxistische Blätter GmbH, 1972.

_____, *Grundrisse der Kritik der politischen Ökonomie*, Berlin: Dietz, 1974.

_____, *Das Kapital*, Marx/Engels Werke 23, Berlin: Dietz, 1975.

Matheron, A., 『스피노자 철학에서 개인과 공동체』, 김문수 · 김은주 옮김, 서울: 그린비, 2008.

Negrie, A., 『전복적 스피노자』, 이기웅 옮김, 서울: 그린비, 2007.

Nehamas, A., Nietzsche : *Life as Literature*, Cambridge, Massachusetts, 1985.

Nietzsche, F., 『인간적인 너무나 인간적인 II』, 니체 전집 8, 김미기 옮김, 서울: 책세상, 2011.

_____, 『권력의지』, 김세영·정명진 옮김, 서울: 부글, 2018.

_____, 『도덕의 계보』, 니체 전집 14, 김정현 옮김, 서울: 책세상, 2007.

_____, 『선악의 저편』, 니체 전집 14, 김정현 옮김, 서울: 책세상, 2007.

_____, 『아침놀』, 니체 전집 10, 박찬국 옮김, 서울: 책세상, 2004.

_____, 『우상의 황혼』, 니체 전집 15, 백승영 옮김, 서울: 책세상, 2019.

_____, 『유고(1887년 가을~1888년 3월)』, 니체 전집 20, 백승영 옮김, 서울: 책세상, 2020.

_____, 『이 사람을 보라』, 니체 전집 15, 백승영 옮김, 서울: 책세상, 2019.

_____, 『차라투스트라는 이렇게 말했다』, 니체 전집 13, 정동호 옮김, 서울: 책세상, 2005.

Pinkard, T., *Hegel*, 전대호 · 태경섭 옮김, 서울: 이제이북스, 2006.

Pitkin, H. F., "Gustice: On Relating Private and Public", *Political Theory*,

Vol. 9, No. 3, 1981.

Reitter, K., *Prozesse der Befreiung: Marx, Spinoza, und die Bedingungen eines freien Gemeinwesens*, Münster: Westfälisches Dampfboot, 2011.

Ritsert, G., *Systemtheoretische Ansätze in der Soziologie*, Frankfurt a. M.: Suhrkamp, 1991.

Siep, L., "Zur Dialektik der Anerkennung bei Hegel", H. Kimmerle, W. Lefèvre, R. W. Meyer (Hrsg.), *Hegel-Jahrbuch*, Köln: Pahl-Rugenstein, 1974.

Slomp, G., *Thomas Hobbes and the Political Philosophy of Glory*, New York and London: Macmillan, 2000.

Söllner, A., *Geschichte und Herrschaft. Studien zur materialistischen Sozialwissenschaft 1929-1942*, Frankfurt a. M.: Suhrkamp, 1979.

Sophocles, 『오이디푸스 왕』, 강대진 옮김, 서울: 민음사, 2009.

Spinoza, B. d., *Die Ethik*, Wiesbaden: Marix, 2007. (『에티카』, 강영계 옮김, 서울: 서광사, 2007.)

_____, *Politischer Traktat*, Hamburg: Felix Meiner, 2010. (『정치학논고』, 최영익 옮김, 서울: 비르투, 2011.)

_____, *Theoligisch-politischer Traktat*, Hamburg: Felix Meiner, 2012. (『신학정치론』, 최영익 옮김, 서울: 비르투, 2011.)

Strauss, L., *Natural Right and History*, Chicago: Chicago University Press, 1950.

_____, *what is political Philosophy*, New York and London: The Free Press & Macmillan, 1959.

Taylor, C., *Hegel*, Frankfurt a. M.: Suhrkamp, 1983.

Theunissen, M., *Sein und Schein*, Frankfurt a. M.: Suhrkamp, 1980.

Thyen, A., *Negative Dialektik und Erfahrung, Zur Rationalität des Nichtidentischen bei Adorno*, Frankfurt a. M.: Suhrkamp, 1989.

Tocqeville, A. de, *De la Democratie en Amerique*, Band II, Paris, 1864.

Touraine, A.,『현대성 비판』, 정수복 · 이기현 옮김, 서울: 문예출판사, 1996.

Villa, D. R.,『아렌트와 하이데거』, 서유경 역, 서울: 교보문고, 2000.

Weber, M., *Gesammelte Aufsätze zur Religionssoziologie* Bd. 1, München: UTB, 1963.

Welsch. W.,『우리의 포스트모던적 조건』, 박민수 옮김, 서울: 책세상, 2001.

찾아보기

2. 단행본

3. 일반 용어

ㄱ

ㅇ

지은이 **정미라**

전남대학교 철학과를 졸업하고, 독일 프랑크푸르트대학에서 석사학위와 박사학위(헤겔의 실천철학에 있어서 개별자와 보편자의 문제)를 받았다. 고려대학교 Post-doc.을 거쳐 현재 전남대학교 교수로 재직하고 있다.
저서로는 『헤겔의 "정신현상학" 읽기』, 『이성과 자유』, 『다원주의와 철학적 관점』(공저), 『우리와 헤겔철학』(공저), 『헤겔과 근대정신』(공저), 『철학의 이해』(공저) 등이 있고, 역서로는 『가족?』, 『니체, 인생을 말하다』, 『인권철학입문』(공역), 등이 있으며, 논문으로는 「인륜적 공동체와 예술종교」, 「욕망에서 문명으로」, 「도야와 자유의 실현」 등 다수가 있다.

현대성과 자기보존욕망
홉즈에서 들뢰즈까지

1판 1쇄 발행 2020년   4월 29일
1판 2쇄 발행 2021년 12월 23일

지 은 이 | 정미라
펴 낸 이 | 김진수
펴 낸 곳 | 한국문화사
등   록 | 제1994-9호
주   소 | 서울시 성동구 아차산로49, 404호(성수동1가, 서울숲코오롱디지털타워3차)
전   화 | 02-464-7708
팩   스 | 02-499-0846
이 메 일 | hkm7708@daum.net
홈페이지 | http://hph.co.kr

ISBN 978-89-6817-870-2 93100

오류를 발견하셨다면 이메일이나 홈페이지를 통해 제보해주세요.
소중한 의견을 모아 더 좋은 책을 만들겠습니다.